Land Economics

土地經濟學

●殷章甫 著

五南圖書出版公司 印行

增訂版序

　　拙作《土地經濟學》自民國八十四年初版出刊以來，迄今，行將屆滿九載。其間，經過七刷，承蒙各大學院校之地政、不動產管理、土地資源、都市計畫等以及其他有關科系的讀者惠予購讀，或為準備國家考試供作參考等，心頗覺欣慰，良不勝銘感。如本書能夠增進讀者們的地政專業知識，並對參加國家考試有所助益，誠為作者無盡的榮幸。

　　最近九年以來，土地經濟學的研究環境及其發展情形，確有不少的變化與進步，誠有日日新，又日新的感覺。此際，為使本書能為讀者們提供嶄新的學術訊息與構築合手時代的邏輯觀念，並為建立更廣闊的理論體系，乃有增修訂本書的計畫付諸實施，並藉此機會，增列第五章土地估價及第十章土地金融與不動產證券化等兩章，期能略予擴大土地經濟學的研究範圍。

　　如眾所知悉，土地經濟學裡面，地價理論為其重要探討課題之一。則不僅地價的形成因素錯綜複雜，地價漲落的影響因具有正負兩面的效益，對個人及社會均具有密切的關係，其影響亦極為嚴重。蓋土地與一般財貨性質不同，則幾乎不存在等質的兩塊土地，故無法適用一物一價的市場原理。由於地價的變動與民生問題息息相關，故地價問題遂成為土地問題的中心。茲為進一步了解地價問題的真諦，乃於本書增列土地估價一章，擬藉此加深了解地價問題的真義，有效掌握問題的癥結，俾制有助於地價問題的解明。

　　一般說來，購置土地所需資金頗為龐大，而此等資金購地後都被凍結於土地財產裡面，無法再予運用，使得營運資金十分缺乏，

阻礙產業的正常發展。茲次增列之土地金融與不動產證券化一章，期能發展土地金融並運用不動產證券化辦法，以資籌措龐大的房地產融通資金，而有助於活絡房地產市場，促進不動產交易，謀求土地有效利用，並帶動房地產關聯產業的繁榮。

除增列上述兩章以外，在原來的各章節裡面，亦均略予增列或補充新的學術訊息或邏輯觀念，以供讀者參考。至於初版未及改正的錯印字及統計資料已失時效者，亦均藉茲次增修訂機會予以改正，或補列新近的統計資料，俾利讀者參閱，增進了解，符合新近實況。

雖然克盡所能，審慎從事增修訂工作，謀求完善。惟作者才識有限，錯誤遺漏之處，仍然難免，盼望各位先進不吝指正，俾利日後修訂時，能予改正，使得本書內容能夠更臻完美，良不勝銘感。

殷章甫

民國九十三年元月一日
於中國土地改革協會

目　錄

Chapter 1

緒　論

第一節　土地之意義及其特性

一、土地之意義

我們通常所謂土地（Land）是指地球外表的陸地部分，則凡由泥土、砂礫、岩石等所堆積的固體陸地場所都稱為土地。至於由淡水或海水覆蓋部分，諸如海洋、江河、湖泊等卻不包括於通常所稱的土地範圍內，而地上的空氣層也不包括於土地的範圍裡面。上述所說土地的觀念係一般人對土地的常識性了解，也是最狹義的土地定義，與經濟學所說的土地觀念，相去猶遠。

如將土地的範圍指從地心（地球的球心）到太空（Space）的部分，這樣的說法似有失之過於誇張，不符實際。蓋以目前人類的科技所能控制的範圍並未達到地心到太空之間那麼廣大。實際上，其範圍反而相當有限。這樣的說法可以說是最廣義的解釋，但事實上很少人採用這樣的定義。

通常經濟學者所謂的土地，其範圍較為中肯，則除了狹義的陸地以外，尚包括河海、湖泊、地下礦產、地上空間以及附著於地上的日光、熱能、風力、雨水等一切的自然物及自然力，均包括於土地的範圍裡面。例如，英國著名的經濟學家馬夏爾（A. Marshall, 1842～1924）曾對土地下過定義，如下：土地乃指自然為輔助人類而自由給予的陸、水、空氣及光熱等各種物質與能力矣[註1]。馬夏爾教授所提示的定義尚可代表大多數經濟學者的見解，亦常被土地經濟學者所引用。顯然，馬夏爾係採用較廣義的定義，並指出兩個特點：(1)土地乃自然所賜，而非為人類以勞力所生產的產品；(2)土地乃包括地球表面的水、陸、空氣等自然

物和光、熱、風等自然力。

如上述，土地乃自然所賦與的物質（material）和能力（forces），所以土地經濟學者常將土地稱為土地資源（land resources）或自然資源（natural resources），顯然為廣義的定義。例如，美國的經濟學者伊黎教授（R. T. Ely）曾經說過：經濟學者所說的土地是指自然資源或自然的力量，並不單指地球表面而包括了地球表面的上層及其下層的一切物質註2。

經濟學所謂土地的範圍遠比狹義的陸地範圍廣大。但這並不只是經濟學者的見解，而政治學家及法律學家亦常有同樣的認識。政治學所說成立國家的三要素為土地、人民和主權。而一個國家的土地不只是限於陸地部分，而尚包含海、空及地下資源等成為一個整體的範圍。故所謂國家的範圍係除了領土以外，尚包括領海及領空。近年來，領海的範圍更由原來的離海岸 3 浬逐漸擴大為 6 浬或 12 浬，甚至將經濟海域也擴大至 200 浬等，顯然將土地的範圍擴大至陸、空與海洋。

再從法律的觀點言，凡人占有某塊土地，其所有權的範圍常包括該土地的表面、上層及其地下所附著的一切自然物及自然力。例如，我國土地法第一條規定：「本法所稱土地，謂水陸及天然富源。」顯然採用了廣義的土地定義。另據我國民法第七百七十三條規定：「土地所有權，除法令有限制外，於其行使有利益之範圍內，及於土地之上下。」可見其觀念乃屬於廣義定義的想法。

狹義的土地僅指陸地，而不包括海洋水域在內。其實，海域尤其是沿岸淺灘一帶，只是一種低窪地區而為海水所淹蓋而已。如能設圍堤將海水排出堤外，堤內亦可成為陸地。滄海桑田的變遷，古今中外，不乏其實例。如位於臺灣西部海岸的海埔新生地（tidal land）年有增加，只是其增加速度極為緩慢而已。又如荷蘭人築堤填海，與海爭地，更為世人所共知，都是海岸灘地開發成為陸地的例證。當然，陸地亦可變成水域。這些只不過是土地形式上的改變，而非為新土地的創造或毀滅，故不影響土地數量固定不變的基本特性。

經濟學常將土地、勞力、資本、企業能力等列為四大生產要素。其

中土地的意義如何？茲擬作簡單的比較如下：土地係由自然賦與人類利用的生產因素，其中包括供作生產的物質與協助生產的能力 ^{註 3}。勞力是工作者的體力或腦力被受用於生產者，是人類自己發出的力量，亦為人為的生產因素，是得以再生產的。資本原來是結合土地與勞力兩因素合作生產的財貨，其沒有被消費而儲存起來供作生產者，亦是可以用人力再生產的。原始時代的人類，生產時多不使用資本，他們常以人力直接配合土地實施生產。例如，用手捕魚及獵取獸類等便是。這稱為直接生產法（direct method of production）。後來人類逐漸進步，並採用附加價值較高的迂迴生產法（roundabout method of production），即多使用資本予以協助生產，以增加生產效益。企業能力係經營者的經營管理能力，藉此增進經營效益。生產效益與企業能力乃息息相關。惟該企業能力係產生於經營者個人，與其天賦及後天的教育訓練與努力等具有密切的關係。惟資本與企業能力並非基本的生產因素，而為引伸的生產因素（a derivative factor of production），而土地與勞力方是最基本的生產因素。英國重商主義學派之經濟學者威廉白第爵士（Sir William Petty, 1623～1687）曾經說過：「勞動是財富之父，土地是財富之母」^{註 4}，其意乃勞力為生產之父，土地為生產之母。此亦表示，土地與勞力為生產之基本要素。

惟人類都生長棲息於陸地上，又主要的生活資源亦都取之於陸地上。河川與海洋的利用固然有之，但都比較粗放。人類利用自然資源的行為大都集中於陸地，所以陸地通常都成為土地的代表。我們日常所說的土地，大都亦指陸地而言。土地經濟學係研究人類應如何善用土地與管理土地，故亦以陸地為主要的研究對象。

二、土地之特性

土地乃維持人類生存的基本生產資源。如管子說：「地者，萬物之本原，諸生之根宛」（水地篇）。但此項資源與人類日常使用的一般財

貨比較，其性質確有不少特徵。故我們應該預先了解土地所具的基本特性。茲擬將土地的基本特性，列述如下：

㈠數量（面積）固定性

土地為自然的產物，以人力無法再予以生產，故自地球形成以後，土地數量便被固定，縱令有所變動，其數量亦甚微少。雖然地形地貌會有變動，例如，火山爆發、地震、洪水、風雨侵蝕，以及人力的搬動（如：填海造地或圍墾開發海埔新生地）等，可使土地的型態改變。諸如將山坡地開發為平地、填河填海開發土地等，土地面積或有變動，但土地總量並沒有改變。蓋人力既不能創造土地，但也不能毀滅土地矣。

土地數量固定的特性，對於土地供給、地價變動、土地利用等，均將產生很大的影響。加上土地為人類生存所不可缺乏的資源，這也加重了土地對人類的重要性。就理論上而言，土地數量固定的特性並非絕對的。如從幾十萬年或幾百萬年甚至幾千萬年的長時間而言，由於地球的地殼運動，土地數量或陸地總面積仍然會有變動。但如就人們一生短暫的時間而言，由於人的壽命頂多只不過百年左右，在這段時間內，土地數量仍然保持固定不變，土地自然供給的變動也幾乎等於零。

㈡位置不移動性

如眾所周知，每一處土地都具有其固定的空間區位，雖外加人力也無法將其移動。這是土地和其他財貨截然不同的特性之一，也是形成土地差異性的主要因素之一。土地區位固定的特性對於土地利用及地價的形成，亦具有密切的關係。例如，位於自然環境嚴厲地區的土地（如：南北兩極的大陸土地及乾燥地區的沙漠土地等），因不能搬移至自然環境較佳的溫帶地區來，故其人口分布非常稀疏，土地利用情況粗放，甚至無法加以利用，導致土地利用度的差距擴大，人口分布極端不均，形成優良區位土地的稀少性與獨占性。由於土地具有位置不能移動的特性，於是區位優劣的特徵，便成為決定土地品質高低的重要因素之一。

(三)長期不毀滅性

人們日常使用的財貨及生產工具等，經過一段時間後，都難免遭受損壞或陳舊化，並降低其價值；或經過若干時間後，其效用全部喪失，而變成無用之物或沒有價值的廢棄物。故於評估一般財貨的價值時，都須依據各種財貨的折舊率（rate of depreciation），以計算其歷年的價值變動。蓋一般財貨的使用價值（value of use）將隨著時間的經過而逐漸減低，唯獨土地不然。蓋土地縱經長期使用，其效用不但不致減損，其功能也不會毀滅，故其價值卻無須實施折舊；相反地，由於經濟發展、社會進步、以及環境的改進等原因，致使該土地價值提高。蓋土地的空間、區位、日光、太陽熱能等資源係屬於長流性資源（flow resources），可以說是取之不盡，用之不竭，幾可永久使用。惟土地數量有限而人口卻不斷地在增加，使得土地價值將繼續上漲。是以土地遂成為置產保值的最佳對象。加上「有土斯有財」的傳統觀念根深柢固，這也加強了地價上漲的壓力。故土地兼併之風隨之升起，造成所謂「富者田連阡陌，貧者無立錐之地」的嚴重局面，導致土地分配極端不均，貧富差距愈來愈大，因而引發土地改革運動之興起，擬藉此調整土地所有權之重新分配。

(四)品質差異性

現代工業產品之特徵之一係品質統一，容易標準化，在同一時間同一空間（市場）上，其價格也趨於一致。惟土地為自然的產物，品質複雜，特性參差不齊，當無法如工業產品那樣使其形狀整齊劃一，品質均衡一致，因而影響特殊價格的形成。蓋縱為隔鄰相接的兩塊土地，其地質結構和土壤組織未必相同，地形地貌也會有差異，故其土地生產力亦未必相同，因而影響地價有高低差別。如為都市土地，因區位不同，地租的產生能力亦必不一樣（如：臨接兩條道路的轉角位置與只臨接其中一條道路之土地），故其形成的地價亦必產生高低不同的差異。

又如同為住宅區，假設社區內居民的教育水準及所得水準等普遍都偏高，社區之秩序治安良好，該住宅區的房地價格水準必定偏高；相反地，如社區內居民的成分參差不齊，階層結構複雜，閒雜人出入頻繁者，其房地價格勢必偏低。換言之，由於自然及社會的居住環境不同，影響社區的環境品質優劣不一樣，致其地價也產生差異。

影響土地等級的因素繁多，土地品質的差異特別大，是以很難找到自然及社會特性完全相同的兩塊土地。例如，一個國家裡面的土地有高山峻嶺、有山區坡地，或平原及沼澤，也有湖泊河流等。即使同為平原地區也有乾燥區、潮濕區之別；同為農業區也有土壤肥美者及地方貧瘠土地等，其品質千差萬別，誠與工業產品之均質整齊劃一的特徵完全不同。可知，土地是品質最不均勻的生產要素之一種。

 第二節 土地之功能及其用途

一、土地之功能

基於土地之特性及土地利用的觀點而言，土地的功能極為巨大，其中主要者計有下列幾種：

㈠負載功能

土地為人類及一切生物生存的基地，將萬物承載於土地上面。假如沒有土地，人類及一切生物勢必將失去其存在及棲身的地方。故謂：「土地為萬物之母」也不為過矣。我國易經稱讚土地的功能有云：「至哉坤元，萬物孳生，坤厚載物，德合無疆，含弘光大，品物咸亨。」可見土地承載功能之大及其重要性。

人可離開陸地而居住於水上，有些植物也可生長於水中或海洋，魚類當然可生存於河流與海中等，似無須仰賴陸地。但這些河水或海水，仍然依靠河川底下的陸地或海洋底下的陸地予以承載。即水下部分仍由陸地所形成，故如無土地，河水與海水也無法滯留，所以仍然依靠土地之承載矣。

(二)滋育功能

水是一切生命的根源。如果沒有水就沒有生命也沒有生物。而生物的成長尚需要日光、熱能、空氣、雨水等，而此等資源都分布於地面、地上及地下等空間。如土壤中含有水分及各種營養素以養育生物，加上日光、氣溫、空氣、雨水以及各種化學元素與物理力量，以養育地球上無數的動植物及人類，形成複雜的食物鏈（food chain）以維持人類的生命。這便是所謂：「至哉坤元，萬物孳生」。管子的水地篇亦謂：「地者萬物之本也，諸生之根苑也」假設土地沒有此等滋育的營養素與能力，地球表面卻沒有生物，也沒有人類，其情形正如月球一般，乃靜寂的一片荒涼，是一種死亡的天體罷了。

(三)生命之繼起功能

人類從事農、林、漁、牧、採礦、工業製造等各種生產事業，所需所有的生產資材，都仰賴土地予以提供，如沒有土地，一切的生產事業都無法進行。人類賴以土地為生，維持生命，繁衍子孫，死亡便埋葬於土地歸土，所謂落葉歸根是也。人類之生命，生生不息，世代相傳，都是仰賴土地所提供的功能。換言之，萬物均取於土地，土地誠為生產之母矣，若土地不能供給此等生產資源，人類便沒有任何生產可言，人類的生命也無法維持了。

總而言之，土地不僅是人類生存所必須，也是所有的生物生長的基地，且為一切生產資源的供給地。換言之，假如沒有土地，則整個人類和所有的生物都無法繼續生存了。故稱土地為生產之母，理當不為過。

二、土地之用途

至於土地的用途，極為繁多，實在不勝枚舉，惟可將其整合為下列幾種：

㈠土地為人類居住的基地

人類可居住於山區、坡地、平原、河川、海上等，但仍都位於地球表面。即人類的生存，離不開土地。如眾所周知，我們可將人類送上月球或太空，生活一段時間，但其所需的生活物品係均自地球帶上去的，也都在土地上生產者，而此等太空人經過一段時間後，仍須還回地上。故土地方為人類真正居住的基地。

㈡土地為主要生產要素之一

生產要素的種類繁多，其中最主要者為土地、勞力、資本與企業能力等四種。例如，農業生產不能沒有土地，大多數的礦產也都埋藏於土地裡面，等待人力加以開採利用。即土地為農業及礦業等初級產業（Primary Industry）的最主要因素之一。製造業及工業等所需廠房的興建，亦有賴建廠基地之提供，其所需原料也仰賴農產品及礦業產品的提供，所需能源，諸如，煤、油、瓦斯、水力、風力、地熱等，亦均依靠土地資源所提供。故若沒有土地，也就沒有二級產業（Secondary Industry）了。

至於三級產業（Tertiary Industry）也與上述情況大致相同。則除由土地提供生產所需場地，諸如，建築用地、儲存用地、交通用地等以外，其所處理的貨物或財貨等的生產，亦全賴初級產業及二級產業等來提供，所以土地亦為三級產業的主要生產因素之一。

㈢土地為成立國家三大要素之一

國家成立的三大要素為主權、人民與領土，領土便是土地。只有人

民與主權而沒有土地者，就無法成為國家。猶太人因失去土地，一千多年來到處流浪，成為世界最大的流浪民族，故也受到他國的歧視。例如，他們曾受到納粹德國的迫害，成為世界孤兒，寄人籬下，曾過著戰戰兢兢的生活。迨至一九四八年成立以色列國時方有自己的國家。雖然以色列的土地與氣候等自然條件不佳，農業生產條件嚴酷，但以色列人卻十分勤勞也熱愛其國土，團結一致共同努力保衛其領土，建設其國家，並已成為中東強國之一。當年以色列人民重新回到其國土時，大家都跪拜在大地上親吻國土，可見以色列人民渴望復國及愛國熱情之一斑。這是沒有失去國土的民族無法感受到的情感吧！

　　土地為立國的根基，領土為神聖不可侵犯者，凡有外敵想侵犯我領土者，必將盡全力甚至不辭流血以防衛抗敵，古今中外皆無不如此。蓋土地乃無法以人力所能增加者。如係財物之損失，當可鼓勵人民努力生產加以補足，但國土一旦喪失卻無法彌補，故非寸土死守不可矣。

㈣土地為置產保值之良好對象

　　土地具有永不毀滅之特性，即其持有，無須負擔折舊費用，而可永久保持其負載功能、滋育功能及生產功能，為人類生存所不可缺乏者，故適合成為置產保值之對象。因土地數量有限且固定不變，而需求卻與日俱增，日後的土地價格勢必看漲，持有土地者必有利可圖。故不僅成為投資獲利的好途徑，亦為置產保值的好對象，同時亦容易變成投機壟斷的工具，由而引發許多錯綜複雜的土地問題，形成嚴重的政治與社會問題。誠如「水可以載舟，也可以覆舟」一樣，土地可為人類造福，也可為人類帶來無窮的困擾。

　　茲另有一問題，即土地究竟為資本與否？有人說：土地為資本，土地可以用資本替代。另有人謂：土地不同於資本，資本不能完全替代土地。有關此問題，向來爭論特別多，其中誤解土地之真義者，也不在少數，確有釐清之必要，以便確定土地之真義。

　　土地雖具有數量固定及位置不能移動等特性，使得土地的獨占性特

別強烈,但就私經濟的立場而言,只要購置者願意支付高價,鮮少有買不到土地的情況。易言之,土地可以用鈔票或資本予以替代,則土地與資本之間的互換並沒有太大的困難。據此,乃有不少經濟學者認為,土地正如一般商品一樣,均可用資本予以購置,故可將土地視為資本,視同一般財貨加以處理。但如就國民經濟的立場而言,縱然持有足夠的資本,也未必能購買到形成國家所需要的領土。其實,一個國家無論多麼地貧窮,也不會導致出售其領土予他國,或割讓其領土與其他政權。假如領土可以買賣授受,前述以色列的人民也不致於亡國一千多年,而於建國之後也不會為了保衛國土與疆域,而付出特別多,連年戰爭打得那麼地辛苦。換言之,就國家經濟的立場而言,資本將無法替代土地。則土地是一種獨立的生產因素,不可視同資本,也不宜當做一般財貨處理。

現在屬於美國之阿拉斯加州(Alaska)於一百多年前,被許多人認為那是無用之土地,故於一八六七年美國只花了720萬美元,即向當時的帝俄皇室購得,其總面積為 37,530 萬英畝,每英畝地價約值美元 2分,亦即 1 元美金即可以買到 50 英畝土地,可見地價廉賤可見一斑。當年,美方主其事者為當時的國務卿 William H. Seward,他曾受到許多人責罵實在不應該購買該無用之地,國會裡面亦曾有人諷刺這塊大地為「西華的冰箱或西華的冰山」(Seward's Icebox or Iceberg),也有人呼曰「西華的無用之地」(Seward's Folly)。

現在,阿拉斯加州每年的石油礦產、林產、獸皮類等的產值即不知有若干倍於720萬美元。如就軍事國防上的價值而言,其戰略價值更為高昂。實在無法以其他財貨予以替代。假如現在該地仍屬於蘇俄所有,則美蘇戰略形勢將大為改觀,由此而論,國務卿西華實在眼光宏遠,對美國的貢獻真是偉大極了。

但類似上述買賣國土的情況,在未來的世界裡將不會重新出現。又現代的戰爭,縱為戰勝國,也殊難如以往的作法,要求戰敗國割地抵償戰費。故就國民經濟的觀點而言,土地確實無法以資本或其他財貨予以替代。

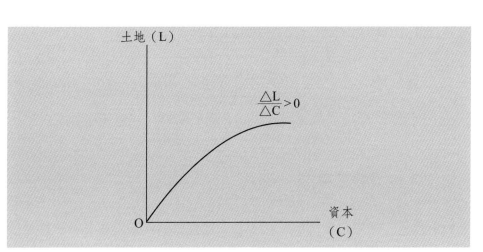

圖 1-1　資本與土地之替代關係（私經濟）

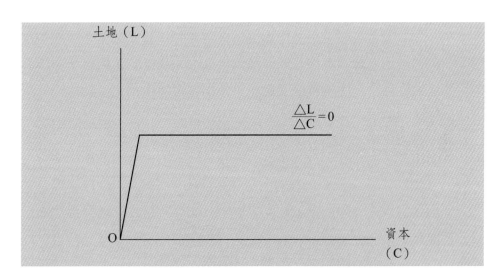

圖 1-2　資本與土地之替代關係（國民經濟）

 第三節　土地經濟學之意義及其範圍

一、土地經濟學之意義

　　對任何一門學科，欲作一個完善的定義，實在很不容易。蓋要用簡單幾句話概括涵蓋一種科學的許多特點，自難免產生掛一漏萬的遺憾，故其困難情況，可想而知。土地經濟學（Land Economics）的意義，在學者之間也有各自不同的解釋。例如，伊黎（Richard T. Ely）與魏爾萬（George S. Wehrwein）合著的《土地經濟學》（*Land Economics, 1940*）序文中謂：「土地經濟學的定義，可以說是研究利用大地表面或空間的科學，利用這種地面或空間是以財產或其他制度為條件的；還包括使用這個空間以上或以下，而所有人又能於其上面設定財產權的自然力與生產力。」註 5

　　美國經濟學者巴樂（R. Barlowe）說：「土地經濟學，乃討論人與地之間的經濟關係，其大部分重點，在應用嚴格的經濟原則於土地資源上面。」註 6

　　美國學者雷納（R. R. Renne）謂：「土地經濟學，就其與其他學科之關係而言，可以說是經濟學明確的應用部分……是在廣泛的社會科學範圍內，限於討論人類為使用土地，以生產、取得及使用財貨與勞務等各種活動而發生的社會現象。」註 7

　　伊黎（Richard T. Ely）和莫好斯（E. W. Morehouse）合著《土地經濟學要義》一書中說：「土地經濟學是一種科學，研究由於利用土地而發生的人類之間的各種關係。」註 8 其意謂，人類利用土地，除須依據經濟原則外，尚須遵守社會制度或國家法律對土地利用的規定。一切土

地經濟問題，均與土地之受人控制或國家的土地法規發生密切的關係。研究土地經濟學的人，若僅專談經濟原理而不考慮社會的土地制度，必將成為空論，而不能切合實用。

伊黎和威克（G. R. Wicker）合著的《經濟學的基本原則》一書中謂：「土地經濟學是經濟學的一個分枝，在理論上與實用上研究自然對人類生產的服務，並研究人類因利用土地作為財產和收入來源時，而發生彼此間的各種關係。」註9

上述各家學者所舉定義中，以伊黎和威克共同所訂的定義比較符合實際也可以說比較完備。按其定義的內容係包括：(1)土地經濟學為經濟學的一個分枝；(2)土地經濟學為理論兼實用的科學；(3)土地經濟學研究人與地之間的關係；(4)也研究因利用土地而發生的人與人之間的關係。這種說法簡單明瞭，也能掌握土地經濟學的內容及其要點，是比較實際與合適的定義。

張德粹教授在其《土地經濟學》一書中謂：「土地經濟學是研究人們利用土地時所應遵循的經濟原理，亦研究因利用土地而發生的人與人間之經濟關係，並探求改善這些關係的原則和方法。它是理論兼實用的科學，一方面說明利用土地的許多原理，另一方面又提供利用土地的實際方法，以使人與地間及人與人間的經濟關係得以改善。」註10

張丕介教授謂：「土地經濟學具有經驗科學、人文科學與社會科學三種性質，並研究因人類經濟行為而造成之人與地、人與人、地與地之種種關係。」註11

如上述，欲以簡單幾句話以表達某一門學科的定義，或其內容與特點，實在很不容易，總不能達成真善美的理想。惟為便於掌握其重點，並參考上述各學者的看法，似可作下列定義。即「土地經濟學為社會科學的一種，屬於應用經濟學（Applied Economics），即應用經濟學之原則原理以探討土地問題產生之原因背景，演變過程及其對社會之影響與衝擊，研究其解決途徑，藉此促進地利，增進社會福利，改善人們之居住環境，使得更能接近於理想的境界。」雖難謂完美，但尚可掌握土地

經濟學的內容與特性及其重點矣。

二、土地經濟學之研究範圍

　　土地經濟學研究的對象，概括言之為人與地的關係。如具體而論，為因人類經濟行為而造成的人與地、人與人、地與地之間的種種關係。

　　人類之四大需求：食、衣、住、行，皆恃土地（自然）所供給的物質而滿足，故自有人類以來，人與地之間的關係已脫離不開，如管子曰：「地者，萬物之本源，諸生之根莞也。」所以有人謂：「魚非水不活，人離土地，亦無以生存。」足證人類對土地的依存關係，極為密切而重要。

　　茲所稱人地關係中的人，並非漂流孤島上魯濱遜式的人，亦非隔絕人群社會的隱士，而係指「社會人」，人人皆為所處社會結構裡的一員，而沒有絕對個人自由可言。此等社會人為了鞏固其個人或個人集團的利益，其行為雖與所懸最高理想有所違謬，亦往往在所不惜。在此種奇特的矛盾中，土地問題隨而產生，且隨著社會的發展而益見嚴重。例如，土地所有權在國家與國家之間，階層與階層之間，個人與個人之間，因其所持勞力及資本之大小而消長，由而引發土地分配及土地利用問題，且漸趨於嚴重與錯綜複雜。

　　所謂人與人的關係，非泛指一般人與人之間的關係，係專指因經濟行為，尤其因與土地有關的經濟行為而引發的人與人之間的關係。蓋人與人之間的關係複雜萬狀，其中最大部分屬於經濟問題，且多與土地具有密切關係。例如，土地的買賣、交換、占有、贈與、繼承、租賃、抵押等，皆為人與人之間的重要經濟行為，而直接發生於土地之處理上面。而間接發生於土地處理的人與人之關係，有如各種土地產品的買賣、分配、管理等等，此等都在土地經濟學的研究範圍裡面。

　　所謂地與地的關係，係指因經濟行為而引起的種種土地上面的關係。例如，一個國家的墾殖指數，為一個國家裡面已利用土地與荒地之

間的關係，可表示該國土地利用的情況或程度。又如土地依其利用種類分配於農、工、住宅、交通等，其相互間的比例與關係，可指示一個國家國民經濟發展的階段，國民經濟的生產結構，國民經濟的分配與組織等。又如農地中，依其栽培作物種類及其種植面積，由其相互之間的比例與關係，小者可表示一個農場的生產經營結構，大者可指示一國農業生產之概況。凡之一切，地與地之間的關係，皆因人類對土地經濟行為而發生之現象，對經濟生活，確實具有重大的意義。

人類應如何利用土地乃承受許多因素的影響，而這些因素大致可分為(1)實質因素；(2)經濟因素；(3)制度因素等三種。第一種因素係指土地的種類、數量、地形、地勢及氣候等自然條件、適合生產之生物、生活環境等，均對土地利用具有決定性的影響。第二種因素決定土地可否利用及應如何利用的重要因素，任何土地的利用，必須依據經濟法則。土地之可否利用及應如何利用，尚須受到社會制度的規定與限制，則應先研究國家社會對土地所有權、使用權及使用方法等各項法規。此等屬於上述第三種因素。

土地經濟學既為研究應如何盡善利用土地資源，自須針對上述三種因素實施詳細的探討。本書討論的範圍也不外上述三種因素。當然並非針對上述三種因素實施深入的探討，但所探討者，都屬於上述三種因素的範疇裡面。故本書內容包括土地的供給與需求、土地利用的區位理論、地租理論、地價理論、估價理論、農地利用、市地利用、土地利用計畫、土地稅及土地金融等，俾利有效掌握土地問題之重心，探討土地問題之成因、演變過程，問題之影響及其解決途徑之基本原則等，以資促進土地利用，達成地盡其利及地利共享的基本目標。

 本章註釋

註 1　"By land is meant the material and the forces which nature gives freely for man's aid, in land and water, in air and light and heat." A. Marshall: *Principles of Economics*, 8th edition, P.138.

註 2　R. T. Ely and E. W. Morehouse: *Elements of Land Economics*, Macmillan Co., 1924, P.12.

註 3　productive materials and productive forces.

註 4　"Labour is the father and active principle of wealth, as lands are the mother." Lewis H. Haney: *History of Economic Thought*, 4th edition, P.136.

註 5　伊黎、魏爾萬著，李樹青譯，《土地經濟學》，原序，臺灣商務印書館發行，民國 57 年。

註 6　"Land Economics may be described as the field of study that deal with man's economic relationships with others respecting land." R. Barlowe; *Land Resources Economics*, P.4, 2nd edition, 1972.

註 7　Renne: *Land Economics*, P.8.

註 8　"Land Economics is a social science dealing with the human relationships arising out of land utilization." Ely and Morehouse: *Elements of Land Economics*, P.10.

註 9　"Land Economics may be defined as that branch of economics, theoretical and applied, which is concemed with the services of nature in production and with the human relationships which arise out of the use of land as property and as a source of income." R.T. Ely and G.R. Wicker: *Elementary Principles of Economics*, P.167, 4th edition, 1927.

註 10　張德粹編著，《土地經濟學》，國立編譯館出版，民國 73 年，頁 13。

註 11　張丕介著，《土地經濟學導論》，中華書局印行，民國 36 年，頁 1。

Chapter 2

土地之供給與需求

土地為生產要素的一種，但因其性質特殊，故其供給與需求的情形，和其他生產要素的供求情況未必相同，尤其就供給方面而言，土地與其他財貨和勞務的供給特性截然不同，惟欲明確掌握土地問題，探討問題的原因及其解決途徑，則必須充分了解土地的供求情況及其特性。所以以下將依次探討土地的供給與需求問題。

第一節　土地之供給

一、土地的自然供給（the Natural Supply of Land）

從前述土地的特性得知，因土地為自然所賦與，以人力難予再生產，故其總數量有限且固定不變，這是一項普遍共知的事實。土地的自然供給係指由自然實際提供的各種土地數量，此等數量無論就某一地區或某一國家，甚至就全世界而言，都是固定不變，故亦可稱為土地的實質供給或物理供給（the physical supply of land）。

就整個地球表面而言，係包括水、陸、空等三個部分。其中，陸地部分與人類的生活，關係最為密切，也是人類生存不可缺乏的部分，亦即人類的食、衣、住、行等四大需要的主要供給來源。故通常所稱土地的供給，實際上係專指陸地部分的供給。

土地的實質供給既然固定不變，則地價的變動，將不影響土地供給量的增減。故古典經濟學派常將土地供給視為無彈性的固定供給，其理由也在此。

如圖 2-1 所示，縱軸表示地價，橫軸表示土地數量。因土地供給量固定不變，所以成為垂直狀的 SS 供給曲線，則無論地價高低，土地供給量總是不增不減，供給彈性為零。故地價專由土地的需求單方面來決

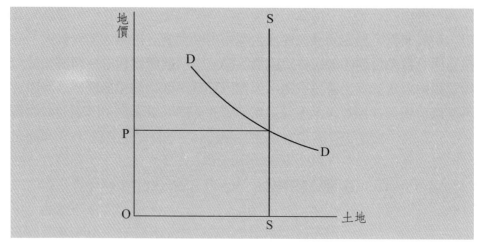

圖 2-1　土地之自然供給

定，則地價水準係專視人們對土地需求的大小而定。

　　然土地的自然供給，亦非毫無增減。例如，荷蘭人築堤填土，與海爭地，其國土的三分之一係以人力圍海而造成的。尚有日本聞名世界的「八郎潟」干拓事業註 1，以及我國臺灣地區海埔新生地的圍墾等，都是眾所周知的事實。惟這些事業如就整個地球表面而言，只是改變了地表的一部分型態而已，而非為新闢土地的創造。如就陸地而言，其所增加的土地面積非常有限，倘與世界全部陸地相比，無異九牛一毛，實在微不足道。故將土地的自然供給認為固定不變，亦即完全沒有彈性，似也沒有實際上的不合理。

　　地球表面的總面積大約為 51,000 萬平方公里，其中海洋部分約占71%，面積為 36,140 萬平方公里，陸地約占 29%，面積為 14,860 萬平方公里，此等陸地尚包括內陸的湖泊及河流等水地在內，而真正的陸地面積尚不及此數，可見人類所居住的地球原是海洋面積較大，陸地較小的星球。難怪阿姆斯壯曾說：「地球是藍色的球體」註 2。地球表面各地區土地的分配情形，如表 2-1 所示：

表 2-1　世界土地之分布

各區土地面積		1,000 平方公里	1,000 平方哩	百分比
水陸地之分布	地 球 總 面 積	510,000	197,000	100.0
	水 地 面 積	361,400	139,600	70.8
	陸 地 面 積	148,600	57,400	29.2
各洲陸地之分布*	亞　　　洲	44,600	17,230	30.0
	非　　　洲	30,100	11,620	20.3
	北　美　洲	23,800	9,190	16.0
	南　美　洲	17,800	6,880	12.0
	歐　　　洲	9,800	3,780	6.6
	大　洋　洲	8,700	3,370	5.8
	南　極　洲	13,800	5,330	9.3
	全 世 界 陸 地	148,600	57,400	100.0

＊各洲的土地面積包括各該洲附近的島嶼在內。例如，歐洲大陸係包括英倫諸島。南北美洲以巴拿馬運河為界，此運河以北稱北美洲，包括世界第一大島格林蘭冰蓋地在內，面積約 218 萬平方公里。

　　地球表面不但是陸地太少，且在這些陸地中尚有很多為人類所不能利用，或依目前的科學技術仍無法利用的土地。例如，南北兩極的冰雪覆蓋地，總計約有 1,800 萬平方公里，約等於歐洲面積的兩倍，占陸地總面積的 12.2%；又全世界中其年雨量在 250 公厘以下的沙漠地亦約占了 1,800 萬平方公里，海拔 3,000 公尺以上的高山地也約有 600 萬平方公里，兩者合計為 2,400 萬平方公里，占總陸地面積約 16%。可知地球表面的冰雪地、高山，及沙漠等三者合計已占了總陸地面積的 28%以上，這些土地以目前的科學技術水準而言，實在鮮有可能加以利用。

　　除此以外，尚有不少的陸地雖可勉強利用，但因其生產力薄弱，或其環境不適合於人類生活所要求的基本條件，故其利用價值非常微小。例如，尚未完全風化的岩石地區、沼澤地區、峭壁陡絕的山地，及嚴寒

而乾燥的平原（如：西伯利亞平原）等，目前幾乎沒有利用價值。這些種類的土地合計起來，亦大約不少於陸地總面積的四分之一。

綜合上述情況，地球表面的陸地至少有一半以上係不能利用或利用價值極低者。而品質較好的陸地或對人類生活所必須的土地，將不到陸地總面積的半數之譜，故土地非為無限量的資源。

人類係在地球的陸地上生存的動物，其所需生活資源亦大部分仰賴於陸地供給。但地球表面的陸地面積既然固定不變，尤其利用價值較高的陸地尚不到陸地總面積的一半，故在地球上面所能養活的人口數並非無限制而應該有一定的限度。人類既然在陸地上面定居並追求其所需生活資源，故在自然環境優美而適合於人類生活及物產豐富可提供較多生活資源的地區，必須牽引大量人口的聚集。反之，凡居住於環境惡劣及土地貧瘠，物產不豐，生活資源難於獲取的地區者，人口自必稀少。目前，全世界的人口，實際上只是集中在小部分的陸地上面。據估計，大約有 52.5%的世界人口聚居於 5%的陸地上面，另有 18%的人口係居住於 81%的陸地註 3。換言之，可供人類很舒服地居住的土地，並不十分豐富，使得土地的自然供給，更加有限。

就一個國家裡面而言，欲如古代以軍事力量擴展國土的方法，於將來的世界將很難重新出現。例如，第二次大戰前的舊日本帝國，於其明治天皇時代，經中日戰爭及日俄戰爭，曾擴展了不少領土，但於第二次世界大戰投降後，這些舊日的殖民地，如臺灣、澎湖則歸還於中華民國；庫頁島及千島列島則歸還於蘇俄；朝鮮半島便成為獨立國家。可見，在一個國家裡面，土地供給亦為固定不變的。

二、土地的經濟供給（the Economic Supply of Land）

如上述，地球表面的陸地約有一半以上係屬於冰雪地、高山峻嶺、沙漠、未完全風化的岩石地區、沼澤地區，以及嚴寒而乾燥的平原，此等如不是不能利用，便是利用價值極低，而可供人類利用且條件較佳的

土地，將不及陸地總面積的半數。所以，地球表面並不是陸地太少，而係不能利用的土地太多，使得土地資源更顯得稀少。

人類利用土地的目的可分為許多用途，而同一塊土地亦可做各種不同的使用方式，這些用途之間是可以互相替代（substitution）的。當某一種用途的收益增加，對可供此項用途的土地需求便會增大，使得原來提供其他用途的土地勢必將其一部分轉作該項用途，使得該項用途的土地供給量增大。換言之，當土地的某一種用途的利益增大時，此項用途的土地價格必定上漲，而此項用途的土地供給量勢必隨之增大，此種情況稱為土地的經濟供給。我們亦可將此情況解釋為：在一定的時間裡與一定的地區內，於所定的價格下，可用於某特定用途的土地單位數的供給表註4。

民國三十四年，當臺灣剛光復時，臺北市的人口總數尚不到 30 萬人，如今，已經增至將近 300 萬人，為光復當初的十倍左右。而此等人口居住用的住宅需求則與年俱增，宅地價格也不斷地上漲，導致市區內原來用於耕種的農地逐漸轉變為住宅用地，使得宅地的經濟供給量逐漸增大。但這樣仍然不夠需要，於是逐漸開發郊區的山坡地或保護區等供作興建住宅使用。例如，原來位於木柵的一四〇高地，現在已經開發成為萬芳社區，並增加了二、三萬人口的居住空間。當然，地價也較之開發前上漲了幾十倍甚至百倍不等。由於建築用地的收益高於原來當作農業用地使用時的所得，因而促使建築用地的經濟供給增加，而農地或林地的經濟供給量卻相反地減少。

至民國五十年代初期，當時似可以說是臺灣香蕉生產的黃金時代。彼時，臺灣香蕉在日本市場的占有率幾乎達九成以上，形成供給面主導的市場，則只要栽種香蕉，保證一定賺錢。當時，臺灣的稻米產量仍不敷需求，政府也正在努力增加稻米產量。但由於香蕉的生產利益遠大於水稻的生產利益，在「利之所在」的強大誘因下，不少腦筋動得快的稻作農民便紛紛改種香蕉，使得蕉田遍布了南臺灣的田野。例如，於民國五十年代，高雄縣旗山一帶的農田，約有三分之二的水田都改種了香蕉。

換言之，在蕉、米競爭中，當蕉價相對高於米價時，許多農民就放棄生產水稻而改種香蕉，使得蕉田的經濟供給量增加，稻田的經濟供給量減少。

土地的經濟供給是動態的（dynamic），其供給量可多可少，所以為富有彈性的供給（elastic supply）；但土地的自然供給是靜態的（static），其供給量固定不變，是缺乏彈性的供給（inelastic supply）。土地經濟供給的彈性大小，因各種土地使用目的不同而頗有差異。例如，建築用地係利用土地的載力，只要區位合適，大多土地都可供建築使用，且就整個需求量而言，其所需土地數量不多，故其經濟供給的彈性較大。農地主要係利用土地的養力，其受自然條件的限制較多，所需土地數量也較大，且單位面積所能產生的收益不高，故其供給彈性較小。蓋其供給量只能在自然供給量的範圍內變動，而可變更為農地者為部分自然條件較佳的未墾地或無須繼續保留的保護區或河川地及海埔新生地等，故供給量增加的可能性不大。

民國四十一年，臺灣地區的農地總面積為 876,100 公頃，迨至民國九十年，其總面積減至 848,743 公頃，即五十年來僅減少了 27,357 公頃，比例不到 3.1%，減少速度不算快速（見表 2-2）。而民國六十五年，臺灣地區的都市計畫區內住宅區面積為 43,468 公頃，迨至九十年，其面積增至 62,444 公頃，則二十五年來共增加了 18,976 公頃，比例高達 44%，增加速度遠較之農地為快（見表 2-3）。

在某一地區所需建築用地總量不會太多，但其單位面積收益通常大於農地，地價亦高於農地，故只要區位條件合適，農地、林地或山坡地保護區等都有可能轉變為建築用地，其供給曲線將如圖 2-2 的 $S_b S_b$ 曲線所示，較富於彈性。但農地的收益通常都不如建築用地，故地價較低，但所需面積卻大於同一地區內的建築用地。如圖 2-2 所示，農地地價偏低，供給價格也低，即使農業收益增加，地價上漲，但因上漲的幅度通常不會太大，且可轉用為農地的土地（如：可墾地、山坡地、河川地、海埔新生地、林班解除地等）不多，故其供給曲線將如圖 2-2 的 $S_a S_a$ 曲線所示，比較缺乏彈性。

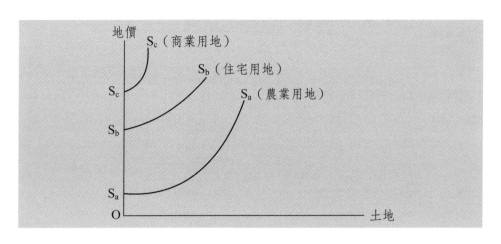

圖 2-2 農地、宅地及商業用地之經濟供給

表 2-2 年期別耕地面積統計（臺灣地區）

單位：公頃

民國	面　積	民國	面　積	民國	面　積	民國	面　積	民國	面　積
41	876,100	51	871,858	61	898,603	71	890,830	81	875,951
42	872,738	52	872,208	62	895,621	72	894,326	82	874,535
43	874,097	53	882,239	63	917,484	73	891,655	83	872,307
44	873,002	54	889,563	64	917,111	74	887,660	84	873,378
45	875,791	55	896,347	65	919,680	75	887,451	85	872,159
46	873,263	56	902,406	66	922,778	76	886,281	86	864,817
47	883,466	57	899,926	67	918,143	77	894,974	87	858,756
48	877,740	58	914,863	68	915,393	78	894,601	88	855,072
49	869,223	59	905,263	69	907,353	79	890,089	89	851,495
50	871,759	60	902,617	70	900,062	80	884,443	90	848,743

資料來源：Taiwan Statistical Data Book, 2002 Council for Economic Planning and Development.

表 2-3　年期別宅地面積統計（臺灣地區）

單位：公頃

民國	面　積	民國	面　積	民國	面　積	民國	面　積	民國	面　積
65	43,468	71	56,890	77	64,026	83	60,903	89	62,469
66	46,094	72	57,899	78	63,548	84	61,026	90	62,444
67	48,478	73	56,890	79	63,461	85	61,154	91	
68	52,248	74	61,210	80	64,730	86	61,712	92	
69	53,637	75	63,408	81	60,884	87	62,300	93	
70	55,524	76	64,051	82	61,104	88	62,769	94	

資料來源：都市及區域發展統計彙編，民國 91 年，行政院經濟建設委員會，都市及住宅發展處編印。

　　至於商業用地的利用，特別重視土地的區位，通常在人口聚集，行人來往頻仍的地方，都適合於商業使用。因單位土地可能創造的地租額偏高，地價也高。惟適合於商業使用的土地不多，獨占性較強，且商業用地可作高度的立體化使用，土地利用的集約度（intensity of use）高，所以商業用地的供給價格特別高。由於適合商業使用且區位良好的土地非常有限，雖然其地價偏高，但供給彈性卻很小。圖 2-2 的 $S_c S_c$ 表商業用地的供給曲線，由於受到區位條件的限制，導致其供給彈性偏低。

三、影響土地經濟供給之因素

　　影響土地經濟供給的因素很多，其中最主要者計有下列幾種：

㈠土地自然供給量的多寡

　　土地的經濟供給量，最多也不會超過其自然供給量，所以自然供給量為土地經濟供給量的最大限制因素。例如，美國、加拿大、大洋洲、蘇俄等國家，均擁有廣闊的國土，土地的自然供給量豐富，故其經濟供

給量也必寬裕。但如兩極地區，因氣候太冷，不適合人類生活，故並非所有的自然土地都可成為經濟供給量，而尚須受制於(1)日光及溫度；(2)降雨量及水的供給量；(3)地形、地勢；(4)土壤結構；(5)交通情況與區位等等條件，故自然供給量大，亦未必表示經濟供給量一定巨大。但一般而言，土地的自然供給量大，通常其經濟供給量的潛力亦大。

(二)利用土地的知識與科學技術

自然條件對土地利用的限制並非絕對的。而隨著人類對土地利用知識的進步及科技的發達，勢將逐漸克服自然條件的限制，而逐漸增加農地的經濟供給量。例如，古代的遊牧民族乃追逐水草而移動其生活圈，其對利用土地的知識有限，故只能利用有水草的，條件較佳的土地。直至人類進步為定居，從事農耕時，亦都利用河流旁邊水利條件較佳的地方耕種，其範圍仍然相當有限。但隨著水利工程技術的發達，人們可從遠處引水利用，生活空間隨此大幅擴大，及至水庫建設技術的進步，人們尚可做時間上的用水調節，使得農地及居住用地的經濟供給量隨此大幅增大。

土木工程技術的發達，促使人可以與海爭地而開發海埔新生地，或河川新生地；亦可將遠處的水引至沙漠，使得不毛之地的沙漠變成可耕種的綠田。建築技術的發達，使得建築用地的利用空間增大，從平面空間的利用變成立體空間的利用，增加了數倍或幾十倍於基地面積的樓地板面積，使得建築用地的經濟供給量大幅增加。

(三)土地使用編定與管制等有關法令之規定

臺灣的土地分類可分為都市土地與非都市土地兩大類。都市土地係指都市計畫區內的土地，通常可分為住宅區、商業區、工業區、農業區、保護區等；而都市計畫區外的土地為非都市土地，依現行區域計畫法施行細則分為特定農業區、一般農業區、工業區、鄉村區、森林區、山坡地保育區、風景區、國家公園區、河川區，及其他使用區或特定專

用區等十種使用區，並分為甲種建築用地，乙種建築用地等十八種使用地。

在都市計畫區內的住宅用地或商業用地的供給，即仰賴其所劃定的住宅區及商業區面積的大小，如其面積規畫得大，用地的供給量將隨之增大，反之，其供給面積便減少。如都市計畫區內的商業區通常占用區內建築用地的 8%，故假如都市計畫區沒有擴編，商業區的面積也不會擴大，其經濟供給量自然也不會增加。但由於臺北市的商業區土地不敷使用，故商業用地的比例經修改為 12%，甚至建議可增至 15%。此等建議果真被採納，那麼臺北市的商業區用地將自 8% 增至 12% 甚至 15%，這樣一來，商業用地的經濟供給量勢必大幅增大。

工業用地的經濟供給亦隨著工業區的開發而不斷地增大。例如，政府除大規模開發彰濱工業區以外，現在亦在規畫雲林縣離島工業區，將來此等工業區開發完成時，工業用地的經濟供給勢必大量增大。

㈣交通運輸工具之發達

住宅用地之區位選擇，最主要的因素，通常以良好的可及性（accessibility）為最重要。而一般所考慮者為上下班的可及性、上下學的可及性、上市場的可及性等。茲設以上班的可及性選擇住宅，且以單程花費一小時為限度時，如係以步行計算，兩地之間之距離約為 4～5 公里；如騎坐自行車者約為 10 公里，如搭乘公共汽車者約為 20 公里，如乘坐火車者約為 50 公里。故隨著交通運輸工具發達（此際暫不考慮交通運輸成本），宅地的供給範圍亦將跟著擴大，使得宅地的經濟供給量大幅增大。圖 2-3 表示其擴大的情況。

圖 2-3 之 OA 表示市中心之宅地價格，AB 表示宅地之地租線，B 點為宅地的邊際，其地價低於市中心，但到市中心上班必須負擔 DB 之交通費，該交通費加上 B 點之地價後，其合計費用剛好等於市中心之地價。△OBA 表示地租，△ABD 表示交通費用。

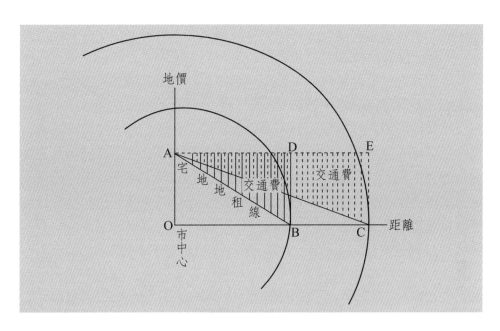

圖 2-3　交通運輸技術改進與地租線之變動

　　茲假設交通運輸技術改進，不僅至市中心之交通費用降低，交通時間也縮短了，設市中心之宅地地價未變，但其地租線自原來的AB移至AC，故宅地的範圍亦自OB擴大至OC，供給量則增加了BC註5。圖2-4之SS表示宅地之供給曲線，交通運輸技術改進以後宅地之供給量增大，其供給曲線由SS移至S_1S_1，亦即以相同價格能夠提供的宅地面積增大也。

　　從長期及廣大範圍（市場）而言，土地的經濟供給量為向右上方延伸（up-ward to the right）的曲線，亦即如圖2-4所示。但如就短期及小範圍（市場）而言，尤其預期地價將繼續上漲的情況時，土地的供給曲線將如圖2-5所示，形成後彎狀的曲線（back-ward bending curve）。則對土地市場的展望看好，預期地價繼續上漲的趨勢非常顯著，故土地所有人於目前出售土地，其收益顯不如延後出售有利，是以引發惜售意念。此際，地價愈上升，其惜售的意念愈堅強，以致供給量不增反而減少。

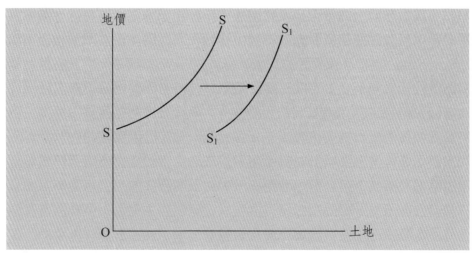

圖 2-4　宅地之供給曲線，SS 曲線表交通技術改進前，S₁S₁曲線表交通技術改進
　　　　後之宅地供給

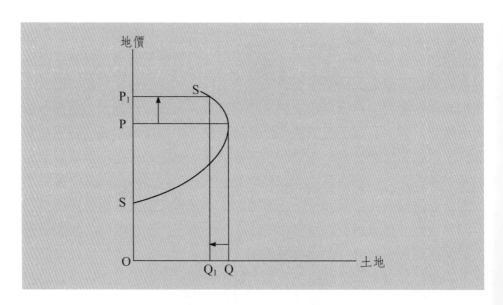

圖 2-5　後彎之供給曲線

一般而言，投機性財貨的供給，通常都有遇漲惜售，遇跌拋售之現象，卻與供給法則表現相反方向變動，土地亦然。但此種情形通常甚為短暫。就長期而言，土地的供給曲線仍係向右上方延伸的曲線，即隨著地價上升，其供給量亦必跟著增大，惟其供給通常都缺乏彈性而已。蓋土地漲價時，土地所有人的財產價值固然隨之增大，但如不好好加以利用或將其出售他人收取地價，土地所有人的收益或所得依然沒有變動，對土地所有人並沒有太大的實質利益。土地所有人如欲實現其收益或所得，即須出售其土地方能真正獲取利潤或實現所得。換言之，土地所有人必須出售土地方能實現土地的增值所得，也方能實際上享受其利益。故就長期而言，土地的供給曲線，應為朝向右上方的曲線較為合理。

四、農地與宅地之供給

茲為了解土地供給的實際情形，下面將探討農地的供給及宅地的供給，俾利參考。

㈠農地之供給

農業生產需要大面積的土地，而農地為農業生產最重要的生產因素之一種。惟農業生產的經營利潤不高，收益的創出能力有限，故能供開發為農業使用的土地，通常只限定於收益能力偏低的未墾荒地、原野、林地、河川地、海埔地等為主。一般說來，增加農地的供給量，通常有下列幾種途徑：

1. 荒地開墾

開墾荒地供作農業生產用地，則一般所稱之墾荒。清朝早期，臺灣島上到處都可看到荒地，經自對岸大陸移民過來的先人，不斷地努力開墾，方有今天開發完成這麼多的農地，這些都是先人辛苦努力開發的成果。清朝時期的所謂大租戶，大多為地方豪門商賈，經向官方申請並取

得荒地開發權，然後再分發給幾家實際具開發能力者開墾，這些人後來稱為小租戶。此等小租戶，再將開發完成的農地分租給佃農耕種。以往，臺灣的大部分耕地都是經過這樣的過程開發出來的。日據初期，為了簡化地籍管理，設法收買大租權，取消大租戶，而原來的小租戶便成為業主（地主），則保留佃農階級，形成地主與佃農的租佃關係。

又日據後期，則自一九三〇年代起，曾引進彼國農民移往臺灣中部及東部，開墾荒地，建立日本人的移民部落，共建立了六個移民村。例如，彰化縣、芳苑鄉的漢寶地區，光復以前為日本農民的「秋津」移民村。他們很辛苦地將荒地或沙崙開發成為旱田，從事農業生產。第二次大戰結束後，移民村的日本農民都被送回日本，其耕地收歸公有，並放租當地農民耕種。經幾十年來的辛苦經營，現在都已變成肥沃的美麗良田。

2. 河川地之開發

大多河川都發自山區，由高處往低處流動，再往下游，最後到達出海口。途中匯集大小不同支流，水量自上游流注下游而逐漸增大，至出海口時河身變成最大。當洪水季節，整個河身都充滿了水，但於枯水時期，河水減少，通常只沿著河心流動，形成一大片裸露的河床地。這些河床地在枯水期可利用於栽種作物，但於洪水期便成為一片汪洋的河流，易形成水災。惟如能於河流兩側興建河堤，不僅可以防災，亦可縮小河身寬度，並騰出一部分原來的河床地。因其不再為河水淹沒，可開發為農地用於農業生產，此等土地稱為河床地（river-bed land）或河川新生地。

臺灣的河川地大部分分布於花、東兩縣，面積計達 10,691 公頃，已由原臺灣省水利局開發完成者計有 5,474 公頃，其中可供農業使用者為 4,046 公頃。惟由於地質多屬砂地，砂礫多，地力偏低，加上排水困難等原因，土地生產力大多不高。

此外，屏東縣林邊力力溪河川荒地的開發，係由臺灣糖業公司辦

理，已開發完成 1,205 公頃的河川新生地。其中可供農業生產使用者計有 1,129 公頃，並已栽植甘蔗製糖用。因設有現代化噴灌（sprinkler）設備，並實施客土改良，每公頃蔗田平均能生產 6 萬公斤甘蔗，生產力不低註6。

3.海埔地之開發

位於海邊灘地，當漲潮時被海水淹沒，退潮時便變成砂灘者稱為海埔地（tidal land）。但嚴格說起來，每天漲潮退潮的水位並不一樣。依陰曆而言，每月的初二、初三及十六、十七稱為大潮，漲潮時潮位升至最高；而初七、初八及二十三、二十四稱為小潮，退潮時潮位退至最低。故所謂海埔地，係指大潮時的最高潮位線至小潮時的最低潮位線間的部分。

臺灣的海埔地主要分布於西部海岸，截止民國七十五年底已開發完成者計 7,554 公頃，其中，淨生產面積共 5,457 公頃。這些海埔新生地當中，供作魚塭使用者最多，計 4,043 公頃，供作農地使用者計 558 公頃，約占 10%而已。蓋大多海埔新生地地質瘠弱，生產力偏低，加上海邊季風強大，土壤的洗鹽困難，供作農業使用，並非最佳選擇。但如能實施客土改良，仍然可供農業生產使用註7。

4.林班解除地及保安林解除地

依我國森林法規定，森林以國有為原則註8。臺灣的森林總面積計有 2,101,719 公頃，占總土地面積的 58%，其大部分為國有林（民國九十年資料）。惟因人口增加，社會進步、經濟發展，都市範圍亦漸擴大，時有必要解除都市邊緣的林班地。此等經主管機關核准解除的林班地，大部分都可供作農業生產用地。又因下列目的需要，應編為保安林註9：

(1)為預防水害、風害、潮害、鹽害、煙害所必要者。
(2)為涵養水源、保護水庫所必要者。

(3)為防止砂、土崩壞及飛砂、墜石、泮冰、頹雪等災害所必要者。

(4)為國防上所必要者。

(5)為公共衛生所必要者。

(6)為航行目標所必要者。

(7)為漁業經營所必要者。

(8)為保存名勝古蹟、風景所必要者。

(9)為自然保育所必要者。

　　臺灣的保安林面積計有 461,189 公頃（民國九十年）其中面積最大者為水源涵養林（298,317公頃），其次為土砂防止林（134,748公頃），以下依次為風景林、飛砂防止林、漁業林、防風林、潮害防備林、水害防備林、衛生保健林及墜石防止林。

　　惟由於社會經濟條件的變遷以及自然環境的改變等因素，此等保安林的必要性亦會產生變化。例如，由於環境條件發生變化使得保安林已喪失原有功能或已不需要設置原來的保安林時，經主管機關核准以後，該保安林便可予以解除，改為其他用途。保安林解除以後，其土地大多用於農業生產用途。故可藉此途徑增加農地面積。

㈡宅地之供給

　　住宅為人們居住休息的地方，亦為他們培養明天活力的場所，故其環境務求合乎健康（Health）、舒適（Amenity）、方便（Convenience）、安全（Security）等條件。是以，所有的土地未必都適合興建住宅，加上交通方面的可及性（Accessibility）亦務求便捷。這樣宅地的供給勢必受到某些程度的限制。一般說來，增加宅地供給量的辦法，通常有下列幾種途徑：

1. 增編住宅區土地

　　在都市計畫區內的土地，經編定為住宅區者方得興建住宅，但不得

超過所定的建蔽率與容積率。在一個都市裡面，經編定為住宅區的土地總面積，便是該都市的宅地最大供給量。故如欲增加宅地的供給量，最直接的辦法便是增編住宅區的面積。此乃屬於各縣市都市計畫委員會的職權，通常可藉實施都市計畫通盤檢討時，視其必要性增編住宅區面積。如此，該都市的宅地供給量當能隨此增大。

2. 開發新社區（new community）

大都市為了容納新增人口或解決市區一屋難求的住宅問題時，其有效辦法之一係採取開發新社區的辦法。此際，常作開發對象的土地常位於郊區的山坡地、雜林地、保護區等，這樣將有利於降低日後的建地開發成本，俾利興建國民住宅或平民住宅，解決一屋難求的困難。例如，於民國六十年代在臺北市木柵區（現改為文山區）的一四〇高地，採取區段徵收的辦法，取得住宅用地，開發了現在的萬芳社區，除了取得學校、醫院、捷運等公共設施用地以外，該社區並可容納約二萬人口，對緩和當時臺北市的住宅問題，抑止地價上漲趨勢，曾發揮了不少功能。就新社區的開發而言，萬芳社區的開發，如說其是一個成功的案例，似也不為過。

3. 實施市地重劃

新設都市地區為實施開發建設；或舊都市地區為公共安全、公共衛生、公共交通、促進土地合理利用；或在都市開發新社區等時，得報請辦理市地重劃**註 10**。市地重劃的實施，可取得區內必要的道路、公園、廣場、國中、國小、市場等 10 項公共設施用地，俾利於興建此等公共設施。由於區內的道路網已經開發完成，原來不便興建住宅的土地將可陸續開發興建，大幅增加宅地的供給量。

市地重劃為綜合性土地改良的一種，藉此闢建區內必要的公共設施，改進居住環境，使得原來不適合於興建住宅的土地，變成適合居住的住宅用地，故可增加住宅用地的經濟供給量。

4.實施都市更新

都市更新的處理方式，通常有重建、整建、維護等三種。重建係指拆除更新區內原有建築物，重新建築，改進區內公共設施，變更土地使用性質及密度。整建係指改建、修建更新區內建築物或充實其設備，改進區內公共設施。維護係指加強更新區內土地使用及建築管理，改進區內公共設施，以保持其良好狀況[註11]。如建築物窳陋、或年代久遠有傾頹或朽壞之虞、道路彎曲狹小妨害交通、居住環境惡劣等地方，實施都市更新以後，不僅公共設施得以改進，原來不適合興建房屋的地方亦變成良好的建築用地，或因建築容積率提高等，住宅用地的經濟供給量亦得以增大。

5.舊廠地改編為住宅用地

當都市在發展初期，於其郊區常可見到規模大小不一的零星工業區。由於交通方便並可就近雇用勞力，業務情況大都良好。後來，由於都市繼續擴大發展，住宅區不斷地向郊區擴展，此等郊區工廠逐漸被住宅區包圍，使得環境條件產生不相容現象，居住環境變劣，引起居民要求工廠遷移，時而發生抗爭，問題漸趨嚴重，使得政府及廠主都不得不考慮遷廠問題。

惟遷廠時，必須考慮很多問題，其中之一係遷廠後原廠地的利用方式。如此等土地可改編為住宅用地或商業用地，由於地價必定升高，對廠主有利，對遷廠的實施便能產生促進效果。一般而言，遷廠後的土地大多都經准改編為住宅用地。這樣不但可增加宅地供給，對維持良好的居住環境品質亦有正面的貢獻。

6.河川新生地之開發

流經市區的河流，通常都已整治完好，大致都不會有可開發為河川新生地的行水區。但河流的截彎取直，便是其特殊的案例。例如，流經

臺北市的基隆河，因河道彎曲部分多，流速緩慢，經實施河道的截彎取直以後，不但可加快河水的排洩速度，同時亦開發了 400 多公頃的新生地。經辦理重劃以後，於臺北市內湖區劃設了不少的商業區與住宅區，同時亦取得必要的公共設施用地，使得內湖區成為臺北市的新發展地區之一。河川新生地的開發，的確有利於宅地的供給，但對治水方面的功過，究竟如何？似尚未取得百分之百的共識。

7.徵收空地稅

土地數量有限，故即使地價高漲，也無法繼續增加土地供給，是以當地價續漲時，大多數地主將預測，明天的地價可能高於今天，則今天售地將不如明天售地來得有利。因此，當地價高漲時，地主們將普遍懷著惜售心理，大多不急於出售土地，使得地價雖然漲高，土地供給反而減少的反常現象。因此，如欲抑止地價繼續上漲，增加土地供給，宜採取的有效辦法之一，係實施空地限期建築使用，逾期仍未建築使用者，依法課徵空地稅或實施照價收買，逼使空地地主建築使用，或售出空地於他人建築使用，藉此增加建地供給量。按以往的經驗，此法用於地價高漲時，對增加土地供給，確有正面的促進效果。

 ## 第二節　土地之需求

土地具有許多種功能，其中最主要者係提供人類生活棲息的場所，直接提供人們居住、工作、休閒等用途，滿足人類生活的基本需要。再者，土地是最基本的生產因素，萬物皆產自土地，則人類食、衣、住、行等所需生產資源，皆產自土地，人類必須利用土地方能從事生產。所謂對土地的需要（the demand for land）係指人們必須利用土地，從事生產及消費，以維持其生活之謂也。

一、商業用地之需求

　　各種土地的需求，均有其必須的最小基本面積。通常商業或服務業所需基本的土地面積不大，則小者僅數坪即足夠使用，如有十幾坪土地即可作相當規模的門市生意。一般而言，商業或服務業的每單位營業面積所能創造的營業額最大，故其收益額也最大。換言之，商業或服務業每單位營業面積所能產生的地租最大，故其能負擔的地價也最高。蓋商業用地的需求價格等於其創造的邊際收益，故其願意支付的地價也必高於其他產業所能支付的地價。因此，商業或服務業通常均可占用區位最佳，地點最好的土地。同時，由於商業或服務業所需要的基本土地面積最小（就個別需求者而言），故對單位面積所能支付的地價亦必最高。惟隨著地價下降，所需土地面積的增大速度緩慢。換言之，商業用地因具有獨占性，故其需求價格偏高，但其需求彈性不大，故即使地價水準稍為下降，所需土地面積卻增加不多。蓋由於需求價格高昂，縱令地價稍為下降，地價的負擔額仍然偏高矣。其情形係如圖 2-6 之需求曲線 D_1 D_1所示。

二、住宅用地之需求

　　住宅用地之需求，其性質與商業用地之需求稍為不同，其所需最小基本面積略大於商業土地的需求面積，但對區位的選擇則比較注重環境及景觀條件且要求寧靜與安全，以及公共設施完備與可及性良好的地方。但並不要求人車來往頻繁及人潮聚集的城裡鬧區，故其願意支付的地價通常都低於商業用地，但其需求彈性卻略大於商業用地。

　　住宅用地的需求價格，通常決定於其可及性的優劣及需要者家庭所得的高低。如其家庭所得水準高，能夠負擔的價格水準勢必較高，故常可占用環境及景觀條件優美與可及性良好的所謂高級住宅區。宅地的寧

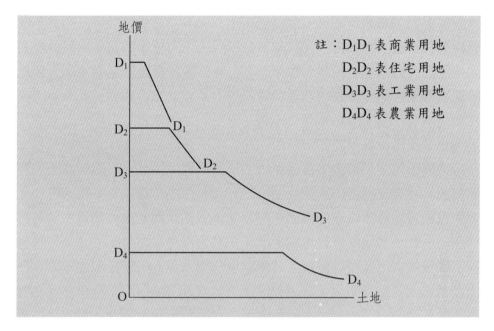

圖 2-6　個別廠商之土地需求

靜、舒適、安全、可及性等為需求者的選擇指標，其邊際效益愈高，其
願意支付的地價亦愈高。住宅用地的最小需求面積（個別需求者）及其
需求彈性均略大於商業用地，所以就整個市場而言，其合計的需求量亦
大於商業用地的總需求量。住宅用地的需求與家庭所得及家庭戶數具有
密切的相關，但個別家庭的宅地需求卻不會因地價下降而不斷地增大。
住宅用地面積增大，固然可增大其居住空間，增進其生活情趣及舒適與
快活，但維護管理費用以及稅賦等的負擔亦隨此增大，形成負面效益。
所以通常具有某一定的最適規模，超過此規模標準時，反而會帶來若干
的不經濟，因而造成得不償失的情況。

　　一般而言，宅地的需求具有不斷增大的趨勢，其原因計有下列幾項：

㈠人口增加，宅地的需求亦隨之增大

　　只要人口繼續增加，住宅的需求將不斷地增大，於是宅地的需要亦

必跟著增加。臺灣地區的人口成長率雖已呈現下降趨勢，並自 1994 年起降破 1%而為 0.99%，但每年的自然增加率平均仍達 0.8%，即每年大約新增了 18 萬人口，而此等新增加的人口都需要其居住的住宅，所以宅地的需求亦必隨之增大矣。

㈡所得水準提高，宅地的需求亦必隨此增大

只要所得水準提高，縱令人口不增加，宅地的需求亦隨此增大。住宅為人類生活四大需求之一，故只要所得水準提高，為了改善居住品質，原來居住於小住宅的人們，很可能想居住空間較大的住宅，於是實施換屋，將小房屋換成較大的房屋；又原來沒有自有房屋的人，將想盡辦法購買供自己居住的房屋，使得住宅的需求增大，於是宅地的需求勢必跟著增大。除此以外，所得增加以後，閒暇（leisure）時間亦隨之增多，於是想在避暑或避寒或風景明媚的景觀勝地購置別墅的情況亦逐漸增多；或為了子女讀書及上學方便，在都市購置子女進修上學用的房子的情況亦必增多。由於第二個住家（second house）的需求增大，於是宅地的需求亦必隨之增大。

圖 2-7 之 SS 曲線表對宅地的供給，而對宅地的原有需求以 DD 曲

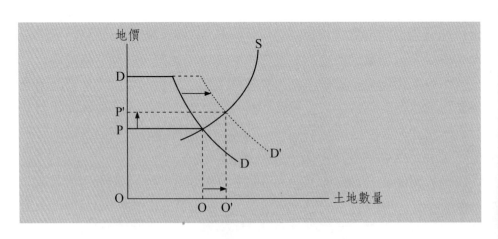

圖 2-7　所得提高後對宅地需求之變動

線表之。假設消費者的所得提高，其對宅地的需求將自 DD 曲線移至 DD'曲線，使得宅地價格由原來的 OP 上升至 OP'，土地的交易量則由 OQ 增至 OQ'。

㈢家庭結構改變，宅地的需求亦將跟著變動

在傳統的農業社會裡，大都採取大家庭制度，故到處可見三代同堂的家庭結構，而四代甚至五代同堂也不稀奇。這樣不僅方便於互相照顧，而有利於農業生產，並可增進親近感情，雖然需要大規模的住宅，但如按每人占用的地板面積計算，其比例並不大。這樣的大家庭，通常經幾十年方會分家一次，故對住宅的新需求不大。但隨著工商事業發達，都市化社會發展以後，各自有各自的事業與工作，家人也不再共同從事農業生產，由於各人的作息時間及生活習慣未必相同，為了避免互相干擾，影響日常的生活步調及工作情緒，於是大多改採小家庭制度，不僅三代同堂的情況已不再多見，子女結婚以後，也都離開了父母膝下另建立新家庭，於是對住宅的需求相對增加，故對宅地的需求亦必隨之增大。

㈣隨著經濟發展，宅地的需求將跟著增大

當經濟結構仍停滯在昔時以農業為主的農村社會裡，大多數人民都偏好安土重遷，與外地的交流甚少，其居住的場所都固定於農村，對住宅的需求，亦較為固定少變。但隨著工商業發達，經濟繁榮以後，城鄉之間的來往頻仍，或為了就業、或為了事業來往方便、或為了子女進修上學讀書方便等，需要兩地或者三地交替居住的情況愈來愈多，於是對住宅的需求隨之擴增，對宅地的需求亦必跟著增大。

㈤傳統觀念，促使宅地的需求增大

在農業社會裡，由於投資管道少，大家以務農為生，故「有土斯有財」的觀念根深柢固，愛惜土地的觀念特別深厚。此種觀念，進入以工

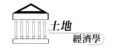
商業為主導的都市化社會以後仍然沒有被拋棄。國人對置產保值的購地習慣依然非常普遍與濃厚，是以有了儲蓄以後，對購置房地產的投資途徑依舊非常熱衷，尤其在增值速度比較快速的都市裡，房地產的交易情況亦甚熱絡，於是對宅地的需求，也隨之增大。

三、農業用地之需求

農業生產為有機性生產事業，承受自然條件的限制比較多，故不能無限制地提高單位土地面積的集約度以增加產量，所以農業生產需要廣大的土地面積，方能生產足夠國民所需龐大的糧食需求。

任何生產事業，均具有各個起碼的門檻規模（hierarchy scale），而農場經營的門檻規模，通常都大於商業或住宅的最小需求面積。蓋農業不僅為生物性生產，且報酬遞減律的限制較早出現，生產效率偏低，產品的比值小，使得單位面積所能產生的收益少，是以自立經營農場（viable family farm）所需的土地面積較大。

農業生產對土地的需求，特別注重地力與養力或肥力，故鮮與注重區位的商業用地以及注重環境及可及性等的宅地需求產生競爭，故可以選擇區位較偏僻，地價較低廉的土地供作農業使用。

農業生產所能創造的地租有限，地價的負擔能力偏低，故只好退居於區位條件較差的土地，亦即收益地價較低的土地。惟近年以來，由於農業機械的發達而有利於農場規模的擴大，藉此提高勞動生產效率，降低生產成本，提高經營收益，故農場的經營規模乃隨著農業機器的發達與普及而有逐漸擴大的趨勢。

隨著人口增加，對農產品的需求亦必跟著增大，所以農地的需求亦將逐漸增大。但近年以來，由於科技發達以及品種改良與耕種技術的改進等，促使單位面積的產量增大，所以農地的需求，未必隨著人口增加而增大，相反地，由於外國廉價的農產品的大量進口，使得農地的需求有不增反減的現象，農地變更使用的情況更屢見不鮮。所以農地的需

求，將隨著經濟的發展過程而產生變動。

四、工業用地之需求

　　工業的種類繁多，各種工業的生產特性及基本設備等各不相同，所以所需土地最小基本面積也不盡相同，且差距很大。例如，小型的手工藝品加工業則只有二、三十坪的工作場所或許已綽綽有餘，但如係現代化一貫作業的鋼鐵工廠或石油化學工廠，通常都需要數百公頃的建廠用地方夠需求，可見其差距頗為巨大。

　　就單位土地面積所能產生的收益而言，工業生產的確大於農業生產；又就其能產生的地租而言，工業生產亦必大於農業生產。但大多數工業生產，尤其重化工業等所需建廠用地面積非常巨大，土地成本占創業成本的比例頗高，所以工業用地的需求價格通常都介於宅地與農地價格之間，而其需求彈性通常也大於住宅用地。蓋工業生產的規模經濟（scale economy）較大，大規模生產將有利於提高生產效率，降低經營成本，增加收益，從而促進工業用地的需求。

　　工業化是促進經濟發展之主要途徑之一，亦為提高國民所得的捷徑之一。是以隨著經濟成長，工業產值占國民總產值的比例愈來愈高，故工業用地的需求必隨著經濟成長的進行，逐漸增大。

五、遊憩用地之需求

　　如按土地使用的最小基本面積而言，遊憩產業（leisure industry）在各種產業中所需門檻規模也許最大。例如，迪斯耐樂園（Disneyland）的遊憩場所，一處占地就需要數十公頃，則幾年前於日本東京附近開設的迪斯耐樂園占地竟達百公頃，每年遊客人數以千萬人計，成為跨國際的遊樂園區，其規模必然非常龐大，方足夠於需要。

　　至於國家公園（National Park）的面積規模特別巨大，其面積通常

都以萬公頃為計算單位，可見其規模龐大之一斑。假如沒有那麼廣大的空間範圍，實在無法維持園區內動植物的自然生態，並維護優美而宜人的自然景觀，將天然的美好生態與環境傳承給後代子孫欣賞。我國的墾丁國家公園等六處國家公園的土地面積及其分區內容的概況係如表 2-4 所示，可資參考。

　　實施自然放生型態的區域性動物園，所需園區面積亦常超過一百公頃以上，規模較大。例如，臺北市的木柵動物園面積高達 165 公頃，這樣方能配合在園內採取自然放生型態的動物園的需要。

　　高爾夫球場的用地面積也相當大。如以十八洞的標準球場而言，球場本身再加上其他附屬服務設施，其用地面積有時亦可達到一百公頃，所需土地面積也不少。

　　上述大型遊憩設施的門檻規模較大，如未達到該項規模面積，將難發揮其應有的功能。但一旦達到了該項基本規模以後，通常都很少再需要擴大。故土地的需求彈性較小，惟可在其他地點另覓設置類似新的遊憩設施。

表 2-4　我國國家公園設置情形

單位：公頃

項目 公園名稱	總面積	生態 保護區	特別 景觀區	史蹟 保存區	遊憩區	一般 管制區	公布實 施年月
墾丁國家公園	*18,083	6,219	1,654	15	297	9,898	71 年 9 月
玉山國家公園	105,491	70,521	3,642	347	413	30,568	74 年 4 月
陽明山國家公園	11,455	1,353	4,189	—	279	5,634	74 年 9 月
太魯閣國家公園	92,000	63,790	21,690	40	280	6,200	75 年 11 月
雪霸國家公園	76,850	51,640	1,850	—	69	25,291	81 年 7 月
金門國家公園	3,780	—	1,636	—	193	1,951	84 年 10 月

資料來源：民國九十一年，都市及區域發展統計彙額，行政院經濟建設委員會，都市及住宅發展處編印。

*不包括海域面積，另有海域面積 15,186 公頃。

　　隨著所得水準提升，一般國民的平均閒暇時間也愈來愈多，家庭收入中分配支付於戶外遊憩、觀光旅行、娛樂運動等的費用所占的比例亦逐漸在增大，於是為了提供此等活動所需設施用地的需求，也愈來愈大，遊憩的種類也愈來愈增多。如今，遊憩產業（leisure industry）已成為生長產業（growth industry）的一種，則只要人口繼續增加，國民所得水準不斷地提升，對遊憩設施用地的需求，亦必繼續增大。

六、公共設施用地之需求

　　依現行都市計畫法第四十二條規定之公共設施用地之種類，計有下列各項：

1. 道路、公園、綠地、廣場、兒童遊樂場、民用航空站、停車場所、河道及港埠用地。
2. 學校、社教機構、體育場所、市場、醫療衛生機構及機關用地。
3. 上下水道、郵政、電信、變電所及其他公用事業用地。
4. 其他，如消防、防空等公共設施、屠宰場、垃圾處理場、殯儀館、火葬場、公墓、污水處理廠、煤氣廠等。

　　上述公共設施均指區位於都市計畫區範圍內者，而非都市土地內卻沒有劃設公共設施用地。惟都市計畫區的數目及都市計畫區的面積則具有逐漸增加及擴大之趨勢，故公共設施用地亦具逐年增加之勢。

　　蓋經濟活動具有集中趨勢。如在人口稀少的社會裡，人與人之間的接觸機會較少，資訊的來源有限，選擇的機會少，所以成功的機會也比較少。但在人口眾多的社會裡，則人與人之間的接觸的機會增多，資訊的來源及選擇的機會多，所以成功的機會也比較大。由於聚集而必引發新的聚集。蓋大多數人民都喜歡居住於都市裡，藉此尋找機率較大的成功機會，所以都市的聚集勢必愈來愈大。茲擬以Ｓ代表人們接觸的機會

數目，N表示人口數量，則人與人接觸的機會的數學式便如下式所示：

$$S = (\frac{N-1}{2})N$$

同理，經濟活動的接觸空間，也隨著人口規模的擴大而增大。如在人口眾多的大都市裡，由於企業的活動空間大，便於擴大商圈與擴展市場圈域（market area），而有助於業務的拓展。故只要地理條件及其他客觀環境許可與配合，此等城市將逐漸發展，都市範圍亦必愈趨擴大，而逐漸轉向郊區擴展，或合併周圍鄉鎮而形成大都會區，或開發新市鎮等，於是都市土地的需求便愈來愈大，公共設施用地的需求亦必隨之增大。

就臺灣地區而言，民國七十一年的都市計畫區數為三百七十處，都市計畫區的土地面積共為 3,321.96 平方公里，占總土地面積的 9.2%；及至民國九十年，都市計畫區數已增至四百五十一處，土地面積也增至 4,471.54 平方公里，占總面積的比例也增至 12.4%。如就都市計畫區內的人口數而言，民國七十一年共為 13,141,800 人，占總人口的 71.2%，及至民國九十年，都市計畫區內人口增至 17,406,800 人，比例也增至 77.9%，即四分之三以上的人口都居住於都市計畫區的範圍裡面，都市化人口已占了總人口的絕大多數（表 2-5）。

由於都市計畫區數增多，都市計畫區內人口逐年增加，所需公共設施亦必隨之增多，是以公共設施用地的需求亦必跟著增大。如表 2-5 所示，民國七十三年的公共設施用地總面積為 60,657 公頃。惟及至民國九十年，其總面積便增至 81,591 公頃，約占都市計畫區總面積的 18.2%，可見，公共設施用地的需求，將隨著都市化人口的增大及都市計畫區數的增多，而逐漸增大。又隨著經濟發展及國民所得的提升，人民對提高生活品質的要求也跟著增大，故需要更多的都市服務設施，是以對公共設施用地的需求，亦必隨著增大。

表 2-5　臺灣地區都市計畫區面積、人口與公共設施用地面積

年次民國	都市計畫區數	都市計畫區面積		都市計畫區內人口數		公共設施用地公頃
		平方公里	占總面積%	1,000 人	占總人口%	
71	370	3,321.96	9.2	13,141.8	71.2	—
72	380	3,371.14	9.4	13,417.6	71.6	—
73	387	4,090.61	11.4	13,774.6	72.5	60,656.81
74	401	4,131.84	11.5	14,065.5	73.0	62,189.41
75	412	4,245.27	11.8	14,450.8	74.3	69,341.46
76	416	4,348.16	12.1	14,791.4	75.2	70,116.58
77	417	4,348.43	12.1	15,081.5	75.8	70,136.07
78	418	4,351.62	12.1	15,281.5	76.0	70,590.94
79	424	4,355.65	12.1	15,456.1	75.9	70,545.29
80	425	4,381.58	12.2	15,713.8	76.4	71,544.29
81	436	4,394.75	12.2	16,037.6	77.3	84,949.91
82	441	4,395.01	12.2	16,159.9	77.2	84,774.49
83	441	4,401.50	12.2	16,188.4	76.6	85,704.16
84	440	4,401.18	12.2	16.310.3	76.6	87,910.38
85	440	4,407.63	12.2	16,565.6	77.2	87,559.96
86	441	4,416.70	12.3	16,721.5	77.1	88,149.88
87	444	4,416.99	12.3	16,784.2	76.7	81,534.08
88	443	4,430.77	12.3	16,996.1	77.1	82,051.99
89	443	4,429.24	12.3	17,310.6	77.9	79,632.37
90	451	4,471.53	12.4	17,406.8	77.9	81,591.65

資料來源：行政院經濟建設委員會都市及住宅發展處編印，《都市及區域發展統計彙編》，民國 91 年。

 本章註釋

註 1 「八郎潟」位於日本東北地方的秋田縣,為一個內陸淺海。戰後的日本為了增加糧食生產,日本政府將此內陸淺海填土為水田,並招募熱心農業的欠地農民,進駐該八郎潟開發農田從事稻米生產。

註 2 阿姆斯壯(Arm Strong)為美國的太空人之一,於 1967 年第一次登上月球時,從太空觀看地球時,曾說過該句話。

註 3 張德粹編著,《土地經濟學》,國立編譯館出版,民國 73 年第二版,頁 20。

註 4 R. R. Renne: *Land Economics*, revised edition, P.28. (The economic supply of land may be defined as the schedule of land units wlich will enter particular uses in response to price at a given time and at given places.)

註 5 宅地的原供給面積應為$(OB)^2 \times 3.14$,交通情況改良後的宅地供給面積為$(OC)^2 \times 3.14$,而宅地供給的增加量為$(OC)^2 \times 3.14 - (OB)^2 \times 3.14$。

註 6 參閱蕭錚主編,《地政大辭典》,中國地政研究所印行,民國 74 年出版,頁 590、591。

註 7 參閱臺灣省政府研究發展考核委員會編印,《臺灣西海岸海埔地開發方式之研究》,民國 79 年 3 月出版。

註 8 森林法第三條。

註 9 森林法第二十二條。

註 10 參閱平均地權條例第五十六條。

註 11 參閱都市更新條例第四條。

Chapter 3

▌地租論

第一節　地租之意義及其產生

一、地租之意義

在十八世紀時期，英國國內的糧食需求，大部分仰賴歐洲大陸的進口，但糧價水準一直維持相當穩定。惟自拿破崙戰爭爆發，歐洲大陸的穀物遭禁止輸往英國，導致自一七九五年開始，英國國內的穀物價格普遍暴漲。

由於穀物是一般人民生活的基本糧食之一，所以穀物價格暴漲以後造成許多人民遭受饑餓的痛苦，是以工人要求增加工資，由而引發英國政局的不安定與社會的不穩。此際，大部分的英國人都認為穀價高漲是地主向農民索取高額地租的結果。然而李嘉圖（David Ricardo, 1772～1823）註 1 力排眾議，認為糧價的上漲係糧食的需求過多，供給不能配合需求所產生的結果。糧價上漲以後，由於糧食生產有利可圖，所以競相承租土地來生產糧食，因此促使地租升高。若糧食的需求不多，對土地的需求就不會增加，地租也就不會上漲。故穀物之所以價高，並非由於繳納了高昂的地租所致，相反地，其必須繳納昂貴的地租，卻由於穀物高價的結果。

所以李嘉圖認為，土地的價格——地租，係決定於土地的供求，而土地的需求則決定於穀物價格的高低，所以地租是由穀物價格所決定的（price-determined），而不是決定穀物價格的（price-determining）。據此，李嘉圖及其同學派學者力爭取消專為地主利益設想而於一八一五年頒行限制穀物進口的所謂穀物法案（the Corn Laws）。迨至一八四六年該法案終於被撤銷，使得英國糧食進口增加，穀物價格下跌，而減少了

國內對土地的需求的壓力，抑制了地租繼續上升的趨勢。

　　一般而言，地租是指使用土地所支付的代價或報酬，通常將此稱為契約地租（contract rent），或稱為商業地租（commercial rent）。我們經常所見的，則由佃農付給地主的地租，就是契約地租的一種。但我們在這裡要探討者並非上述租金（rent）型態的地租，而是由於土地特殊的優越條件所產生的超額利潤或土地純收益，並可將此稱為純地租（pure rent）。我國對租金型態的地租及土地純收益的地租，向來都並稱為「地租」，所以很容易混淆不清，時常引起誤解。其實，這兩者在特性上並非完全一致，應予分別稱呼為宜。日本乃將由佃農付給地主的租金稱為「小作料」 註 2，而將純地租稱為「地代」，所以不會產生用詞混淆不清的情形。

　　所謂土地純收益係指由於使用土地而產生的收入總數額中，減去為了取得此等收入而支付的費用總額後的餘額，所以它是一種剩餘（surplus）。就農業生產而言，其總收入為農產品（如：稻米或小麥等）及其副產品（如：稻草或麥桿等）的收入合計，而所消耗的肥力及支付的費用則有種子、肥料、農藥、燃料、農具等資材費，家工和雇工的工資，折舊費及資本利息等。如以數學式表示，其情形如下：

　　總收入－（資材消耗額＋工資＋資本利息）＝土地純收益

　　上述土地純收益係表示一年期間所產生的收益，所以資材費用裡面如在一年之內未消耗殆盡者，則須將未消耗部分予以扣除（如：施肥的肥效未在一年內消耗殆盡者），以求正確。至於工資部分，如係雇工，則按實際支付工資計算，如係家工，則按機會成本（opportunity cost）計算。此際，有一個問題係工資率，亦即邊際成本是否與邊際收益相等？假如，邊際成本小於邊際收益，即土地純收益並不是全為土地能力的貢獻，蓋其中尚包含一部分為勞力的貢獻矣。惟雇工與家工，通常其邊際收益與邊際成本的差距並不太大，故亦可不必加以考慮。但場主的

邊際收益與邊際成本的差距，也許較大。蓋場主的工資雖以機會成本計算，但場主被雇用時的工作熱忱與其在自己經營的農場裡的工作熱忱畢竟有所差異。經營自己農場時的工作熱忱，當然遠高於被他人雇用時的工作熱忱。故經營自己農場時的邊際收益必定大於其機會成本。因此，據此計算所得的土地純收益裡面將包含了場主的一部分努力與貢獻，而不是全部為土地純收益。惟欲正確測度場主的真正貢獻，亦是頗為困難的事情，故場主的貢獻，通常也都按機會成本從總收益中予以扣除，藉此核算土地純收益或地租。

圖 3-1 中的 VTP 代表總產值（總產量 × 產品價格），VAP 代表平均產值，VMP 代表邊際產值，TVC 代表總變動成本（土地以外之成本）。E 為 VTP 及 TVC 曲線的轉折點，此際 VMP 達到最高。F 為直線 OA 與 VTP 之切點，此際 VAP 達到最高。G 為 VTP 之最高點，此際 VMP 為零，過了此點，VMP 變成負值。

從圖 3-1 得知投入量自 O 至 Q_1 之間，由於 TVC 大於 VTP，生產發生損失，故投入量應大於 OQ_1，而投入量在 OQ_1 至 OQ_4 之間，由於 VTP 大於 TVC，所以生產有利；而投入量在 OQ_3 時，平均利潤為最大（BC 的間隔最大，即通過 B 點的切線與通過 C 點的切線成為平行），故為最有利的投入量。

圖 3-1 係表示總收入—總成本分析法。從此圖得知，投入量為 OQ_3 時，利潤最大。換言之，其土地純收益（地租）最大。將圖 3-1 的情況移至圖 3-2，即依邊際收益—邊際成本分析法說明，其情況仍與圖 3-1 所示結果相同。

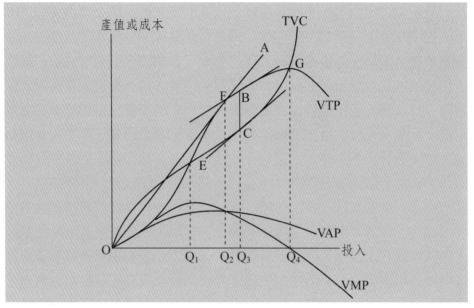

圖 3-1　總收入—總成本分析法

　　圖 3-2 中的 AC 代表平均成本，而產量於 OQ_2 時，AC 為最低。MC 代表邊際成本，而產量於 OQ_1 時，MC 為最低。OP 代表產品價格。

　　產品價格為 OP 時，在 MC 線上的 A 點，價格（即平均收入，也是邊際收入）與邊際成本（MC）相等，此際，其平均利潤最大，利潤的合計也最大，亦為最有利的產量或最有利的生產規模。圖中，四邊形 PP_1BA 為超額利潤的總額，這也是土地純收益的總額，也是地租總額。此項地租，亦可稱為經濟地租（economic rent）。經濟地租也稱大地地租（ground rent），用以與房租或一般所支付的租金區別。註3

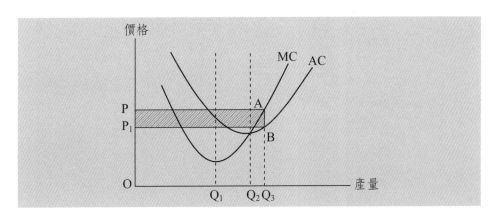

圖 3-2　邊際收益－邊際成本分析法

二、地租之產生

關於地租之產生，有些學者認為，係由於土地的供給相對於土地的需求頗為稀少而引起的，稱之為稀少性地租論（theory of scarcity rent）；但有些學者則認為，地租是由於土地的肥沃度或區位的優劣不同而產生的，稱之為差額地租論（theory of differential rent）；尚有學者認為，地租係由於地主獨占土地所有權而產生的，稱之為獨占地租論（theory of monopolistic rent）。

(一)稀少性地租論

地租的產生，源於土地的供給有限，即土地的供給完全缺乏彈性，所以決定地租的因素，完全由於人們對於土地的需求而產生。因為土地的供給，在短期間內是絕對固定不變的，即使就長期言，供給量的增加也非常有限，所以地租的特性是，地租將隨著對土地的需求變動而變動。

圖 3-3 之 SS 表示土地為固定供給，若需求為 DD，表示土地的需求小於供給，此際，地租為零。亦即使用土地不需要支付任何代價，直到土地的需求等於供給，地租仍然為零。但當土地的需求增於 D_1D_1 時，

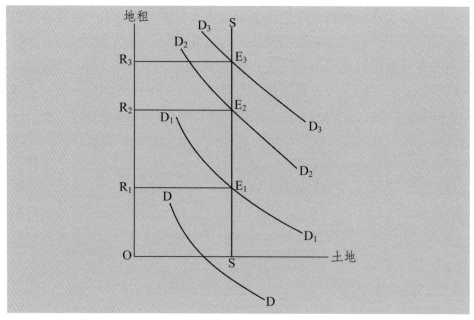

圖 3-3　稀少性地租

土地的需求便大於供給，由於土地的供給有限，所以產生了OR₁的地租
（地租總額為□OR₁E₁S）。當土地的需求隨著人口的增加而增大，其需
求曲線將如 D₂D₂至 D₃D₃而不斷地提升，地租亦將隨著對土地的需求增
大而不斷地提高至 OR₂或 OR₃。如此，由於土地的供給相對於土地的需
求確具有稀少性，故方有地租的產生。

㈡差額地租論

1. 安德森之差額地租

安德森（James Andorson, 1739～1808）出生於英國，家業務農，後
經努力及因其敏銳之觀察力，竟被公認為當年著名之經濟學者之一。他
於一七七七年在愛丁堡出版一篇論文「對穀物法案本質之研究」（An
Inquiry into the Nature of the Corn Laws）可謂為對地租學說，最早期的提

示。此外，安德森尚有《有關國民勞動力之研究，一七七五年》、《地租及什一稅對穀價之影響之比較，一八○一年》等著書，但此等著作很可惜，馬爾薩斯（Thomas Malthus）、魏斯特（sir Edward West）及李嘉圖（David Ricardo）等人都未曾知悉，直至約翰·藍賽·馬卡諾（John Ramsay McCulloch, 1779～1864）於《經濟學文獻》（*The Literature of Political Economy, 1845*）或於《經濟學文叢》（*1859年出刊*）介紹之前，安德森的研究中對地租論之發展，可以說毫無貢獻。

如同李嘉圖的想法，安德森亦將產生地租的原因，求之於土地生產力的差異。依安德森的說法，決定穀物價格的原因並非其生產費用以及地租，而係真正的需求，方為決定穀價的真正原因。所謂真正的需求，係指全部的居民為維持生存所必須的需求。為了提供該需求所需要的穀物總量，不管其必須花費多麼大的生產費用，也必須加以生產。而不問其生產價格多麼高，消費者也都不得不予購買。

一個國家裡面的土地，其肥沃度並不完全相等。假設土地的肥沃度可分為A、B、C、D、E、F、G等各等級，其中A的肥沃度最高，以下依次逐漸降低，此際假設穀物的價格一律相等，A地便可較之任何其他等級土地獲取更多的利益。蓋耕作肥沃度低的土地生產費，勢必較之耕作肥沃度較高土地所支付的生產費為高。

假設真正的需求，將使穀物1英斗的價格決定為10先令，而F地的穀物生產收入剛好能夠抵銷其應支付的生產費用。再者，E地的穀物1英斗的生產費為9先令、D地為8先令、C地為7先令、B地為6先令、A地為5先令，在此情況下，F地的耕作者將無法支付地租，比F地的肥沃度低的G地，因其生產收入無法抵償生產費用，所以不會用之於耕種。但E地的耕作者，其穀物收入除可抵償生產費用以外，其每1英斗穀物尚可對土地所有人提供1先令的地租。同理，耕種D、C、B、A地的耕作者，其每1英斗的穀物均可依次支付2、3、4、5先令的地租。

假如人口繼續增加，而自A至F的各種農地所生產的穀物總量，已不敷真正的需求時，如每一英斗穀物價格從10先令漲至11先令，此

際 G 地將加入生產行列。否則，將因糧食不足勢必自國外進口穀物以應需要。設穀物價格上升使得 G 地也必須用於耕種，此際於漲價前不產生地租的 F 地，其每1英斗穀物亦得帶來1先令的地租。

如上述，隨著對穀物的需求增大，穀價將跟著上漲，肥沃度低的土地也逐漸被用於耕作。為了配合真正需求增大，勢必實施土地及耕種方法的改良，使得僅具有與 G 地同等肥沃度的土地，亦得生產與 F 地相等數量的穀物，甚至亦可生產與E、D、C地相等數量的穀物也說不定。此際，耕作者勢必支付比原來較多的地租。但從另一方面而言，由於生產總量不斷在增加，使得穀價下降，藉此可為全國國民提供較為廉價的穀物，造福人民。以上便是安德森地租論的大意矣。

如上述，安德森並沒有考慮土地收益遞減法則的問題。相反地，他似持有土地收益遞增的想法。同時，他對土地的天然肥沃度及區位優越所產生收穫的增加，與人為的改良以致收穫增加等兩者之間，並沒有作明確的區分。因此，安德森的地租理論往往受到不如李嘉圖的地租理論精緻的批評。但我們不能否定，由於土地生產力的差異而產生的地租學說，與李嘉圖的地租學說原理上相同的事實。

2. 李嘉圖之差額地租

地租學說主要建立者之一的李嘉圖（David Ricardo, 1772～1823）係於一七七二年為葡萄牙系猶太人生於英國倫敦。其父親為當時倫敦股票交易所的職員，他曾學習一些商業教育之後，亦常出入於股票交易所，時年僅為十四歲。因他信奉基督教，因而觸怒了其父親，故於二十一歲時開始獨資經營，並成為股票交易所的成員。由於其頭腦冷靜靈活，通常能夠抓住商機，具有計算頭腦，所以逐步成功，至二十五歲時，竟已累積了鉅額的財富。

但李嘉圖並不希望長期停留在投機性濃厚的股票市場，及至已累積了鉅額財富時他竟轉變方向，改為從事學術研究，首先開始研究數學、化學及地質等科學。然及至一七九九年讀完了亞當史密斯的《國富論》

時，他的關心便轉向於經濟現象之研究，之後，便專心從事經濟學之研究，亦即終生專注於「分配論」的研究。

當時的英國，正好遭遇穀價及地租的急遽上升，大多數人民都在面對生活上的困境。因此，財富的分配問題，正好為當時經濟界的最主要問題。這也是導致李嘉圖後來專心於分配論的研究，似可以說是一種自然的趨勢。

李嘉圖於一八一九年被選上國會的下院議員。他在國會並沒有輝煌的表現，但由於他具有深奧的學識以及他審慎的處事態度，而博得多數人的尊敬。他具有深厚的同情心，他經常不吝嗇將其資財捐獻給慈善事業。他不但不斷地捐助他人經營的慈善事業，自己本身也參與貧民救濟院或慈善學校的經營。李嘉圖於一八二三年在英國逝世。

從經濟學史言，李嘉圖似可以說係屬於史密斯學派（Smithian School）。大體上而言，李嘉圖都接受亞當史密斯的學說，並將其發揚光大，同時也有意修正其一些地方。但就方法論言，他與亞當史密斯完全背道而馳。亞當史密斯係以事實為基礎而建立其理論架構，但李嘉圖卻通常站在想像與抽象的世界裡去推想事物。他幾乎不舉出實際生活的例子加以說明，而通常都從假想的前提嘗試演繹法的推論，而對其非現實性的前提，卻不甚刻意去加以考慮。

李嘉圖於探討地租理論之前，事先整理清楚地租的概念，並明確地劃分一般所謂的地租與經濟學上所指的地租。一般所說的地租，係指農地承租人向地主所繳納的佃租，而經濟學上所謂的地租，僅為承租人向地主所繳納佃租的一部分而已。經濟學上所說的地租係指，土地生產物中，利用土地原始而不可磨滅的自然力而對地主支付的部分。所以，它只能構成佃租的一部分，而非為全部的佃租。蓋佃租裡面除了包括利用土地原始而不可磨滅的自然力的代價以外，尚包括其他的報償。

地主往往對土地實施資本投資。亦即，地主於出租其土地以前，已興建供農業生產使用的建物或設施，也作了農地重劃或灌排水設施改良等投資，藉此以提高土地利用效率，故可向承租人要求較多的佃租。於

是承租人除支付純粹土地生產力所貢獻的代價以外，亦須支付此等資本投入的代價。佃租係指承租人向地主所應繳納上述兩種代價的合計。但經濟學上所稱的地租係僅指利用純粹土地生產力所應支付的代價，而不包括利用資本投入所應支付的代價。蓋後者應該屬於利潤的範疇。

按李嘉圖的定義，地租係針對利用土地原始不可磨滅的自然力所支付的代價。然而利用土地原始不可磨滅的自然力時，並不絕對會產生地租。按李嘉圖的說法，利用土地原始不可磨滅的自然力生產的產物若足夠於補償一切的生產費用（包括投入資本的利潤）時，其剩餘利潤將全部成為地租。

其實，生產上必須的自然因素，並非唯獨土地一項。例如，日光、溫度、空氣、雨水等，都是生產上不可缺乏的自然因素。但沒有人願意對日光、溫度、空氣、雨水等所提供的生產力支付代價。蓋日光、溫度、空氣、雨水等的存量龐大，任何人都可以自由加以利用矣。同理，假設土地數量無限且可自由取得，同時土地的品質都是相等，則任何人利用土地時都不願意支付代價。但實際上，土地品質各處都不盡相等，其數量也非為無限，加上土地得由少數人占有，故與日光、溫度、空氣、雨水等自然力，截然不同。於是肥沃度最高的土地勢必最早被人類占有，而隨著土地需求的增大，肥沃度較低的土地也逐漸參加生產行列。惟肥沃度不同的土地，即使投入等量的勞力與資本，單位面積的產量勢必發生差異，此際收穫量不足於補償所投入的全部費用的土地，便不會派用於生產。

按李嘉圖的說法，位於利用圈內肥沃度最低的土地，其收穫量剛好能夠補償所投入的全部費用，而較之肥沃度為高的土地，當能獲取較多的收穫量，故對其投入的資本，除了扣除一般應得的利潤以外，尚有一些剩餘利潤可取。此等剩餘利潤，將全部成為地租而歸入土地所有權人的手裡。質言之，地租係對利用土地原始不可磨滅的自然力所支付的代價。

如同李嘉圖的價值論，他對其地租論也設定了一些前提條件。首先假設在農業方面並沒有任何的技術改進；其次再假設資本與人口經常維

持一適當的比例增加,使得真實工資不斷地維持在同一個水準。在這樣的社會裡,隨著資本與人口之增加,耕種土地的範圍也將逐漸擴大,而肥沃度低的土地亦必逐漸產生地租。李嘉圖便擬予闡明地租與商品價格之形成,及兩者之間的關係。

李嘉圖說,在某一定的經濟發展階段時,所有的土地都不必負擔地租。蓋尚有龐大面積的土地可自由使用時,將不會產生地租。故此際的土地並非經受到獨占的資源,而如同日光、溫度、空氣、雨水等為自由財貨的一種。例如,於殖民地初次開始實施殖民時,所有的土地都讓人民自由占有,任何人於使用土地時都不必支付代價。但假如肥沃度最高的土地已被某些殖民者占有,而肥沃度稍低的土地雖可自由使用,惟肥沃度最高的土地倘使不能自由使用時,此等肥沃度最高的土地便可產生地租。

地租的產生係原因於,由於人口增加對穀物的需求上升而引起的結果。當穀物的需求量超過肥沃度最高的土地所產生的穀物總量時,勢必造成穀價上漲,以致肥沃度較低的土地收穫量亦得足夠於補償生產費用及農業資本的一般利潤的合計。此際,持有肥沃度最高的土地所有人即可利用其獨占所有權的地位,收取因肥沃度高低不同之間所產生收穫量之差額同量的地租。因此,隨著穀物價格上漲,肥沃度較低的土地也參加耕作時,肥沃度最高的土地所產生的地租亦必逐漸增大。

一般而言,土地生產力較大的國度裡,通常其地租都小於土地生產力較小國家的地租。因為地租的大小並不與絕對的肥沃度成比例,而與相對的肥沃度成比例。地租並不決定於土地生產物的交換價值大小,而決定於肥沃度更低的其他土地的生產成本。就此而言,當土地資源非常豐富,而土地的肥沃度非常高時,可歸入地主荷包的地租將不會太多。李嘉圖謂:「大家都在耕種產量最大的土地時,地主只能分享到全部產量中的最小部分而已。惟為了養活新增加的更多人口而必須耕種肥沃度較低的土地時,地主從全部產量中所能分享的產品以及其能收取的交換價值,此兩者均將逐漸增大。」註4

李嘉圖並沒有完全否定絕對地租(absolute rent)。所有的土地都被

獨占時，將會產生絕對地租。但李嘉圖以為，所有的土地都被獨占的情況，必定是非常遙遠的將來方會發生。所以他通常所說的地租，係指差額地租。

李嘉圖所說的差額地租計有三種型態，即肥沃度（地力）的差額地租、區位的差額地租，以及資本的差額地租。茲擬依次說明如下：

(1)地力的差額地租

茲假設有地力高低不同的三種地租。設依相同的經營方法並投入同量的資本與勞力，地力最高的優等地單位面積將生產 100 英斗的小麥；地力普通的中等地設生產 90 英斗小麥；而地力最低的劣等地設生產 80 英斗的小麥。優等地的耕作者如對投入資本願意支付一般的利潤並願意支付一般水準的工資時，每英斗小麥的價格，設應該為 3 先令。

假如穀物（小麥）的總需求尚不多，所有的優等地尚無須用於生產小麥時，優等地的所有人也不能要求索取地租。蓋單位面積的土地雖然生產了 100 英斗（總價格為 300 先令）的小麥，但它只能足夠於補償投入資本的正常利潤及工資費用而已。此際假設需求量稍微增加以致每英斗小麥價格升至 3 先令以上，該優等地的地主亦未必能夠獲取地租。因為其他的優等地可供為小麥的生產，使得小麥的供給量增加，所以小麥價格將很快地回降為每英斗 3 先令的原先水準。但假如小麥價格繼續上升，所有的優等地都被用於耕作但其小麥產量仍不敷需求時，使得小麥價格漲至每英斗 3.33 先令而不得不使用中等地時，此等優等地便會產生地租矣。

單位面積產量僅為 90 英斗的中等地，於每英斗小麥價格漲至 3.33 先令之前，將不會用於生產小麥。蓋按上述假設，每單位土地生產的小麥價格未達 3.33 先令之前，則不夠於補償所投下資本的一般利潤及工資的支出。由於優等地每單位面積可以生產 100 英斗小麥，所以每英斗價格 3 先令時便可補償投入資本的利潤及工資等支出。但中等地於每英斗小麥為 3.33 先令時，其收入方足夠於補償投下資本的正常利潤及工資等支出。所以中等地於每英斗小麥價格漲至 3.33 先令時，方可用於

生產小麥，此際優等地的地主每英斗小麥便可取得 0.33 先令之地租。

穀物的需求，將隨著人口的增加而繼續增大，於是只靠優等地及中等地生產的小麥，最後亦必產生供給量不足的情況。如果供給產生真正不足，勢必導致小麥價格上漲，每英斗小麥價格若漲至 3.75 先令時，劣等地亦將可用於小麥的生產。因為每單位劣等地只能生產 80 英斗小麥，故於每英斗小麥價格漲至 3.75 先令時，其收入方足夠於補償所投下資本的正常利潤及工資等支出，此際劣等地方可被用於小麥的生產。於是優等地的地租，便自每英斗 0.33 先令增至每英斗 0.75 先令；中等地亦將開始產生每英斗 0.42 先令的地租。則只要人口繼續增加，穀物價格亦必跟著上漲，於是地力更低的土地亦將依次參加生產，以致劣等地亦會產生地租。這便是第一型態的差額地租矣。

圖 3-4 表示，對單位面積的優等地、中等地及劣等地各投入勞力與資本合計各為 300 先令時，優等地生產 100 英斗小麥、中等地生產 90 英斗、劣等地生產 80 英斗。如單以優等地生產之小麥便足夠於供應全國的需求時，此際將不會產生地租；但只靠優等地生產之小麥已不敷需求，而必須耕種中等地時，優等地便會產生 10 英斗之地租，中等地此際沒有地租；及至以優等地及中等地生產之小麥已不敷全國的需求，而必須耕種劣等地時，中等地便會產生 10 英斗的地租，優等地的地租將更增至 20 英斗，而劣等地卻沒有地租。以上係以收穫量說明李嘉圖的肥沃度差額地租。

如用金額說明差額地租，則如圖 3-5 所示。圖中 AC_1 表優等地之平均成本曲線、AC_2 表中等地之平均成本曲線、AC_3 表劣等地之平均成本曲線。同圖 3-4，對單位面積之優等地、中等地及劣等地各自投入勞力與資本合計各為 300 先令時，優等地生產了 100 英斗小麥、中等地生產了 90 英斗小麥、劣等地生產了 80 英斗小麥。假如小麥價格為每英斗 3 先令時，則只有優等地得被用於生產小麥。蓋其收入剛好足夠抵償生產費用的合計（3 先令×100＝300 先令），而中等地及劣等地均被排除於生產行列之外，惟此際優等地尚不產生地租。

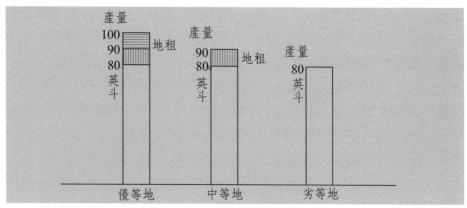

圖 3-4　地力的差額地租

　　小麥價格如漲至每英斗 3.33 先令時，中等地方能參加生產行列。蓋每單位面積的中等地投入勞力及資本的合計為 300 先令時，可生產 90 英斗小麥，而每英斗小麥為 3.33 先令時，其收入方能足夠於抵償生產費用。此際中等地沒有地租，但優等地生產之小麥每英斗將產生 0.33 先令地租，合計產生 33 先令地租，則如圖 3-5A 之▤P₁P₂ED 所示（0.33 先令 × 100＝33 先令）。

　　假如小麥價格繼續上漲，設漲至每英斗 3.75 先令時，劣等地便可開始被用於生產小麥。蓋每單位面積的劣等地投入勞力及資本的合計為 300 先令時，便可生產小麥 80 英斗，而每英斗小麥為 3.75 先令，其收入方能足夠於抵償生產費用。此際劣等地沒有地租，但中等地生產之小麥每英斗將產生 0.42 先令地租，計產生 37.8 先令地租，則如圖 3-5B 之▥ P₂P₃KH 所示（0.42 先令 × 90＝37.8 先令）。而優等地生產之小麥每英斗將產生 0.75 先令（0.33 先令＋0.42 先令）地租，計產生 75 先令地租，則如圖 3-5A 之▢P₁P₃FD 所示（0.75 先令 × 100＝75 先令）。圖 3-6 乃表示，優等地、中等地、劣等地所生產每英斗小麥之生產成本及其地租額。

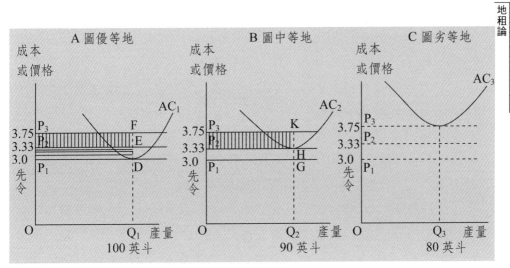

註：A 圖、B 圖、C 圖均未繪出 MC 曲線。

圖 3-5　肥沃度不同土地之生產成本與地租

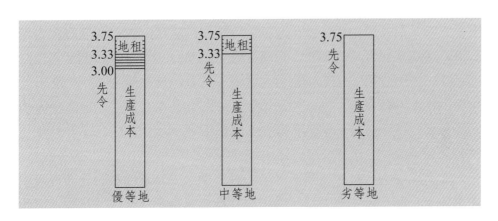

圖 3-6　各等級土地每英斗小麥之生產成本與地租

　　其實，優等地是否產生地租與其他各等級土地是否被利用，兩者之
間並沒有直接關係。蓋任何等級的土地，當其利用集約度提升到平均成
本（AC）最低點以後，邊際成本便大於平均成本（MC＞AC），而產品
價格等於邊際成本時，即可獲取地租（土地純收益）。至於地租的多寡
乃與這兩種成本差額的大小成比例，而並非決定於該兩等級土地產量的

差額。縱令土地肥沃度都沒有差異，當產品價格上漲並超過生產成本時，便會產生地租。再者，即使耕種集約度不增加而在每一等級土地上投施的勞力與資本的數量達到平均成本最低點，但產品產生供不應求，而價格的上漲超過生產成本時，亦能獲得地租。則地租額是產品價格與成本的差額乘以產量的合計，而不一定等於兩等級土地收穫量的差額。

　　如圖 3-7 所示，當小麥價格為 P_1 時，只有優等地可用於生產小麥，其產量為 Q_1，此際價格（P_1 亦即邊際收入 MR）等於 MC_1 與 AC_1，故不產生超額利潤（excess profit）或地租，而中等地及劣等地均不會用於生產小麥。因其價格低於平均成本最低點，生產無利可圖矣。但當小麥價格升至 P_2 時，中等地便可參加小麥生產，其產量為 Q'_1。蓋此際 P_2 等於 MC_2 與 AC_2，亦即邊際收入等於邊際成本矣。至於優等地之小麥產量，便自 Q_1 增至 Q_2，同時產生數額等於▨ JP_2GN 的土地純收益或地租，但中等地沒有地租。假如小麥價格由 P_2 繼續升至 P_3 時，劣等地便可參加小麥生產，其產量為 Q''_1。蓋此際 P_3 等於 MC_3 與 AC_3，亦即邊際收入等於邊際成本矣。至於優等地之小麥產量，便自 Q_2 增至 Q_3，同時產生▨ P_2P_3HM 的土地純收益或地租；中等地的小麥產量亦自 Q'_1 增至 Q'_2，同時產生▨ LP_3RS 的土地純收益或地租。此際優等地與中等地單位面積的產量，Q_3 大於 Q'_2，優等地與中等地單位面積的地租，▨ P_2P_3HM 也大於▨ LP_3RS。

　　從上述說明得知，只要產品價格高於平均成本最低點，且與邊際成本相等時，都將產生純收益。此際的平均成本當不包括土地費用，故此項純收益為土地純收益，亦即地租矣。縱令如之，這並不否定肥沃度或地力的差額地租，而只在表示產品價格的上升就是地租產生的基本原因的事實。

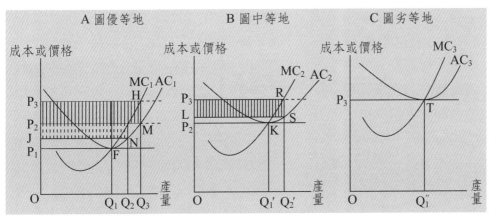

A 圖優等地　　　　　B 圖中等地　　　　　C 圖劣等地

註：AC 表平均成本惟不包括土地成本或使用費。

　　MC 表邊際成本。

　　P 表產品價格。

圖 3-7

⑵集約度的差額地租

　　假如對同一塊土地繼續投入生產費用（即勞力與資本），其追加投入的經營費用所產生的產量，將小於原先投入的經營費用所產生的產量（設前後所投入的費用額相等），這樣便會產生差額地租，此為資本投入的差額地租或稱集約度的差額地租。

　　茲設對單位面積的優等地投入 300 先令的經營費用後生產了 100 英斗的小麥，如對該優等地繼續投入另外 300 先令的追加費用，而該 300 先令竟生產了 88 英斗小麥時，該 300 先令理當不應該追加投入於該優等地，而應該投入於中等地。蓋對單位面積的中等地投入 300 先令費用時可生產 90 英斗小麥，這顯然大於對優等地追加投入另一個 300 先令所產生的小麥產量矣。但假如對優等地追加投入 300 先令的小麥產量大於 90 英斗時，中等地將不會參加小麥生產，而應該對優等地實施追加投資，直至所有的優等地都實施了第二回合 300 先令的追加投資為止。

　　同前假設，對單位面積的中等地投入 300 先令的經營費用後生產了

90 英斗小麥，如對該中等地繼續投入另外 300 先令的追加費用，而該 300 先令竟生產了 78 英斗小麥時，該 300 先令理當不應該投入於該中等地，而應該投入於劣等地。蓋對單位面積的劣等地投入 300 先令費用時可生產 80 英斗小麥，這顯然大於對中等地追加投入另一個 300 先令所產生的小麥產量矣。但假如對中等地追加投入 300 先令的小麥產量大於 80 英斗時，劣等地將不會參加小麥生產，而應該對中等地實施追加投資，直至所有的中等地都實施了第二回合 300 先令的追加投資為止。

假如對單位面積中等地投入第二回合 300 先令費用後可生產 81 英斗小麥時，由於其產量大於對單位面積劣等地投入同額費用時的產量，此際劣等地理當不參加小麥的生產，而應該在中等地繼續實施第二回合的追加投資。但此際對優等地繼續實施第三回合 300 先令的追加投資，且其小麥產量又低於 81 英斗時，對中等地方可實施第二回合 300 先令的追加投資。假如對單位面積優等地投入第二回合的 300 先令的追加投資而其小麥產量大於 81 英斗時，對中等地便不應繼續投入第二回合 300 先令的追加投資，而理當對優等地實施較為集約的利用。但由於農業生產通常比較迅速地受到報酬遞減律的限制，故農地利用度或集約度的提高，遠不如工業生產容易。

圖 3-8 之 TP 表總產量曲線，AP 表平均產量曲線，MP 表邊際產量曲線。投入為 OF 時，其邊際產量最高（A 為反曲點）。投入為 OG 時，其平均產量最高（B 為線分 OS 與 TP 曲線的切點）。G 至 N 之間為合理的生產階段。

於單位面積的優等地上投入 300 先令（OG）經營費用時，可生產小麥 100 英斗。如再追加投入 300 先令費用至 OH 時，其總產量為 190 英斗而該第二回合 300 先令的產量為 90 英斗，此際第一回合所投 300 先令的產量較之第二回合的 300 先令追加投入的產量多出了 10 英斗小麥。該 10 英斗小麥便為李嘉圖所說集約度的差額地租，亦為第二型態的差額地租。如再繼續追加投入另 300 先令費用至 OK 時，其總產量增至 270 英斗而該第三回合 300 先令追加投入的產量為 80 英斗，此際第

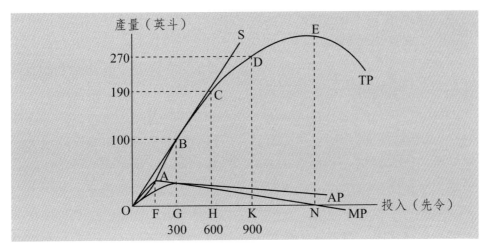

圖 3-8　集約度之差額地租

一回合所投 300 先令的產量（即 100 英斗）較之第三回合 300 先令追加
投入的產量係多出了 20 英斗小麥；第二回合 300 先令追加投入的產量
（即 90 英斗）則較之第三回合 300 先令追加投入的產量多出了 10 英斗
小麥；此等多出來的產量便是李嘉圖所說集約度的差額地租。

3.屠能之區位差額地租

　　李嘉圖對區位及其對中心市場可及性的優劣所產生的地租，並沒有
作詳細的說明，而對區位地租的產生只作了片斷的說明而已。對區位地
租實施詳細的分析者為德國的農業經濟學者屠能（Johann Heinrich von
Thünen, 1783〜1870）於一八二六年所發表《關於農業經濟與國民經濟
之孤立國》（*Der Isolierte Staat in Beziehung auf Landwirtschaft und Nation-*
alökonomie）一書中，說明了區位可及性之優劣與地租的關係。

㈢孤立國與區位地租

　　屠能於一七八三年生於德國 Jeverland 的 Kanarienhausen，幼年喪
父，因母親再嫁，隨至 Hooksiel。十四歲進中學，但於一七九九年退學

從事農業經營，後來受雇於某貴族並管理其領地。後來經進入漢堡近郊 Flottbeck 一所農校就讀，於一八〇三年夏天在 Celle 邂逅當時頗負盛名的農政學者泰爾（A. D. Thaer），於同年秋天，進哥丁根（Göttingen）大學，研修兩個學期的法律課程。

一八〇四年秋天，赴 Mecklenburg 從事實地研究，一八〇六年在當地結婚。婚後用其妻所繼承的遺產從事農業經營，刻苦勤奮工作之後，於一八一〇年購置了德祿（Tellow）農場。他在德祿農場，依據他多年來研究的理論，從事模範的農產經營，以其實驗心得撰寫了鉅著《孤立國》。該書第一卷於一八二六年出版，聲譽大振，一八三〇年由 Rostock 大學授與榮譽博士學位，一八七〇年九月亡於德祿。一八五〇年出版孤立國第二卷第一篇，一八六三年出版第二卷第二篇。其第三卷延至一八六五年方出版。

孤立國為一個假想國家，其周圍由尚未開發的原野包圍，與其他國家的文明毫無往來的孤立國家。在此孤立國裡面，其文化水準及土地肥沃度等係到處一律相等，沒有任何差異。平原的中央為一個大都市，成為國內唯一的市場。所有的製造工業都集中在都市經營，礦業與製鹽亦在都市附近生產。在孤立國裡面，並沒有可供航運的河流或運河，所有的交通運輸，全靠馬車實施，各地的交通與道路的發展程度相等，居民所具有的生產技術與教育等，亦假設均為相等。由於全國只有一種交通工具，即利用公路用馬車運輸，各地生產的農產品，均利用公路運至中心市場出售，同時向市場購買一切日用品帶回家裡使用。在這種情況下，全國的農地利用和各種農作物的生產分布，應將形成若干圈帶（Ring）圍著中心市場，即形成幾個同心圓圈，稱為屠能圈（Thünen's Ring）。

在接近中心市場的第一圈內，屠能認為將形成自由農作圈，所生產的農作物大都為容易腐敗且不耐長距離運輸，或體大價廉不能負擔高額運輸費的農產品，諸如蔬菜、花卉、水果及鮮奶等。因為這些產品的運輸費常占其生產成本中很大的比例，必須在市場周圍就近生產，俾能節

省運費，並可於短時間內迅速運至市場出售，以保持產品的鮮度，維持其商品價值。所謂自由農作圈的意義係指在圈內生產的作物種類並沒有一定，或水果、或蔬菜、或花卉、或牛奶等，要隨著當地市場的需要而定。屠能又說，這些農作物因需要較多的施肥，這也形成必須靠近市場附近生產的原因之一。

第二圈為人工造林地。由於城市人口稠密，需要大量木材為建築房屋、製造傢俱，以及供應薪炭燃料等，而孤立國既是一塊大平原，沒有山地供作造林種植林木，於是人工造林所需地區的選擇，自當以第二圈最為適合。蓋林木為體大價廉的產品，不應距離中心市場消費區過遠，俾利節省高額的運輸費用。

第三圈為輪栽農作圈，即輪番生產穀類作物與根類作物，例如，將小麥、馬鈴薯及豆科作物等輪流栽培的圈帶。此種作物制度的土地利用或集約度通常較高。

第四圈為主穀農作圈，所生產的主要穀類作物有小麥、玉米、雜糧等，有時也可與牧草輪流生產。一般言之，其土地利用度或集約度略低於第三圈。

第五圈是實施三圃農作制度（three field system）。所謂三圃農作圈，即將農場耕地割分為三區，分種黑麥與大麥等，其中一區為休耕區，即每一區隔兩年休耕一次，以資恢復地力。

第六圈為放牧圈，則飼養乳牛，生產牛奶製造乳酪等高價值產品後，方能負擔長距離的運輸費，將其運至中心市場出售。

農地的地理位置愈靠近中心都市，由於其市場可及性（accessibility）愈良好，所以生產任何作物，都比距離都市較遠地區的農地所生產的農產品，可以節省較多的運輸費用，藉此獲取較多的收益，此種因地理位置比較優越或因可及性良好而產生多餘的收益。便是李嘉圖所說的區位的差額地租，簡稱區位地租，而由屠能作了有系統的說明與分析。

圖3-9的縱軸表地租或運輸費，橫軸表離開中心市場的距離，O表中心市場，AT表某產品的市場價格，OB表某產品的產地價格或成本價

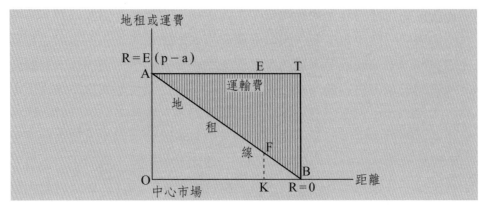

圖 3-9　區位地租與運輸費用

格，AB 表某產品的邊際地租線（marginal rent line），△OAB 表某產品
的地租總額，△ATB 表某產品的運輸費總額。

　　當地租線為 AB 時，B 點為該作物耕種的邊界。蓋在 B 點生產的產
品在中心市場雖可賣到 AT 的價格，但將該產品運至市場時尚須負擔 BT
的運輸費，故市價減運運輸費以後便只剩下了產地價格。假如生產地點
超過 B 點而離開中心市場更遠，因其產品市價仍然為 AT，但必須負擔
的運輸費運大於 BT，於是市價減去運輸費以後的餘額不夠於抵償產地
價格，農民因得不償失，理當不會從事該作物的生產。假如生產地點在
K，其產品市價仍然為 AT，扣除其應負擔的運輸費 EF 及生產成本（或
產地價格）以後尚可取得 FK 的區位地租。如生產地點在中心都市，其
產品價格仍然為 AT，因不必負擔任何運輸費，故自市價減去生產成本
或產地價格以後，即可取得 OA 的區位地租。

　　如上述，區位地租係因生產的地理位置優越或市場可及性良好而產
生的超額利潤，該項超額利潤也可以說是運輸費的節省額。

　　上述的區位地租可用下列方程式表示之：

$$R = E(p - a) - Efk$$

式中 R 表單位面積的區位地租額
　　p 表產品單位價格
　　a 表產品單位成本
　　E 表單位面積產量
　　f 表單位產量之單位距離運輸費
　　k 表離開中心市場之距離

　　式中 E、P、a、f 為參數，於短期間固定不變，k 為自變數，R 為因變數，該方程式係表示，距離與地租兩變數間之一次齊次函數關係，即距離愈大，地租愈小；反之，如距離愈小，地租便愈大。在中心市場，地租等於 E(p－a)，在 B 點（耕種之邊際），地租為零。單一產品的極大解（求地租最大）在求取土地純收益（地租）最大，故其生產區域應自 O 點擴展至 B 點，在此點邊際地租等於邊際成本，生產區域的極限等於(p－a)/f。

　　如生產兩種作物，即生產作物 I 與作物 II，其極大解，即該兩種作物生產區域的分配，係如圖 3-10 所示。

　　圖 3-10 中，AB 表作物 I 之邊際地租線，CD 表作物 II 之邊際地租線。此際，作物 I 所產生之地租成為生產作物 II 的機會成本（opportunity cost）；而作物 II 所產生的地租便成為作物 I 的機會成本。AB 與 CD 在 E 點相交，表示在 F 地無論生產作物 I 或作物 II，所產生的地租額相等，但在 OF 地區，生產作物 I 之地租大於生產作物 II 之地租，故理當選擇生產作物 I。但在 FD 地區，生產作物 II 之地租顯然大於生產作物 I 之地租，故在此地區應該選擇生產作物 II，這樣方能求取最大的地租的合計額。

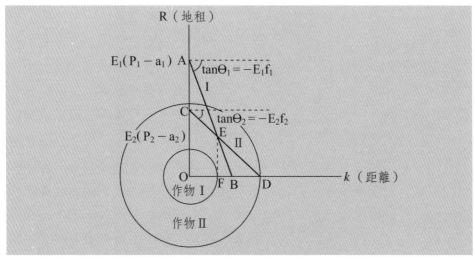

圖 3-10　生產兩種作物之極大解

以 O 點為中心，以 OF 為半徑所繪出的圓圈地區為第一圈，理當生產作物 I，再以 O 點為中心，以 OD 為半徑所繪出的圓形地區再扣除上述第一圈面積所剩下的環狀地區為第二圈，理當生產作物 II。如此形成的區位圈，稱為屠能的區位圈（Thünen's Ring）。惟形成區位圈之條件係指地租線 AB 的斜率要大於地租線 CD 的斜率，而且 AB 的 R 截距要大於 CD 的 R 截距，如下：

$$-E_1 f_1 < -E_2 f_2 \cdots\cdots\cdots\cdots\cdots(1)$$
$$E_1(p_1 - a_1) > E_2(p_2 - a_2) \cdots\cdots\cdots(2)$$

上述兩個條件雖為形成區位圈的必要條件（necessary condition），但並不是充分條件（plenty condition or sufficient condition）。如圖 3-11 所示，I_1 地租線的斜率大於 I_2 地租線的斜率。又 I_1 的 R 截距大於 I_2 的 R 截距，但 I_1 與 I_2 兩條地租線並沒有在第一象限交叉，故並不形成區位圈。此際，由於 I_1 的邊際地租無論在任何地方均大於 I_2，故 I_2 就被 I_1 完全擠出生產圈外，而只會選擇生產 I_1 的作物，此際其地租總額較大。

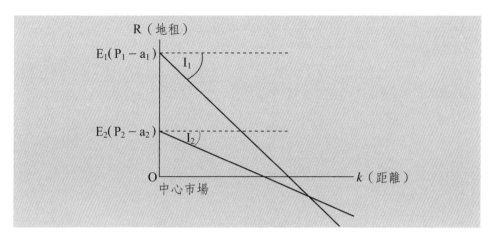

圖 3-11　形成區位圈之條件

　　所以形成區位圈的條件中，則除了 I_1 地租線的斜率要大於 I_2 地租線的斜率，以及 I_1 的 R 截距大於 I_2 的 R 截距以外，尚須增加另一個條件，即 I_1 的 k 截距要小於 I_2 的 k 截距。換言之，必須具備下列兩個條件：

條件 1： $E_1(p_1 - a_1) > E_2(p_2 - a_2) > 0$
條件 2： $|k|_{R1} = 0 < |k|_{R2} = 0$

　　至於生產多種作物時的極大解，係如圖 3-12 所示，以中心市場為中心，依次形成區位圖，生產 I_1、I_2、I_3、I_4、I_5 等作物。換言之，土地利用的競爭係由作物產生地租的能力大小而決定。此際當然假設單位面積產量（E）、單位產品價格（P）、單位產品成本（a）、單位產品之單位距離運輸費（f）等，均保持不變。則 I_1 在 OA 地區所能產生的地租均高於其他作物，所以它占有了最靠近中心市場的第一圈；I_2 在 AB 環狀區內所能產生的地租均高於其他作物，所以它可占有第二圈的利用權；I_3 在 BC 環狀區內所能產生的地租均高於其他作物，所以它可占用第三圈的利用權；I_4 在 CD 環狀區內所能產生的地租均高於其他作物，所以它可占用第四圈的利用權；I_5 在 DE 環狀區內所能產生的地租最高，

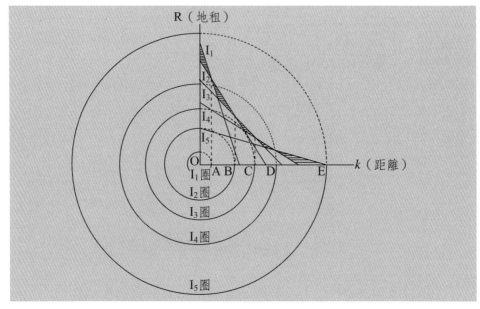

圖 3-12　區位圈

所以它可占用第五圈的利用權。距離中心市場超過 OE 的範圍者，由於沒有可產生地租的作物，故在這個地區，暫時不生產任何作物。

　　上述模式係假設 E、p、a、f 等均為不變的情況所造成的現象，若其中任何一項變動時，上述的均衡亦必發生變動。而實際上，上述參數係時時刻刻在變動，所以實際情況頗為錯綜複雜，極不容易掌握。現在假設其他條件不變，而只有I_2的價格因為某種原因而上漲，此際I_2的邊際地租線（在圖 3-13 為 CD）必定往上方移動而成為C_1D_1，於是原來與I_1的地租線 AB 相交的交點 G，與I_3的地租線 EF 相交的 H 點亦均往上方移動成為 S 點與 T 點，而原來第二圈的寬度亦自原先的G_1H_1擴大為S_1T_1。由於其生產面積擴大，相形之下I_1的生產半徑則由原來的OG_1縮小為OS_1；I_3的生產圈寬度亦由原來的H_1F縮小為T_1F。換言之，I_2的生產面積擴大，產量亦必擴大，由於供給增大，勢必引發I_2的價格下降。然而I_1與I_3由於其生產面積縮小，其產量亦必減少，由於供給減少，勢

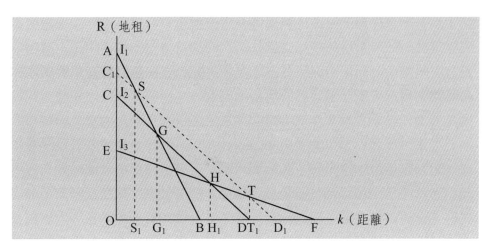

圖 3-13

必導致 I_1 與 I_3 的價格上升，其地租線便往上方移動，生產區域亦分向 I_2 反攻，如此反覆調整，最後方能達到均衡。然而，實際上的調整過程，極為錯綜複雜。

第二節　獨占地租、絕對地租與準地租

一、獨占地租（Monopolistic Rent）

　　李嘉圖的差額地租係由於地力或肥沃度的差異而產生，惟其所以會產生地租係由於優等地的數量有限，亦即由於優等地具有數量獨占性矣。是以差額地租的產生，一方面由於地力有差異，另一方面係因為優等地具有獨占性矣。因此，李嘉圖所說的地租乃具有差額地租與獨占地租的雙重特性。

　　其實，李嘉圖的差額地租根本不考慮所有權的獨占，亦即差額地租的產生與土地所有權無關。此處擬討論的獨占地租，亦非因為所有權的獨占而產生者，而係指由於獨占了生產上某一種優越條件，使得其產品品質特別優越，售價遠高於其他產地的產品，獨享了額外的利潤，此種額外利潤便是獨占地租矣。

　　例如，法國Cognac地方的氣候及土壤條件均特別適合釀酒葡萄的生產。由於該地方的陽光充足，風調雨順，土壤又特別適合葡萄的生育，故Cognac地方生產之葡萄不但風味佳美，甜度頗高，釀造出來的葡萄酒也醇香魅人，博受愛好者的喜愛，故可以高價出售。是以該地方的葡萄酒生產者方能獲取頗高的特別利潤。此項特別利潤係因為該地方的葡萄生產者獨占了優越的氣候條件及土壤條件所使然，故將此稱為獨占地租矣。

　　類似上述法國葡萄酒產生獨占地租的情況，亦可見於韓國的高麗蔘的生產。高麗蔘為中國藥材的一種，對滋補、強身、治病等時而發揮奇效，特別廣受東方人的愛用，加上其產量有限，且供不應求，致其價錢相當昂貴，故非為升斗小民所能享用者。

　　高麗蔘之所以價高值昂，似尚有下列幾種原因。其實，不管高麗蔘的藥效如何，高麗蔘的生產因要求特殊的氣候及土壤條件，加上其生長速度緩慢，如自栽種至收穫的時間而言，通常需要六至七年之久，不僅投資利益的回收速度緩慢，風險也大，成本頗高。蓋自栽種至收穫之時間漫長，在這段時間裡難免遭遇風害、雪害，甚至鼠害等的產生，使得收穫皆無，損失慘重，是以生產的風險特別強大，加速了成本之升高。此外，高麗蔘的生產尚有厭地性。即在同一塊土地上不可以實施高麗蔘的連作，即使連作亦幾乎沒有收穫，使得可以栽種高麗蔘的地方更加狹小。是以高麗蔘的產量無法大量增加，以致經常造成求過於供的現象，使得高麗蔘的價格時常居高不下，故高麗蔘的生產可產生獨占地租，因此有利可圖，只要生產條件合適，農民都樂意生產。

　　適合生產高麗蔘的地方並不只限於韓國之山區，如中國東北地方的長白山山麓一帶以及日本的島根縣等山區，均可生產高麗蔘，只是其品

質尚不如韓國生產的高麗蔘廣受使用者喜愛，是以中國東北地方及日本生產的高麗蔘，在價格方面，遠低於韓國生產的高麗蔘。蓋日本的氣候及土壤條件雖適合於高麗蔘的生產，但非為最佳條件，故日本生產的高麗蔘通常被稱為「日本紅蔘」，消費者對「日本紅蔘」的喜愛程度遠不如韓國生產的高麗蔘，在市場的售價通常低於韓國的高麗蔘。

從上述說明得知，韓國的氣候及土壤條件最適合於高麗蔘的生產，所生產的高麗蔘品質也最佳，最承受消費者的喜愛，故可獲取高價位的額外利潤。而此項額外利潤係由於韓國獨占了優越的生產條件，故可將此項額外利潤稱為獨占地租。

臺灣鹿谷鄉生產的凍頂茶葉，亦有類似獨占地租的情形。茶葉的生產條件通常適合於氣候涼爽，多霧濕度較高而且排水良好的山區。就臺灣的氣候及土壤條件而言，南投縣的鹿谷鄉非常適合茶葉的生產，尤其凍頂一帶，其生產條件特別優越，故通常以凍頂生產的烏龍茶最為廣受愛好茶道者的歡迎，凍頂生產的烏龍茶，價格也最高。就臺灣言，可以生產烏龍茶的地方並不限於鹿谷鄉的凍頂。但凍頂的烏龍茶尤其廣受愛好者喜愛，售價也最高，是以凍頂地區的茶葉生產者便因其獨占了優越的茶葉生產的氣候與土壤條件而獲取額外的特別利潤，此項額外的特別利潤亦可稱為獨占地租。只是在臺灣，由於冒牌的「凍頂烏龍茶」太多，凍頂地區的茶葉生產者未必都享受到此項獨占地租的利益。

二、絕對地租（Absolute Rent）

一般而言，「地租」與「佃租」通常都被混在一起使用，但地租與佃租，兩者並非完全相同。佃農向地主繳納的佃租裡面，除包含經濟學所謂的地租（land rent）以外，尚包含資本利息在裡面。為了提高土地的生產效率，農業經營者常對土地投施資本。對土地的資本投施，有時為發揮永久性的投資效果，有時卻只發揮較為短暫的投資效果。例如，灌排水設施、農路、農舍等的投資，其效果的維持比較長期性，但對施

肥、除草等的投資，其效果的維持均屬於短暫的。

對土地投施資本，增進土地生產效率，在單位土地面積上得獲取更多的生產量。對土地的投資得由承租的農民實施，亦得由土地所有權人的地主實施。若屬於後者，地主將向佃農要求繳納較多的佃租。

按馬克斯（Karl Marx）的說法註5，只有勞動方可以創造價值。所以並非由勞力生產出來的土地，應不具有價值。但大多數人認為土地具有價值，係因其背後存在著一個理由。即如有人以 4,000 元買進每年能產生 200 元地租的土地，等於該 4,000 元資本每年可產生 200 元利息之意。此際，他以 4,000 元購買土地，與其以 4,000 元買進年利率 5%的公債或以年利率 5%貸與他人 4,000 元，其意義相同。

惟該 4,000 元的地價係由於有 200 元的地租方能形成，換言之，地價之形成乃以地租為前提方可成立。一般而言，平均利率將隨著社會進步、資本累積愈多而逐漸降低。故假如地租沒有變化而年利率由 5%降至 4%時，每年能產生 200 元地租的土地價格將自 4,000 元漲至 5,000 元。於是地租雖然沒有變動，但地價將與平均利率成反比例的變動。

佃農向地主繳納的地租裡面，常常包括正常利潤或工資部分，使得地租的概念更加模糊不清。實際上，在毫無純地租存在的情況下，佃農也有繳納佃租的情況。換言之，佃農將其應得的正常利潤或工資的一部分，以佃租的型態繳納與地主。此項佃租對地主而言，與現實的獨占地租似無任何差異，且與現實的地租一樣，均具有決定地價的能力。因此，佃租裡面所包含的利息、利潤、工資等並非純粹的地租，故應自純粹地租概念裡面將其扣除。

按馬克斯的說法，土地本身並不產生任何價值，只在雇用勞力並以土地為對象實施勞動，方能生產出來價值亦即方能創造剩餘價值。以投入資本的報酬收歸資本家手中的利潤，畢竟為剩餘價值的一種。在農業方面，為何此項剩餘價值的一部分，竟以地租的型態歸於地主手中，係由於農業資本所形成的利潤，較之用於非農業的資本所形成的利潤為多之故。蓋農業的資本組合較之非農業之資本組合為低，同時由於土地具

有獨占性，此為農業利潤與非農業利潤，殊難實施平均化之緣故。

　　馬克斯認為，任何產業都由不變資本與可變資本兩者組合的。所謂不變資本係指對機械、工具、原料等所投入的資本，這在生產過程中並不增加任何價值的資本；而所謂可變資本係指對買進勞力所支的資本，這在生產過程中係可增加價值的資本。在總資本中不變資本占得多，可變資本占得少的，稱為高位組合的資本；而與此相反者，稱為低位組合的資本。如將農業資本與工業資本加以比較，前者屬於低位資本，剩餘價值的利潤係由可變資本創造，是以低位組合的農業資本當可形成較多的利潤，其理至明。故農業資本所產生的利潤與非農業資本所產生利潤的差額，便是剩餘利潤，此項剩餘利潤轉變為地租而被收進地主的手中矣。

　　馬克斯與李嘉圖一樣，將差額地租分為下列三種：即(1)因肥沃度的差異而產生者；(2)因區位的差異而產生者；(3)因收益遞減法則而產生者。馬克斯再將(1)(2)兩項的地租合稱為「第一型態的差額地租」，而將(3)項的地租稱為「第二型態的差額地租」。然後再對該二型態之地租又賦與次級的第一、第二及第三型態，以資區別。亦即第一次級型態係成立於生產價格不變時，第二次級型態為生產價格下降時所形成之地租，第三次級型態為生產價格上升時所形成之地租。對此等地租的變動，馬克斯與李嘉圖相同，均製成表格藉此以供說明。

　　為了說明第一型態之差額地租，馬克斯假設有甲、乙、丙、丁等四種等級之土地。又假設 1 英斗小麥價格為 60 先令，此恰好等於劣等地甲地的生產價格（即生產成本與正常利潤之合計），而劣等地 1 英斗小麥的生產成本為 50 先令，故正常利潤為 10 先令，即利潤為 20%也。

　　假設於乙等地支出 50 先令資本而生產 2 英斗小麥，並獲取 70 先令利潤，經扣除 10 先令（20%）之正常利潤後計獲取了 60 先令之剩餘利潤。於丙等地支出 50 先令資本而生產了 3 英斗之小麥，其利潤為 130 先令，經扣除 10 先令之正常利潤後計獲取了 120 先令之剩餘利潤。於丁等地支出 50 先令資本即生產 4 英斗小麥，其利潤為 190 先令，經扣除 10 先令之正常利潤後計獲取了 180 先令之剩餘利潤。故可以製成表

3-1 之統計表。

　　按馬克斯的說法，農地的耕種可自地力高的土地依次向地力低之土地開發利用，亦可自地力低之土地逐漸向地力高的土地依次耕作使用，而沒有固定的利用程序。茲假設，耕種的次序係自丁等地依次向甲等地發展，此際小麥的價格將自每 1 英斗 15 先令逐漸上升，最後達到 1 英斗 60 先令（即甲等地之生產價格）。

　　今假設，丁等地生產的小麥已不敷需求，故小麥的價格勢必上升。設價格上升至每 1 英斗 20 先令時，丙等地將可開始加入生產行列。如果小麥的需求繼續增大，致其價格繼續上升，設已升至每 1 英斗 30 先令時，乙等地勢必加入生產行列。小麥價格如繼續升至每 1 英斗 60 先令時，甲等地勢必加入生產行列。此際，隨著丙等地加入生產行列，丁等地亦將產生差額地租，即每 1 英斗產生 5 先令的地租，故 4 英斗合計共產生 20 先令之地租。其次，乙等地加入生產行列以後，丁等地亦將產生每 1 英斗 15 先令的地租（4 英斗合計為 60 先令），丙等地將產生每 1 英斗 10 先令（3 英斗合計為 30 先令）之地租。如果甲等地加入生產行列，於丁、丙、乙等地依次產生表 3-1 所列之地租。

表 3-1　　土地等級別單位面積之利潤與地租

單位：英斗 / 先令

土地種類	生產物		投入資本	利潤		地租	
	英斗	先令		英斗	先令	英斗	先令
甲	1	60	50	$\frac{1}{6}$	10	0	0
乙	2	120	50	$1\frac{1}{6}$	70	1	60
丙	3	180	50	$2\frac{1}{6}$	130	2	120
丁	4	240	50	$3\frac{1}{6}$	190	3	180
計	10	600				6	360

相反地，若從甲等地依次開始耕種時，設只以甲等地的生產量已不敷需求時，小麥價格勢必漲至每 1 英斗 60 先令以上。當乙等地加入生產行列，而小麥產量已足夠總需求時，小麥價格將回跌至每 1 英斗 60 先令。因乙等地的小麥生產價格為每 1 英斗 30 先令，但因可按每 1 英斗 60 先令之價格出售，是以每 1 英斗便產生 30 先令之地租，2 英斗共計產生 60 先令的地租。同樣地，丙等地與丁等地的地租，亦將依照此過程逐漸形成。

馬克斯對差額地租的發展，曾加以若干的修正。則假設小麥的需求自最初的 10 英斗增至 17 英斗，而原來的最劣等地甲則被能以 60 先令生產 $1\frac{1}{3}$ 英斗小麥的其他甲等地所排除（即每 1 英斗的生產價格為 45 先令），惟原來的乙、丙、丁等地的生產量卻沒有變化。但假設在甲等地與乙等地之間的「甲之 1 地」及乙等地與丙等地之間的「乙之 1 地」與「乙之 2 地」等土地，均能加入生產行列，此際，規定每 1 英斗小麥的市場價格者，應為其他甲等地的生產價格 45 先令。於是每 1 英斗小麥價格便自 60 先令降至 45 先令，等於下降了 25%，而乙、丙、丁等地的地租亦將隨此下降。但以小麥的實物量表示的地租總額，便由於耕地面積的擴大，而自 6 英斗增至 $7\frac{2}{3}$ 英斗，而以貨幣型態表示的地租總額，卻因為穀價下降而自原來的 360 先令降至 345 先令。茲將此情況表示於表 3-2 以供參考。

最後依照前面設定的假設，則只耕種甲、乙、丙、丁等地，但由於土地生產力增大，即甲等地的小麥生產量自 1 英斗增至 2 英斗，乙等地則自 2 英斗增至 4 英斗，丙等地自 3 英斗增至英 7 斗，丁等地自 4 英斗增至 10 英斗。假設人口亦隨之增加，即自 10 英斗增至 23 英斗的小麥全部被總需求消耗殆盡，其結果便如表 3-3 所示。

亦即，小麥的價格將自每 1 英斗 60 先令降至 30 先令，等於下降了 50%，而小麥的總產量將自 10 英斗增至 23 英斗，計增加了 130%。於是乙等地的地租雖然沒有變化，但丙等地的地租便增加了 30 先令，丁等地的地租增加了 60 先令，故地租總額則自 360 先令增至 450 先令，共

表 3-2　等級別土地每英斗小麥之生產價格與地租

單位：英斗／先令

土地種類	生產價格		投入資本	利潤		地租		每英斗之生產價格
	英斗	先令		英斗	先令	英斗	先令	
甲	$1\frac{1}{3}$	60	50	$\frac{2}{9}$	10	0	0	45
甲之1	$1\frac{2}{3}$	75	50	$\frac{5}{9}$	25	$\frac{1}{3}$	15	36
乙	2	90	50	$\frac{8}{9}$	40	$\frac{2}{3}$	30	30
乙之1	$2\frac{1}{3}$	105	50	$1\frac{2}{9}$	55	1	45	$25\frac{2}{7}$
乙之2	$2\frac{2}{3}$	120	50	$1\frac{5}{9}$	70	$1\frac{1}{3}$	60	$22\frac{1}{2}$
丙	3	135	50	$1\frac{8}{9}$	85	$1\frac{2}{3}$	75	20
丁	4	180	50	$2\frac{8}{9}$	130	$2\frac{2}{3}$	120	15
計	17					$7\frac{2}{3}$	345	

表 3-3　土地等級別單位面積產量與地租

單位：英斗／先令

土地種類	生產物		投入資本	每英斗之生產價格	利潤		地租	
	英斗	先令			英斗	先令	英斗	先令
甲	2	60	50	30	$\frac{1}{3}$	10	0	0
乙	4	120	50	15	$2\frac{1}{3}$	70	2	60
丙	7	210	50	$8\frac{4}{7}$	$5\frac{1}{3}$	160	5	150
丁	10	300	50	6	$8\frac{1}{3}$	250	8	240
計	23						15	450

增加了 90 先令。綜上得知，小麥的市場價格係由最劣等地之生產價格決定之。其他土地的生產價格均偏低於最劣等地之生產價格，但皆以最劣等地的生產價格出售，並由兩者的差額形成了剩餘利潤，此項剩餘利潤便是地租矣。

無論於農產品（如：小麥）價格不變，或上升或下降時，都會形成差額地租。小麥價格下降時，總生產量與地租總額可能增大。又最劣等地即使被地力較高土地排除，或最劣等地之土地生產力上升時，地力較高土地的地租額縱令減少，因原來不產生地租的土地既然也產生地租，雖然現金地租減少但實物地租反而增加，此種情形已如表 3-2 所示。

馬克斯對第二型態的差額地租，作了下列的說明：若對最劣等的甲等地繼續投入資本時，勢必導致生產力之絕對降低，並引發生產價格的上升。如對 1 英畝甲等地起先投入 50 先令資本便可生產 1 英斗小麥，且其生產價格為 60 先令，若對此繼續投入第二個 50 先令資本，結果共生產了 1.5 英斗小麥，其生產價格的合計為 120 先令（投入 100 先令之資本，再加 20%的正常利潤），故每 1 英斗的生產價格便升至 80 先令。此際，隨著投資額的增大導致生產力下降，表示每 1 英畝的產量相對減少。於是乙、丙、丁等地的差額地租，亦必隨此降低。

但實際上，並不只對最劣等之甲等地實施追加投資。其實，對地力較佳土地亦必實施追加投資。當小麥的需求增大時，市場價格高出甲等地的生產價格，所有的土地生產的小麥每 1 英斗均按 60 先令以上的價格出售時，對甲、乙、丙、丁等地均會實施追加投資，當追加投資的產量減少時，生產價格及市場價格都可能上升。如果長期維持上述情形，且其他情況不變時，由於麵包的價格上漲故勢必導致工資率上升，但利潤將因此而下降。由於利潤率下降，其差額地租相反地可能增加。

馬克斯說：最劣等土地也可能形成差額地租。假設小麥的需求繼續增大，為了配合其需要，對能形成地租的土地，將實施只能發揮平均生產力以下的追加投資，或對甲等地亦實施生產效率較低的追加投資，或對較之甲等地的生產力更低之土地實施投資，或選擇其中的一種投資方

式。茲假設對能形成地租的乙等地，實施追加投資，期以增加生產。

欲對乙等地實施追加投資，則小麥價格必須漲至 1 英斗 60 先令以上方可實施。此際，對丙等地與丁等地，亦必實施追加投資。但為了說明方便起見，茲假設只對乙等地實施小麥 1 英斗的追加產量。如果對乙等地的追加投資，較之對甲等地的追加投資或對比甲等地較差的土地實施新投資而更能廉價生產小麥時，對調整市場價格的小麥生產，勢必只對乙等地實施追加投資而已。

茲假設，甲等地照原來的情況 1 英斗小麥的生產價格仍為 60 先令，但在乙等地則能以 120 先令的生產價格生產 3.5 英斗的小麥。如對乙等地欲多增加生產 1 英斗小麥將需要投入 80 先令的生產成本（包括正常利潤），而在甲等地欲增加生產 1 英斗小麥則僅投入 75 先令便可達成，故此項追加投資理當投入於甲等地，而不會對乙等地實施追加投資。為此，假設在乙等地欲多增加生產 1 英斗小麥則只需要投入 70 先令的追加投資便可以達成。在此種假設中的調整性價格為乙等地的追加生產費每 1 英斗 70 先令。此際，乙等地擬將其總生產量 4.5 英斗小麥以 315 先令出售。假如扣除原先 3.5 英斗小麥的生產費 120 先令和追加生產的 1 英斗小麥的生產費 70 先令時，其剩餘利潤 125 先令便成為地租。只是此項剩餘利潤於未實施追加投資時，係僅為 90 先令而已。

此際，最劣等的甲等地亦將產生 10 先令的差額地租。小麥的市價已經不再決定於甲等地的生產成本即每 1 英斗 60 先令，而應該調整至乙等地的追加生產成本每 1 英斗 70 先令。結果，甲等地的生產物亦將產生 10 先令的剩餘利潤。當然此情形係只能產生於已不可能再取得與甲等地同等地力或同等區位的土地，致不得不在甲等地實施追加投資或再尋找比甲等地的地力更差的土地從事生產時，方可產生此種情形。

馬克斯所關心者係差額地租以外，絕對地租究竟是否存在的問題？茲擬以 P 代表調整性的市價。依上述假設，劣等的甲地所生產小麥的價格等於 P，故甲等地的地租等於零。P_1 代表乙等地的小麥生產價格。P 減 P_1 後的剩餘為 d，即為剩餘利潤部分的地租。又以 P_2 和 P_3 分別代表丙

等地及丁等地的生產價格，即 $P - P_2 = 2d$ 為丙等地的地租；又 $P - P_3 = 3d$ 為丁等地的地租。

如說，將甲等地的地租視為零，並將其生產價格視為 $P + 0$ 的假設為錯誤。換言之，假設甲等地亦會產生 r 的地租。此際，甲等地生產的小麥將不以其生產價格出售，而必須以 $P + r$ 的價格出售。易言之，佃農如不以高於生產價格的價格出售其產品時，則無法繳納 r 部分的地租矣。故調整後的市價，應該等於生產成本加正常利潤再加絕對地租的合計矣。

從佃農的立場言，只要能夠取得正常利潤，縱令不能支付任何地租，亦願意投入新的資本。此際，土地所有權人是否願意無償租賃其土地，是另外一種問題。但只要土地所有權制度存在，假定具有博愛心腸的地主存在的說法，正是一種不合實際的假設。但在原來已支付地租的土地上，是否實施追加投資，那是應由佃農本身行使自由的選擇。但佃農的確不能任意使用他人所有的土地。

開發甲等新土地的條件係小麥的市場價格已漲至高於其生產價格，而使用甲等土地亦必能支付地租。如果小麥價格尚未漲至能夠支付地租的水準，則不會去開發新的甲等土地，而勢必在原來的耕地上實施追加投資。此際，即使不會產生任何地租，只要能夠產生正常利潤，對是否作追加投資的問題，應由耕作者作自由的選擇。於是，促使小麥市價漲至生產價格以上的基本原因或根本原因係「土地所有權」本身。換言之，土地所有權為創造地租的基本原因矣。

按馬克斯的說法，商品的生產價格並不等於其價值，而兩者一致的情況，反而為一種例外。因為生產價格為生產成本和正常利潤的合計額，故不表示勞力投入量的大小。許多工業產品的售價雖高於其價值，但剛好與其生產價格相等；而在農業產品方面，其售價雖高於生產價格，但也可能尚未達到其價值也說不定。

某一財貨的價值是否高於其生產價格，係決定於生產該財貨所投下資本的有機組合究竟如何。如對某一財貨所投資本的組合低於社會平均

的資本組合時，即所投下資本中對機器及原料等的不變部分小於對勞力的可變部分，所生產出來的產品價值，也一定高於其生產價格。蓋投下資本中，如可變部分愈多，即使用勞力愈多，此際搾取勞動價值的比率縱令相等，惟因產生的剩餘價值較多，故剩餘利潤也較多。反之，以高於社會平均的資本組合而生產出來的財貨價值，理當低於其生產價格矣。

一般而言，若產業愈發達，對機器及原料等的資本投資額將愈多，故資本組合將更趨於高位。而農業部門的資本組合通常偏低，表示農業部門的發達程度落後於其他產業。事實上，農業生產對機器設備的投資額較小，而投資勞力部分所占的比例較大。但農業生產也不斷地在進步，對不變資本的投資額也會逐漸增大。所以，將來也許有一天，農工業之間的資本組合也可能趨於沒有任何差別。但這種可能將尚須一段很長的時間吧。

但只說農產品的價值高於生產價格，尚不足於證明確有絕對地租的存在。因為工業產品裡面，也有價值高於其生產價格的產品。惟就工業產品言，具有價值高於生產價格的產品，卻未能形成可轉化為地租的剩餘利潤。蓋在工業產品中，由於實施資本自由競爭的結果，每一種產品均不能按其價值出售。

其實，非農業的資本組合也各自頗互不相同。假設甲產業的不變資本與可變資本的比率為 80 比 20；乙產業的此項比例為 60 比 40，而剩餘價值比率（剩餘價值與可變資本的比例）兩者均為 50%，此際，甲產品的總價值為 110；乙產品的總價值為 120。設甲、乙兩種產品都按其價值出售，對資本總額言，甲產品的利潤率為 10%，乙產品的利潤率為 20%。惟因實施資本的自由競爭，上述情形將不能長久維持下去。則資本必從利潤率低的產業向利潤率高的產業移動，結果，利潤率高的產業的產品供給量增多，而利潤率低的產業的產品供給量減少，使得利潤率漸趨於平均化，各種資本組合不同的產業所生產的產品都會按生產成本與平均利潤的合計，亦即按其生產價格出售。

假設，農業與工業之間也實施資本的自由競爭，農產品亦必與工業

產品一樣，都按生產價格出售，則農業資本的剩餘利潤亦必隨此消失。於是，絕對地租亦必沒有成立的空間。但按馬克斯的說法，農業與非農業之間，並不會形成資本的自由競爭。蓋土地因具有所有權制度，由此阻止了土地資本的自由移動。土地所有權人必不允許他人無償對其土地實施投資，故土地生產品的市場價格勢必上升至高於生產價格且足夠於支付地租的水準。只是此項地租究竟是否等於產品價值與生產價格之間的差額的全部，或只等於其中的一部分，將決定於此項農產品的供需關係以及新開發的土地面積大小。但無論如何，對支付與土地肥沃度毫無關係的地租，並不是由於產品的售價超過其價值，而係由於產品的售價與其價值相等或低於其價值，但卻高於其生產價格，並似已形成一種獨占價格而出售的結果。

此際，產品價格的上漲並非形成地租的原因，相反地，地租方成為產品價格上漲的原因。因有此型態的地租，以致所有的差額地租勢必增大。換言之，由於農業部門的資本組合偏低，又因土地所有權阻礙了資本的自由競爭，這正是形成絕對地租的基本因素。絕對地租係超過平均利潤的剩餘部分，並流入所有地主手中的超額利潤。馬克斯說：唯獨差額地租和絕對地租，方是正常型態的地租，其餘的地租，均不能根基於嚴格意義的獨占價格以外的任何東西。註6

所謂獨占價格並不決定於產品價值或一般的生產價格，而係決定於購物者的購買意願及其支付能力所形成的價格。法國的葡萄酒或韓國的高麗蔘等，因具有自然條件的稀少性，故將超過一般的生產價格而形成某一獨占價格。該超過價值的價格便是獨占價格。產品如按獨占價格出售，便會形成地租。由獨占價格帶來的剩餘利潤將轉化為地租，爾後轉入地主的手中。

獨占價格的形成並不限於農產品，而礦場或湖沼生產的產品，亦會形成獨占價格。礦場地租或漁產地租等均基於獨占價格而形成的地租。都市的建築用地，由於區位優越而形成獨占價格並產生高昂的房租或地租，都是一樣的道理。

　　上述地租，都是由於產品具有價格而形成的，而不是因為此等土地具有地租使得這些產品具有獨占價格。故礦場地租或市地地租，其形成應屬於與差額地租同樣的法則。只是土地及位置的特徵，對差額地租的形成具有特別強烈的影響力而已。由於利用蘊藏量特別豐富的礦場或區位特別優越的都市土地，故都能取得龐大的利益，因而形成巨額的地租並形成高昂的地價。質言之，無論任何種類的地租，畢竟要受到農業方面的差額地租及絕對地租形成法則的影響，故於地租的分配及探討時，常從農業地租開始探討，這應當是一種正確的方法。

　　設有甲、乙、丙三種土地，對單位土地面積各投入 500 先令資本與勞力時，設甲地可生產小麥 70 英斗、乙地可生產 60 英斗、丙地可生產 50 英斗，此際的總生產量剛好足夠於供給總需求的數量，小麥價格便決定於丙地的生產價格每 1 英斗 10 先令。此際丙地不產生地租（差額地租），但乙地將產生 10 英斗小麥（100 先令）地租，甲地產生 20 英斗小麥（200 先令）地租。由於地租承受所有權私有制度的支配，任何人都不能免費使用他人土地。設丙地的地主要求每單位土地應繳納 10 英斗小麥的地租，此種地租便是絕對地租。於是丙地的耕者於繳納 10 英斗絕對地租以後則只剩下 40 英斗小麥。此際小麥價格將漲至每 1 英斗 12.5 先令（丙地的生產價格），這剛好能夠補償生產成本及正常利潤。惟乙地的地租將自原先的 10 英斗增至 20 英斗金額計 250 先令（差額地租 10 英斗及絕對地租 10 英斗），而甲地的地租更增至 30 英斗金額計 375 先令（20 英斗差額地租及 10 英斗絕對地租）。由於牽一髮動全身，故所有土地的地租，無論以實物抑或金額計算，都大幅增加了。其情形係如圖 3-14 所示。

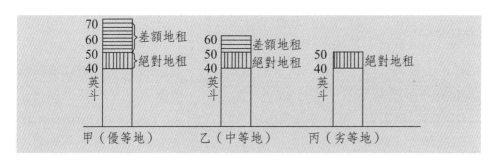

圖 3-14　差額地租與絕對地租

三、準地租（Quasi Rent）

英文 Quasi 一辭意指類似、似乎、準等意義，故 Quasi Rent 一辭，當可譯成「類似地租」或「準地租」。這個名詞，最初由英國經濟學者馬夏爾（Alfred Marshall, 1842～1924）所提出。^{註 7}

當廠商投資某種機器設備從事生產時，必須估計利用該機器設備生產所得的報酬至少要能夠抵償購置該機器設備所支的資本利息及其折舊額的合計，否則，該廠商便不願意投資該項機器設備，從事生產。假如利用該機器設備生產的收入大於購置該機器設備之利息負擔及其折舊額的合計時，該機器設備的投資便會產生額外的利潤，該項額外利潤則稱為準地租。但其他廠商如陸續投資該項機器設備，使得利用此項機器設備所得到的額外利潤逐漸下降，甚至於消失殆盡而只能抵償其應負擔的資本利息及其折舊額的合計。是以準地租是一種機會利潤（opportunity profit）或短暫利潤（conjuncture profit），終極必定會消失的。

除上述情況以外，如該項機器設備經廠商繼續使用，而其折舊準備已達到該機器設備的原始投資額時，該機器設備的供給價格便等於零。惟廠商尚可繼續使用該機器設備從事生產，此際該廠商亦可取得額外的利潤，該項額外利潤便是準地租矣。但該項機器設備將無法永久使用，而有一天必須報廢，屆時其準地租亦必定消失而不再存在，所以準地租是一種暫時的地租矣。

　　換言之，廠商購置某種機器時，必須估計利用該機器所能得到的收入至少必能補償購買機器所支資本之正常利息及其折舊額，否則，自不願意投資購置該機器。廠商購置該機器以後，即必須繼續使用該機器從事生產，直到該機器陳舊不堪繼續使用為止。如該機器的折舊準備已超過該機器的購置價格時，機器本身的成本將不再成為決定產品價格的因素。換言之，該機器的供給價格為零。故凡產品價格已達到某一水準，所得收入除能抵償其產品成本以外，尚有剩餘可歸功於機器所提供的功能時，該報酬則等於一種地租，而馬夏爾將此稱為準地租矣。

　　準地租與真地租之間的差別，係前者對於能產生準地租的生產機器，可刺激其供給，結果將使準地租趨於一般化與平均化。例如，由於採用新款式機器而產生的收益，如較之一般機器的收益為大時，兩者收益的差額便是新機器的準地租。由於新式機器有利可獲，此項利潤成為生產新機器的誘因，使得新機器的供給增加，使用的廠商也增多，致其額外利潤的數額逐漸減低，直到普遍化以後，該項準地租終告消失。但真地租的情形與此不同。由於土地供給固定不變，且非人力所能再生產，雖可施用人力稍為提高土地生產力，惟能提高的幅度也非常有限。故當作生產因素的土地，實際上不可能令其劃一品質，是以優良土地的超額利潤，亦將無法使其消失。換言之，土地供給量乃固定不變，但產生準地租的生產工具，卻可用人力增加其供給量，結果將使準地租逐漸趨於消滅。

 ## 第三節　對李嘉圖地租學說之評論

　　一般人認為李嘉圖是地租學說的創始人，這樣的看法，似沒有任何不妥當。李嘉圖在地租學說方面所建立的地位，恰如達爾文在進化論方面所建立的地位一樣，都經過絕大多數人的認同。李嘉圖的地租學說，

目前仍承受許多經濟學者的支持，而有關地租學說的爭論，也是環繞著李嘉圖的學說繼續進行著。

其實，李嘉圖的地租學說係基於下列三個命題而建立的：

1. 土地數量固定不變，以人力難予生產與增加。

2. 對不同種類之土地投入同量的資本與勞力時，產生不同的收穫量。

3. 只要農業生產技術不變，對土地所投入的追加資本及追加勞力所產生的收穫量，必少於先前投入的資本與勞力所產生的收穫量。

由於第2命題而形成地力（肥沃度）的差額地租。相類似的情形係由於區位的便利與否，而形成位置的差額地租。蓋可生產同量產品的土地，亦因位置的是否便利而造成收益大小有所差異。此項區位因素，按李嘉圖學說的觀念，係包含於廣義的自然生產力。

假設沒有報酬遞減法則的影響，就沒有由於自然生產力的差異導致收益差異的現象。蓋可在同一塊土地上面，不斷地投入資本與勞力，只要能夠取得與最先投入的資本與勞力所產生的收穫量，就不會有人去耕種地力較差的土地，也不會產生土地收穫的差異矣。如此說來，謂李嘉圖的差額地租學說係以土地報酬遞減法則為前提方能成立，這樣似也不為過。該法則係於一七六八年已由杜哥（Anne Robert Jacques Turgot, 1728～1781）作過明白的說明。註8 魏斯特（Sir Edward West, 1782～1828）與李嘉圖亦以該法則作為基礎，而發展其地租理論。註9

有人批評李嘉圖不太重視可影響或阻止報酬遞減法則的農業生產技術的改進問題。顯然地，李嘉圖理當了解農業生產技術的改進，可以暫時阻止地租的繼續增大。但李嘉圖認為，生產技術的改進當可導致糧食價格下降。由於糧價降低使得人口增加，於是必須耕種地力更低的耕地，結果仍會招致地租上升。惟持相反意見者卻謂：在現代的文明國度裡，由於農業技術及機械生產技術的發達，土地報酬遞減法則將不斷地受到阻止，所以資本及勞力等因素將較之自然的生產力顯得更加重要，於是報酬遞減法則的影響，亦必因此逐漸減低其影響力。

按李嘉圖的說法，隨著耕種地力更低的土地，地租也將跟著產生，

除非所有的耕地都被耕種殆盡，否則將不會形成絕對地租。換言之，除非所有的土地都變成被獨占的所有物以外，位於耕作邊際的土地將不會形成地租，而只在地力較佳的土地方會形成差額地租。

對李嘉圖地租學說的評論，大體上可分為下列三種：

1. 否定地租為針對土地所擁有自然力量所支付的特別代價，而應係針對資本及勞力所支付的剩餘所得的一種。蓋居於有利地位的勞動者、資金融通者或企業家，往往以工資、利息或利潤的型態，獲取平均水準以上的利益。地租亦為剩餘所得的一種，此係類似擁有經濟條件最好土地的額外利益一樣。按李嘉圖謂，對同一數額的投入，土地所回應的報酬各不相同，這並不只限定於農業方能發生的現象，對工商業及其他產業，均會發生一樣的現象。

2. 第二種反對說法係否定李嘉圖針對土地自然生產力所支付報酬的地租，亦即否定了地租的存在。按開利（Carey）的說法，地租的產生並非原由土地自然生產力的差異，而係原於勞力與資本。開利說：「李嘉圖係基於下列假設，即土地開發乃自肥沃度高者漸向肥沃度低者依次進行，無形中成為下列見解的辯護者。」亦即，早期簡單的勞力將獲取最高報酬的見解。所以對地租的支付，便不得不下了不適當的定義。實際上，對土地之開發、整理、耕種等，對先行投資收益之代價，李嘉圖便不得不將其稱為地租矣註10。Bastiat註11在其所著《經濟調和論》中駁斥李嘉圖的地租論，認為來自土地的所得，乃是一種報酬，這種報酬為提高土地的生產力所不可缺少的，則與開利的論調，大致相同。

3. 第三種評論為馬克斯所主張的，除了差額地租以外，尚有絕對地租的說法。按羅貝德（Rodbertus）的說法註12，為了生產同量價值所需要的資本額，在農業與工業之間，顯然具有顯著的差異。實施農業生產時，的確不如實施工業生產那樣需要那麼大量的資本。由於得用同量的資本額生產相同價值的產品，故被生產出來的價值對其所投下資本的比率，兩者之間也必有明顯的差異。換言之，農業資本較之工業資本可生產更多的價值。地租乃指此項價值比率的差異，故無論耕種地力多麼低

劣的耕地，亦必產生地租矣。此乃羅貝德的主張。關於這點，馬克斯亦抱持同樣的看法。換言之，不管土地之間有沒有自然生產力的差異，只要農業與工業之間的資本組合有所差異，便一定會產生地租，此為羅貝德與馬克斯的共同主張。

 本章註釋

註 1　李嘉圖為葡萄牙系猶太人，生於英國。原籍義大利，1702 年其祖父由義大利
　　　移居荷蘭，1764 年其父再由荷蘭移居英國，1771 年歸化為英國人。父親為
　　　一位證券經紀人。李嘉圖於 1772 年 4 月 29 日生於倫敦，排行第 3。少年時
　　　代曾奉父命，返回荷蘭故鄉，並在當地接受家庭教師教育，他一生未曾進過
　　　正式的學校。14 歲時跟其父開始從事證券買賣。1793 年與基督教徒結婚，
　　　並改宗英國國教，為其父反對，以致父子絕緣。自後離開其父親，獨自經營
　　　證券交易。1799 年偶然的機會看到 Adam Smith 的《國富論》，遂由數學與
　　　自然科學轉向經濟學。1808 年結交 James Mill, 1809 年結交 Malthus。1811
　　　年經 James Mill 之介紹結交 Jeremy Bentham, 1814 年亦經 James Mill 之介
　　　紹結交 J. B. Say。1915 年發表 An Essay on the Influence of a Low Price of
　　　Corn, on the Profits of Stock，討論當時的穀物條例改訂問題。1819 年發表
　　　其不朽名著 *On the Principles of Political Economy and Taxation*。1819 年退出
　　　證券交易所，當年被選為下院議員。1820 再度當選，1821 創設 Political
　　　Economy Club。1823 年始與 McCulloch 見面，是年發表 National Bank。9
　　　月 11 日病死於 Gatcomb Park 而埋葬於 Hardenhuish Park。遺 3 男 5 女，
　　　財產約 70 萬鎊。
註 2　小作料（Kosakuryo）係指佃農支付地主的租用土地的租金，係契約地租的一
　　　種。
註 3　伊黎、魏爾萬著，李樹青譯，《土地經濟學》上冊，臺灣商務印書館發行，
　　　頁 115。
註 4　David Ricardo, "*Principles of Political Economy and Taxation*" J. Murray, Lon-
　　　don, 1817. P.247
註 5　馬克斯於 1818 年 5 月 5 日在德國出生，父親為猶太裔的德國人，業律師，
　　　母親為荷蘭人。馬克斯高中畢業後進波昂大學修法律，一年之後轉進柏林大
　　　學，除學法律以外，也從事文學的研究。
　　　馬克斯的志願為大學教授，於 1841 年取得博士學位，但無法進大學執教。是
　　　以轉就新聞工作，於 1842 年於科隆發行萊因新聞，惟次年被迫停刊。1843
　　　年 6 月與恩妮女士結婚，婚後赴巴黎，與友人共同發行「德法年報」，惟只
　　　發行一期便停刊。但於此認識了恩格斯，成為終生友人。1845 年 1 月離開巴

地租論

黎轉赴比利時，於布魯塞爾停留 3 年後，於 1847 年移居英國倫敦，於 1848 年 2 月在倫敦發表「共產黨宣言」。

1867 年 7 月 25 日公布資本論第 1 卷。本來預定發行資本論共 3 卷，但只完成其第 1 卷後便去世。友人恩格斯於 1885 年代發行資本論第 2 卷，1894 年又代發行其第 3 卷。

1881 年其妻恩妮女士去世後因傷心過度，身體也逐漸轉壞，於 1883 年 3 月 14 日在倫敦辭世。

註 6　馬克斯，《資本論》，改造社出版（日文）第 3 卷下，頁 304。

註 7　馬夏爾為英國經濟學家，新古典學派或劍橋學派的創始者。1842 年，生於 Clapham，其父曾任英蘭銀行出納主任。從小喜歡數學，1865 年畢業於劍橋大學，被選為特別研究生，專攻物理學。1868 年為研究 Kant 哲學而遊學德國，同年回國，任劍橋大學道德學講師。

1877 年與 M. Paley 女士結婚，婚後出任 Bristol 大學校長，兼經濟學教授。1881 年因病辭職，1883 年任牛津大學經濟學講師。1885 年回劍橋大學，任經濟學教授。1908 年以教授位置讓給 A. C. Pigou。1924 年去世，享年 82 歲。

註 8　法國的經濟學者，政治家，重農學派的完成者。1727 年 5 月 10 日生於巴黎，後來攻讀哲學與神學。1749 年秋天，轉入巴黎大學繼續神學。1751 年 2 月，脫離了修院，被任命為巴黎市議院的代總務主任，不久成為市議院的顧問。1775 年，將 Tucker《商業上的重要問題》一書，完成法譯出版問世。1774 年 7 月，他當了 5 個星期的海軍部長之後，8 月 24 日被調任財政部長。他本身廉潔正直，但他與特權階級結下了許多怨仇。不久，因與皇帝路易16世意見相左，請求辭職，隱居市郊，鬱鬱而終，這是 1781 年 3 月 13 日。

註 9　Sir Edward West，（1782～1828）為英國經濟學者。牛津大學畢業後，被選為該校院士。1814 年取得律師資格，被任命為 Bombay 法院推事，於 1883 年晉升院長。他認為穀物輸入限制政策為不智，在經濟學上以闡發遞減法則而知名。1828 年歿於 Bombay。主要著作有：*Essay on the Application of Capital to Land*, 1815; *The Price of Corn and wages of Labourer*, 1826。

註 10　Henry Charles Carey，（1793～1879）為美國經濟學者。1793 年生於美國費城，未受正規學校教育，繼承其父的印刷廠，經營非常成功。42 歲時退出實業界，專心研究學問。他屢赴歐洲遊歷，精通法語，與當時許多法國學者、政治家有深交。他是美國南北戰爭前所謂美國學派（American School）經濟學者中最傑出的一位，被稱為國民經濟學者（national economist）。他反對憂鬱的正統學派，高唱具有美國熱情之樂觀的福利社會經濟學。其主要著作有：*Principles of Political Economy*,（3 Vols. 1837～1840）及 *Principles of Social Science,*（3 Vols. 1858～1859）。

註 11　Frederec Claude Bastiat，（1801～1850）為法國經濟學者。生於 1801 年 6

月30日。9歲時雙親去世,乃幫助叔父經商。1825年因祖父逝世而得繼承 Mugron 的農場,開始經營農場,並與友人共同研究經濟學。1830年任 Mugron 治案法官(Judge de Paix)。1848年8月由 Landes 選為憲法會議的議員,次年再被選為立法議會的議員。惟因體質虛弱,積勞成疾,致妨礙工作的執行。他鑑於對社會主義及保護貿易主義的爭議已見勝利,乃整理自己的經濟學說,開始撰寫最後一本著作《經濟調和論》。至1850年只出版了第1卷。他為了著述本書,身體大衰,在義大利療養期間,乃於1850年12月24日溘然長逝。

在地租學說方面,他駁斥李嘉圖的說法,認為來自土地的所得,乃是一種報酬,這種報酬為提高土地的生產力所不可少的。這種說法,與美國 H. C. Carey 的議論,大體相同。故乃有 Carey 投書 Journal des Economistes 雜誌,責難他「剽竊」的這段插曲。

註12 Rodbertus Jagetzow,(1805~1875)為德國國家社會主義經濟學者,1805年生於普魯士西北的一小鎮,曾於哥丁根及柏林兩大學學習法律,畢業後任司法官。1823年辭職,開始研究社會科學,並出國旅行。1835年回國,繼承 Jagetzow 的領地自行經營。1847年,被選為地方議會議員。1848年,曾一度出任文化部長,旋即辭職。從此退出政壇,潛心研究,1875年12月6日逝世。

Chapter 4

地價理論

第一節　收益地價

一、價值與價格

　　所謂價值（value）簡單講係指受人重視的程度。此種受人重視的程度以貨幣表示者，稱為價格（price）。財貨受人重視的程度，係源於其能提供的效用（utility）多寡而定。若能提供的效用大，則受人重視的程度高，其價值亦大。但財貨受人重視的程度，除了上述因其能提供的效用大小以外，尚會受到財貨數量多寡的影響。倘使財貨數量少，受人重視的程度便大。所謂「物以稀為貴」便是這個意思。

　　然而，有些財貨所能提供的效用雖大，但價格並不高。通常，水就是屬於此類財貨。假設人類沒有水可用時，將無法繼續生存下去，但一般說來，水的價格並不高。一般而言，水的數量豐富，差不多到處可以取得，雖其提供的效用巨大，卻未必受人重視，故其價格不高。而鑽石的情況，正好與此相反。此係所謂「鑽石與水的矛盾」（diamond-water paradox）矣。

　　亞當史密斯（Adam Smith）把價值分成使用價值（value in use）和交換價值（value in exchange）兩種，以便解釋上述矛盾。則財貨所提供的效用為使用價值，而與其他財貨的交換能力稱為交換價值。水所提供的效用大，故其使用價值高，惟因其數量豐富，而到處可以取得，故其交換價值不高。鑽石本身的使用價值雖不很高，但其數量非常有限，尤其所發出的光輝閃亮，頗為迷人受人喜愛，故其交換價值頗高。

　　但這樣的說明，仍未能完全解決上述的矛盾。後來，經華拉斯（Leon Walras）、孟格（C. Menger）及吉凡斯（W. S. Jevons）等人，提出效用

需求理論，方解決了上述矛盾。**註1** 其說明，如圖 4-1。

從圖 4-1 的說明得知，水的總效用遠大於鑽石的總效用，惟其數量頗多，邊際效用偏低，導致價格下降。反觀，鑽石的總效用雖小於水，惟其數量非常有限，而邊際效用卻大於水，故其價格遠高於水的價格。蓋價格係依據邊際效用高低而決定。如圖 4-1 所示，鑽石的邊際效用為 EQ_1，水的邊際效用為 FQ_2；又鑽石的價格為 P_d，水的價格為 P_w；則 $EQ_1 > FQ_2$，所以 $P_d > P_w$。

價格的形成雖以財貨所提供的效用為基礎，但決定價格高低者為其邊際效用，而非其總效用。又決定邊際效用的高低者為財貨的數量，則數量多，邊際效用便偏低，數量少則邊際效用提高。所謂：物以稀為貴，是也。水的使用價值大，交換價值小，所以價格低；鑽石的使用價值小，交換價值大，所以價格高，其理由在此。

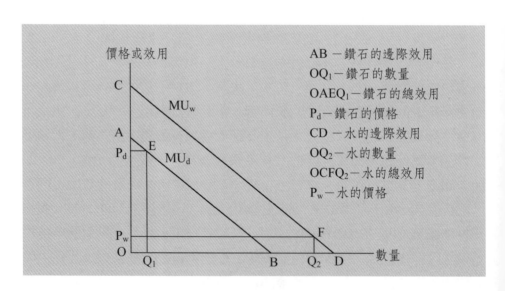

圖 4-1　鑽石與水的矛盾

二、收益地價之意義

　　土地係由自然所賦與，以人力無法生產或創造。故原始的土地沒有生產成本，所以也沒有一般所謂的生產價格（production value）。惟土地經使用後，如能產生收益，該土地則能產生價值，此項價值屬於使用價值，故可將其收益（即扣除費用後的純收益）再以一般通行利率予以資本還原，便可得收益價值（revenue value, or income value），其公式如下：

$$收益價值 = \frac{土地純收益}{還原利率}$$

　　假設還原利率固定不變，則土地純收益愈大，收益價值亦將愈大；反之，假如土地純收益固定不變，則還原利率愈大，收益價值便愈小。

　　上述的土地純收益，也可以用李嘉圖（D. Ricardo）的差額地租表示，以說明收益價值。按李嘉圖的說法，則土地生產力有優劣高低之別，所以方能產生肥沃度的差額地租（differential rent of land productivity）。設依肥沃度將農地分為優等地、中等地、劣等地等三種，但其數量都各有限度。當某國的人口尚為稀少，糧食的需求量不大時，則只使用該國的優等地便足夠於供給該國所需糧食，此際，優等地並不產生地租。後來，由於人口不斷地增加，優等地也已全部使用，但所生產的糧食仍不敷需要時，則不能不使用肥沃度稍低的中等地以生產糧食。惟在相同面積的土地上面投入等量的資本與勞力時，優等地的產量必大於中等地的產量，此等多出來的產量便是優等地的地租，此際，中等地並不產生地租。這個時候，糧食的價格係以中等地的平均生產成本決定。以後由於人口繼續增加，所有的中等地也已經全部使用，但優等地及中等地所生產的糧食已不足於需要時，則不得不使用肥沃度更低的劣等地以生產糧食。但在單位面積土地上投入同量的資本與勞力時，

中等地的產量則大於劣等地的產量，於是中等地也開始產生地租。而其較之劣等地多出來的產量便是中等地的地租；同時，優等地的地租亦必較之原來增加，則另增加了中等地所產生的地租部分。此際，糧食的價格應由劣等地的平均生產成本決定。換言之，糧價上升了，但劣等地並不產生差額地租。

茲假設，在單位面積土地上均投入合計 500 元的資本與勞力從事糧食生產，而在優等地的生產量為 70 單位，中等地為 60 單位，劣等地為 50 單位，惟糧價必須由劣等地平均生產成本決定（包括正常利潤）。設每單位糧食的生產成本為 10 元，所以每單位糧食的價格亦為 10 元。此際，單位面積劣等地的總收入為 500 元（10 元 × 50），因總收入等於總成本（包括正常利潤）所以沒有地租。但在中等地則有 10 單位糧食的地租（60 單位 － 50 單位），其地租金額等於 100 元；而在優等地便有 20 單位糧食的地租（70 單位 － 50 單位），所以其地租金額為 200元。以上就是李嘉圖所說的肥沃度差額地租的大意，茲擬以圖 4-2 及 4-3 示之。

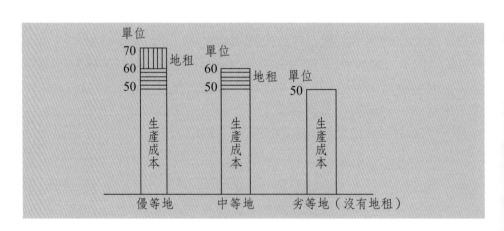

圖 4-2　肥沃度之差額地租

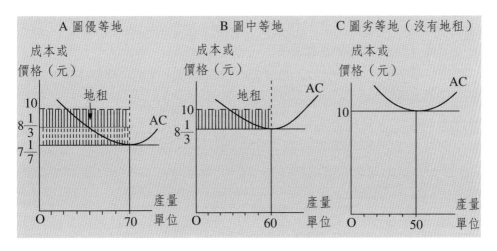

圖 4-3　李嘉圖的差額地租

　　如只使用優等地生產糧食時，糧價則由優等地的生產成本決定。此際，每單位糧價為 $7\frac{1}{7}$ 元（500 元 ÷ 70），總收入為 500 元（$7\frac{1}{7}$ 元 × 70），因總收入等於總成本，所以沒有地租（圖 4-3，A）。後來中等地加入生產行列時，糧價改由中等地的生產成本決定，此際每單位的糧價升為 $8\frac{1}{3}$ 元（500 元 ÷ 60），總收入為 500 元（$8\frac{1}{3}$ 元 × 60），因總收入等於總成本，所以中等地沒有地租（圖 4-3，B）；但優等地生產的每單位糧食便產生 $1\frac{4}{21}$ 元（$8\frac{1}{3}$ 元 － $7\frac{1}{7}$ 元）的地租，地租總額為 $83\frac{1}{3}$ 元（$\frac{25}{21}$ 元 × 70）。註2 後來，劣等地再加入生產行列時，糧價便由劣等地的生產成本決定。此際，每單位的糧價為 10 元，劣等地的總收入為 500 元（10 元 × 50），因總收入等於總成本，故劣等地沒有地租（圖 4-3，C）。但中等地生產的每單位糧食則產生了 $1\frac{2}{3}$ 元（10 元 － $8\frac{1}{3}$）的地租，地租總額為 100 元（$1\frac{2}{3}$ 元 × 60）。註3 至於優等地生產的每單位糧食則產生 $2\frac{6}{7}$ 元（10 元 － $7\frac{1}{7}$ 元）的地租，地租總額亦增至 200 元（$2\frac{6}{7}$ 元 × 70）。註4

　　就上述，李嘉圖的地租論而言，似尚未考慮到土地所有權的問題，所以其第一型態的差額地租係基於土地的天然肥沃度（地力）的差異而引起，故稱為肥沃度（地力）的差額地租。惟在劣等地，則不產生地租。

　　但如按馬克斯（K. Marx）的說法，劣等地亦必產生地租。蓋在私有財產制度下，任何人都不能免費使用他人的土地，即使欲使用劣等地，亦必須支付地租。馬克斯乃將此種地租，稱為絕對地租（absolute rent）。既然劣等地亦有絕對地租，則中等地及優等地也將按照劣等地所產生的絕對地租，隨此增加了其地租額。所以於優等地及中等地所產生的地租中，乃包括差額地租和絕對地租兩種，而在劣等地則只有絕對地租一種而已。

　　設使用單位面積的劣等地應支付的絕對地租為 10 單位的糧食，則土地使用人對單位土地計投入 500 元的資本與勞力而生產 50 單位的糧食，惟尚須向土地所有人支付 10 單位的糧食為租金，故該土地使用人實際上能夠收為己有的糧食則只有 40 單位而已。此際，糧價如仍為每單位 10 元，其總收入便減為 400 元（10 元 × 40），生產者將產生 100 元的虧損，所以沒有人願意支付 10 單位的絕對地租從事生產，除非糧價每單位上漲至 12.5 元以上。蓋糧價如每單位上漲至 12.5 元時，劣等地的生產者的總收入方能達到 500 元（12.5 元 × 40）使得總收入等於總成本，而達成均衡。此際，單位面積的劣等地則產生了 125 元（12.5 元 × 10）的絕對地租，於是中等地及優等地不僅原來的差額地租會再增加，同時亦將各增加 125 元的絕對地租，增加的情況，如圖 4-4 所示。

　　使用劣等地的農民既須支付絕對地租（糧食 10 單位或等價 125 元），則使用中等地或優等地者，亦須負擔地租，惟其地租應係包括絕對地租和差額地租兩種。如使用中等地者，每單位土地必須負擔 20 單位糧食（10 單位為絕對地租，另 10 單位為差額地租）或 250 元地租（絕對地租及差額地租各為 125 元）；使用優等地者，每單位土地必須負擔 30 單位糧食（10 單位為絕對地租，另 20 單位為差額地租）或 375 元地租（絕對地租 125 元，差額地租 250 元）。茲將上述情形，整理於表 4-1 以幫助了解。

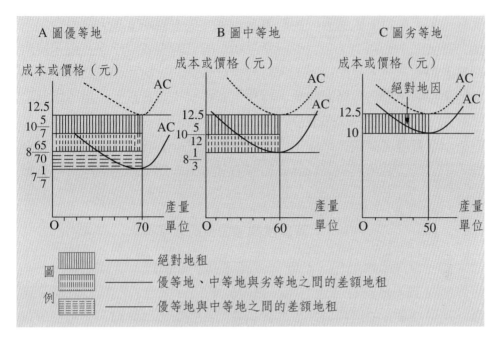

A 圖優等地　　　　　　B 圖中等地　　　　　　C 圖劣等地

圖例
絕對地租
優等地、中等地與劣等地之間的差額地租
優等地與中等地之間的差額地租

圖 4-4　差額地租與絕對地租

　　如表 4-1 的資料所示，當糧價每單位升至 12.5 元時，優等地應負擔的地租總額為 375 元、中等地為 250 元、劣等地為 125 元。設還原利率為 5%，則優等地的收益地價為元 7,500（375 元 ÷ 0.05）、中等地的收益地價為 5,000 元（250 元 ÷ 0.05）、劣等地的收益地價為 2,500 元（125元 ÷ 0.05）。此等收益地價，係假設未來的生產技術不變，糧價也沒有變動。其實這兩種因素或多或少都會變動。

　　臺灣的兩期作水田（Double-Cropped Paddy Field），每年可栽種兩次水稻。如以中等水田（10 等則左右）的情況言，第 1 期稻作每公頃的平均產量為稻穀 10,000 台斤，第 2 期平均為 8,000 台斤，合計年產量為平均 18,000 台斤。註5 如依一九九一年的平均市價每台斤稻穀 10 元計算，每公頃水田的年毛收入為 180,000 元。

表 4-1　優等、中等、劣等地單位面積地租之比較

階段	項　目	優等地	中等地	劣等地
只使用優等地	資本勞力投入（元）	500	—	—
	產量（單位）	（70）	—	—
	單價（元）	$7\frac{1}{7}$	—	—
	總收入（元）	500	—	—
	差額地租	—		
中等地加入生產	資本勞力投入（元）	500	500	—
	產量（單位）	（70）	（60）	—
	單價（元）	$8\frac{1}{3}$	$8\frac{1}{3}$	—
	總收入（元）	$583\frac{1}{3}$	500	—
	差額地租（元）	$83\frac{1}{3}$	—	—
	差額地租（單位）	（10）	—	—
劣等地加入生產	資本勞力投入（元）	500	500	500
	產量（單位）	（70）	（60）	（50）
	單價（元）	10	10	10
	總收入（元）	700	600	500
	差額地租（元）	200	100	—
	差額地租（單位）	（20）	（10）	—
應付絕對地租	資本勞力投入（元）	500	500	500
	產量（單位）	（70）	（60）	（50）
	單價（元）	12.5	12.5	12.5
	總收入（元）	875	750	625
	地租合計（元）	375	250	125
	絕對地租（元）	125	125	125
	絕對地租（單位）	（10）	（10）	（10）
	差額地租（元）	250	125	—
	差額地租（單位）	（20）	（10）	—
	扣除地租後			
	收入（元）	500	500	500
	收入（單位）	（40）	（40）	（40）

按原臺灣省政府農林廳編印，一九九一年「臺灣核心農家農場經營記帳報告」中所列，規模別稻作農家之每公頃土地農業毛收入及每公頃土地農業所得係如表 4-2 所示。

　　按表 4-2 所列 0.5 至 1.0 公頃規模之稻作農家每公頃土地農業毛收入為 178,651 元，此與前述中等水田每公頃之年毛收入為 180,000 元大致相等，故前述收入估計尚稱合理。

　　再據上述記帳報告，臺灣中部水稻兩作區 0.5 至未滿 1 公頃規模之每公頃農地年農事費用合計為 138,715 元。註6 其內容如下：

1. 種苗費	15.0%
2. 肥料費	15.0%
3. 人工費	21.0%
4. 機工費	12.5%
5. 農藥費	15.5%
6. 材料費	8.0%
7. 燃料費	4.0%
8. 農具費	2.2%
9. 利息支出	1.2%
10. 稅捐	0.4%
11. 雜費	5.2%
合　計	100%

　　從每公頃之年農業毛收入 178,651 元減去每公頃之年農事費用 138,715 元後的餘額為 39,936 元，這等於每公頃土地的農業所得。惟該 39,936 元餘額並非純粹為土地的貢獻，其中尚包括家工所得，故非為土地純收益或純粹地租。但家工所得究竟多寡，從該資料中無從查證，姑且將其全視為土地純收益，再以通行利率實施資本還原，便可算出每公頃農田的收益價格。

表 4-2　稻作農家之土地生產力（1991 年）

單位：元

規模別	每公頃土地農業毛收入	每公頃土地農業所得
平　均	167,232	83,141
未滿 0.5 公頃	180,223	73,354
0.5～1.0 公頃	178,651	78,468
1.0～1.5 公頃	162,415	78,394
1.5～2.0 公頃	166,104	157,902
2.0～3.0 公頃	177,045	104,521
3.0～4.0 公頃	133,855	65,090
4.0 公頃以上	156,348	80,445

資料來源：臺灣省政府農林廳編印，臺灣核心農家農場經營記帳報告，民國
　　　　　81 年 6 月。

　　通行利率究竟為何，時有爭論，很難決定統一標準。一般而言，利
率有存款利率及放款利率；而存款利率中尚有活期存款利率及定期存款
利率；定期亦可再分為一年定存、二年定存及三年定存等。至於放款，
通常尚可分為短期放款、中期放款、長期放款等，而放款時間愈長，其
利率亦將愈高。如按有無抵押品區分，尚有信用放款及抵押放款，通常
信用放款的利率高於抵押放款之利率。還原利率亦可採用平均投資報酬
率。惟因為投資種類不同，投資報酬率的高低不一，故此項指標遠不如
存款利率來得清楚。

　　就機會成本的觀點或穩定性的立場言，還原利率通常都以定期存款
利率者為多。再者，還原利率多以一年期間為準，故如以一年定存利率
為還原利率，堪稱合理。惟影響利率高低的因素頗多，其主要者計有資
金的寬緊、景氣的冷熱、未來展望的好壞、金融制度是否健全、幣值是
否穩定以及整個社會情勢狀況等。就一般情況而言，大多數國家的還原
利率都以 5% 左右者為準。如在美國，習慣上都採用 4%，英國常以 5%
為還原利率，德國常以 5.5% 為一般的還原利率。

所謂購買年（purchasing year）意指，累積多少年份的租金即可購取土地的年數。在德國，通常認為累積十八年的租金（即年租金的十八倍）即能購取其承租的土地為正常，此際，其購買年為十八年。換言之，其還原利率為 5.5%，即（1 ÷ 18 = 0.0555 或 1 ÷ 0.055 ≒ 18）其購買年約為十八年矣。

　　如以民國八十一年為例，當時臺灣的一年期定存利率平均為 8.5% 左右，如用此作為還原利率，顯有偏高趨勢，不甚合理。但如再予扣除是年的通貨膨脹率 3.6%，而將還原利率暫定為 5%，當可稱合理。如將前述每公頃農地的農業所得 39,936 元（全額視為土地純收益）除以還原利率 5%，即每公頃農地的收益地價大約僅為 80 萬元（39,936 元 ÷ 0.05 = 798,720 元）。又據實地調查，每公頃 10 等則水田的年收入約為 18 萬元，扣除總生產費用 14 萬元以後，每公頃的土地純收益為 4 萬元，再將此除以還原利率 5%，則得收益地價為 80 萬元，與上述計算的收益地價 798,720 元大致相同。縱令考慮冬季裡作的收入，每公頃 10 等則水田的收益地價，通常都不超過 100 萬元。

　　上述計算而得的農地收益地價未必 100% 正確，但尚稱合理。惟實際的買賣交易價格遠超出該項收益地價，通常相差十倍以上。為何產生這麼大的差距？欲了解其原因，必先闡明影響市場地價的因素及其形成的結構，並究明該兩種價格之間的關係。此對兩種地價差距的探討，非常有用。

　　惟自 921 地震發生以後，臺灣的經濟景氣也逐漸走下坡。接著執政多年的國民黨竟於西元 2000 年的大選敗北，產生破天荒的政黨輪替，政治環境也產生了大改變。雖然新執政的民進黨政府頗為注重社會福利政策，並致力照顧低收入階層，惟執政不久便宣布核能四廠停建，此對經濟面的衝擊實在不小。加上部分亞洲國家發生金融風暴，臺灣的金融產業亦難免受到不利影響，國內出現投資萎縮現象，尤其資金往西外流，產業空洞化的顧慮逐漸加深，失業率日漸增大，最高時竟達到百分之六，情況不能不說嚴重。

　　由於產業投資萎縮，資金的需求亦跟著減退，加上房地產市場景氣退燒，銀行的存款利率逐漸調降。如依目前（民國九十一年八、九月間）情況言，一年期的存款利率大致已降至百分之二左右，為歷年來的最低水準，且尚看不出有任何回升的跡象。

　　茲如以年利率百分之二作為還原利率，用此資本還原上述每公頃 4 萬元的純收益，便得每公頃收益地價為 200 萬元（40,000 元 ÷ 0.02 = 2,000,000 元）。這是假設原來的純收益沒有改變時的情況。但每公頃水田純收益能否維持 4 萬元的水準，實在毫無保障。蓋近幾年來，稻米的價格一向相當穩定，沒有太大的變動，而其他的生產成本，卻略有上升，尤其工資水準上升幅度較大。故每公頃水田的純收益，略有下降，如估計為 3 萬元似尚稱合理。茲假設純收益為每公頃 3 萬元，並以百分之二的利率予以資本還原時，則得每公頃收益地價為 150 萬元（30,000 元 ÷ 0.02 = 1,500,000 元）。設市場地價與土地純收益不變，而還原利率下降，則因收益地價上升，使得兩價（市場地價與收益地價）的差距縮小，地價結構便趨於正常化。

　　近幾年來，由於經濟蕭條，失業率偏高，房地產市場不景氣，使得地價水準逐年下降（公告土地現值亦年年在下降）。又因國內投資減少，資金的需求亦在減退，使得銀行利率不斷地在調降，相形之下，收益地價顯有被推高趨勢，使得市場地價與收益地價之間的差距縮小。就地價結構言，這是一種良好的現象。由於市場地價下降，可以降低購地成本；而利率下降，收益地價上升對經營土地有利。假如其他條件不變，此際（西元 2002 年）為購地經營土地的好時機，亦可謂嘗試逆勢操作的好機會。則「逢高拋售，逢低買進」較之「逢高惜售，逢低拋售」的策略，具有勝算。

第二節　市場地價

一、市場地價之意義

　　市場地價係指土地市場上所形成的正常交易價格。一般物品的價格，通常都由市場的供求情況而決定。在某特定時間，在市場物品的供給量與需求量趨於一致時所形成的價格為均衡價格，此際的交易量為均衡數量。當其他情況不變，而需求量大於供給量時，均衡價格便上升；反之，如供給量大於需求量時，均衡價格便趨於下降。

　　土地市價與其他物品價格一樣，係由市場的供求關係而決定。依土地的自然供給而言，因其幾近於固定供給，故土地市價常由需求面所決定。而土地的需求常具有增加趨勢，故就長期言，地價顯有上漲趨勢。但現實的情況卻未必完全如此。土地的自然供給量雖然幾無增加的可能，但其經濟供給量仍有增減的現象。所以土地市價，仍然由土地的供求關係而決定。通常，影響土地（以市地為主）供求的因素，計有下列幾項：

㈠影響土地供給的因素

1. 公共建設

　　公共建設，例如，道路、交通、橋樑、堤防等的建設，可使原來不能利用或不便於利用的土地，變成可以建築利用的土地。這是一種成長因素。蓋公共建設只會愈來愈進步，所以可以利用的土地亦必愈來愈增加。

2.建築技術

建築技術的進步,促進土地的立體利用,建物的層數增加,地下的利用也得以實現,高架公路及高架鐵路、地下鐵路等,使土地利用立體化與集約化利用,從另一側面觀之,此等於土地的供給量增大。故建築技術亦為成長因素的一種,具有擴大土地供給量的功能。

3.都市計畫

都市土地的利用,係依據都市計畫所研訂土地使用分區與管制而實施。住宅用地、商業用地、工業用地等,均按都市計畫的使用分區而劃定,如果經編定的宅地面積多,宅地的供給量就增大,但如沒有其他用地的改編成新宅地的擴編,宅地的供給量就等於沒有變動。故都市計畫係影響各種用地供給量的主要因素之一。此外,建蔽率及容積率也是影響土地供給量的因素之一。放寬法定的建蔽率或容積率時,等於建地供給量增大;反之,縮減法定的建蔽率或容積率,即等於建地供給量的減少。

4.稅制

如對土地保有課重稅,加重土地保有成本時,具有促使土地所有人出售土地的功能,因此可增加土地的經濟供給量。故課徵空地稅,則有增加土地供給量的作用。如對土地增值或對出售土地時的資本利得(capital gain)課稅,並預先公布其稅率且將逐年提高,並讓土地所有人都了解提高稅率的時間表時,亦有促使土地所有權人儘速出售土地的功能,因而可增加土地的供給量。

5.新社區或新市鎮的開發

土地開發為增加土地供給量有效方法之一。例如,開發山坡地、河川地、海埔地等邊際土地,即可增加農地、魚塭、工業用地、住宅用

地、遊憩用地等的供給量。又如開發新社區（如：臺北市的萬芳社區）或新市鎮（如：林口新市鎮或臺中港新市鎮等），亦可增加住宅用地或工業用地等供給量。

6. 政治情勢

假如政治情勢不穩定，有些人為了避難或逃亡，因此遷居其他地區或國外或移民外國。此際，勢必處分其不動產，所以房地產的供給量，勢必大量增大。但政治情勢的變化並非經常的因素，而係突發性的因素，故對一般土地供給量的影響不大。

(二)影響土地需求的因素

1. 人口

人類的生活離不開土地，所以人口愈多，對土地的需求，也必愈大。此種需求係除了住宅用地以外，因對糧食的需求增大而對農地的需求亦必增大。此外，對交通用地、學校用地、遊憩用地，甚至對墳墓用地等的需求亦必隨著人口的增加而增加。所以只要人口呈現正的成長，對土地的需求勢必愈來愈大。各國的人口成長雖有快慢之別，期間也有停滯成長者，但大體說來，還是呈現著正的成長。故對土地的需求而言，人口因素應屬於成長因素的一種。

2. 所得

所得是影響土地需求量的最大因素之一。當國民所得往上提升時，每個國民對住宅的需求面積勢必增大，所以原來擁有小房屋者，都希望換個較大的住宅居住；擁有一棟住宅者，希望再購置第二棟住宅或購置別墅。又當國民所得提高時，各種經濟活動亦必隨之活絡起來，所以需要更大的辦公場所或事業場所，也需要更大的社交場所、遊憩場地、停車場地及交通用地等，故對土地需求亦必隨之增大。一般說來，國民所

得概隨著時間的經過而逐漸提高,故對土地的需求量亦必隨之增大。可知所得對土地需求的影響,也是成長因素的一種。

3.景氣的展望

如果對未來的景氣展望看好,經濟活動勢必逐漸熱絡,故對土地的需求增大,地價亦必隨之上漲,由而加速了對土地需求的增大。此外,由於景氣趨於繁榮,物價水準亦必跟著上升,所以為了保值或者追求利潤,對土地的需求亦必愈來愈大。假如情況與此相反,則對未來的景氣展望看壞,對土地的需求,勢必萎縮。至於景氣的變化,係一種不確定的現象。惟景氣的好壞或繁榮與蕭條,經常多具有循環性或週期性,故對土地的需求,亦常呈現著循環現象,只是其變動的情形或峰谷之間的差距等,並不如景氣循環那麼明顯而已。

4.投資管道

投資管道的多寡與游資出路順暢與否,具有密切的關係。當國民所得提高,市場游資增多時,如有眾多的投資管道,此等游資則不會集中於土地或房地產市場,於是土地的需求也不致於瞬驟增大。但此際,假如缺乏適當的投資管道或缺乏投資機會時,大多數的游資勢必一窩蜂地湧入房地產市場,使土地的需求頓時增大,並帶動房地產價格急遽上漲。

5.社會制度

我國向來以農立國,除了農業之外,其他產業的發展頗為緩慢,人民只要稍有積蓄,則欲買地置產,以防日後年老體衰時之用,所以「有土斯有財」的觀念根深柢固而普遍,大家有了錢,就想購置房地產,這樣亦可提高其在社會上的身分與地位,也可以說是一舉兩得。故對房地產的需求持久不減,因而不斷地增大土地的需求量。除此以外,自經濟快速成長,都市化普遍推行後,家庭結構亦逐漸自以往的大家庭制度,次第轉變為小家庭制度。凡年輕人結婚成家以後,大都離開其父母親膝

下而另組織新家庭，購屋獨立生活，因而增加其對房屋的需求，也加速擴大其對土地的需求量。

6.都市化之趨勢

對社會型態仍停留於農村社會時，大部分人民因分布於廣大的農村地區，沒有現代化的大規模市鎮，即使聚居於村里部落，亦因村落的人口規模微小，對土地的需求不大。惟自工業發達，經濟起飛，都市化普及以後，人口快速集中於少數大都市，隨著經濟活動的熱絡，商業、工業、交通、住宅、遊憩、文教等事業所需土地急速增大，也加快了地價的上漲速度。換言之，都市化愈普及，都市範圍愈擴大，對土地的需求亦跟著急遽增大。則都市化與土地需求係呈現顯著的正相關。

如上述，土地市價係由土地市場的供求關係而決定。惟在正常情況下，土地所有權人願意出售的地價必有其最低限度，地價如低於此限度時，該所有權人當不願意出售其土地。就理論上言，該項下限地價應係該土地目前的收益價格。則該土地所有權人於自行使用或將其出租供他人使用時所產生的純收益，再予資本還原者，為該土地的收益價格。土地市價如未超過該收益價格時，土地所有權人當然沒有必要出售其土地，則倒不如將其留著自行使用或出租他人收取地租，比較有利。

但假設土地市價超過收益價格，土地所有權人也未必都願意出售土地。當然土地所有權人都希望，土地售價愈高愈好，但也不能漫無標準的。如果未來的地價看漲，且漲速快者，售地人要求的地價勢必偏高；反之，則售地人要求的價格，將不致於過度偏高。同理，如果未來的地價看跌，購地人願意承購的地價亦必較低。在同一土地市場上，售地人願意出售的地價，與購地人願意承購的地價趨於一致時，則土地買賣成立，此際的成交地價，便是市場地價。在正常情況下，土地市價與收益地價的關係，則如圖4-5所示。

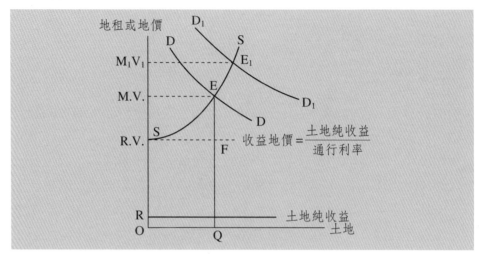

圖 4-5　市場地價與收益地價

　　圖 4-5 的 OR 表土地純收益，R.V.表收益地價則 OR 除以還原利率的商，亦係供給價格的下限，SS 表土地供給曲線，DD 表需求曲線，E 為均衡點，所以 M.V.為均衡地價，亦係市場地價，OQ 為均衡交易量，EF 為市場地價與收益地價的差額，也是財產價值（交換價格）與收益價值之間的差額。

　　假設其他條件不變，而只是需求增大，即需求曲線設自 DD 移至 D_1D_1，市場地價便自 M.V.升至 M_1V_1，於是擴大了市場地價與收益地價之間之差距，使得售地人可以獲取更多的漲價利益。換言之，市場地價之上升，對售地人有利。但兩價之間的差距擴大，對促進土地利用並沒有正面的功能。

二、市場地價與收益地價經常並不一致

　　假設還原利率不變，收益地價係由收入與成本而決定；但市場地價則由土地市場的供給與需求關係而決定。由於兩種價格的決定因素不

同，所以同一塊地的市場地價與收益地價，經常並不一致，這應係一種必然的結果。當然，市價與收益價之間並不是毫無關係，則在正常情況下，收益地價為土地供給價格的下限，也是土地供給之起點價格。換言之，市場地價通常都高於收益地價。按表 4-1 的資料所示，單位面積的優等地每年產生 375 元的地租，中等地的地租為 250 元，劣等地的地租為 125 元。假設還原利率（或一般投資報酬率）為 5%，以此將上述三種土地予以資本還原以後，求得每單位優等地的收益地價為 7,500 元，中等地為 5,000 元，劣等地為 2,500 元。如市場地價與收益地價趨於一致，茲設某人擁有 7,500 元資金，將此投資於優等地則可購買 1 單位面積的優等地；如投入中等地則可購買 1.5 單位土地；如投入劣等地則可購買 3 單位土地。雖然 7,500 元資金能夠購買的土地面積各不相同，但無論購買何種土地，其所產生的地租合計均為 375 元，毫無差異。又如將 7,500 元存入銀行，一年後亦可獲取 375 元的利息（設年利率為 5%）。果真如此，這是一種理想的境界。蓋此際土地的優劣，肥沃度的高低等，在經濟上都將失去其意義，投資人亦無須特別爭取優等地的必要，於是李嘉圖的差額地租也不再影響土地所有人的經營意願。則土地經營利潤的大小與土地的好壞優劣無關。換言之，將同數額的資本投入於臺北市西門町或東區的土地或投入於臺北郊區木柵的土地，其收益額都是一樣只有正常利潤而沒有超額利潤，而收益差額大小則完全與投入資本的多寡成正比例。這種情況等於完全競爭的狀態，是一種可遇不可求的社會，事實上並不存在。所以市場地價與收益地價，經常並不會一致。

美國康乃爾大學教授路易士（A. B. Lewis）於一九三○年代在美國紐約州農村看到許多廢棄農場（abandoned farm）後，開始研究其廢棄原因。據其研究報告[註7]說明，不少資力較弱的農民，不察農場的收益能力偏低，而只因農場售價相對偏低則熱衷於購買此等農場，結果乃與其預期相反，則愈經營愈賠錢，後來由於不堪賠累，只好將其放棄他移，因而產生不少的廢棄農場。然而，起先付較高的價格，購買比較昂貴的農場者，看起來似乎很不值得，惟因其收益能力高，年年產生不少

的純收益，不僅經營順利，結果竟成為成功的農場。

按路易士（A. B. Lewis）的研究，一九三〇年代在美國紐約州，Tompkins 縣的農場價格，顯有下列現象：則收益能力偏低的農場，其收益地價低於市價；而地力高，條件優越的農場，其收益地價反而高於其市價。使一些資力薄弱的農民，卻因劣等農場的市價低於優等農場的市價，而盲目地去購買這些市價看起來似乎較低的劣等農場，結果導致經營失敗，形成滿目瘡痍的廢棄農場。其收益價與市價之間的關係，如圖 4-6 所示。

從上述，美國紐約州 Tompkins 縣農場價格的情況得知，市場地價與收益地價，平常未必一致。同時，凡以經營利用為目的的購地人，如不了解農場的收益價值或收益能力，而只依據表象的市價較低，則盲目地去購買農場，結果，勢必歸於經營失敗，造成終生遺憾。據路易士的分析，收益能力較低的農場其市價相對較高。究其原因，主要係由於此等農場大都為規模較小的小農場，故其價格雖相對地偏高，惟因其規模小，農民購置時所要支付的地價總數額較小，所以適合於資力較低的農民購買。由於希望購買農場的農民資力都不大，大家集中在售價總額較小的農場競購，經競爭之後，地價愈來愈高，在缺乏農地資訊的情況

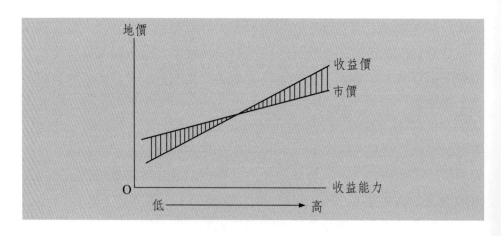

圖 4-6　農地的收益價與市價之關係

下，大家尚不知農場市價已超出其收益價值，而盲目地去購買。收益能力高的大農場，因其應支付的地價總額大，而具有巨大資力買得起此等農場的農民少，由於競爭人數少，使得地價反而相對偏低。其次，係大多數購地人都不了解農場地力或收益能力的實際情況，在情報與資訊缺乏的情況下，只因應支付的地價總額少，而盲目地去競爭購買，結果反而抬高地價，竟以高價買到收益價值偏低的農場。

　　有人說：於核計收益地價，用以還原的純收益必須包括未來各年的預期收入，如此，則所求得的收益地價必與市場地價一致。此種說法並沒有不妥。當然，未來各年的預期收益如能預先確定者，必須併入純收益以資本還原求得其收益價格。然，未來的預期收益大都屬於未能確定者，故其評估價值因人而異，所以不能併入土地純收益以資核算收益價格。何況，此等預期收益大都屬於未來土地變更使用時可能獲取的轉用利益，或由於區位及環境條件等因素改變而引起的獨占利益等。而此等意外的期待利益（expectancy revenue）大都無法於目前正確掌握，且每一個人於評估此等利益時出入很大，缺乏客觀性，故很難趨於一致。如係土地售方，通常趨於高估；如係買方卻多趨於低估，而經買賣雙方一再討價還價之後，如獲一致，方得成交而成為交易實例。如上述，即無法正確掌握未來的預期收益，自無從核算包括預期收益在內的收益地價。所以收益地價與市場地價，當無法趨於一致矣。

　　譬如說，市場地價必等於收益地價，此際則只要有了市場地價即可確定收益地價，所以就無須再勞師動眾去蒐集有關收入與支出等資料，以便核算收益價格了。然，事實並不盡然，則收益地價與市場地價經常並不一致。何況，查估收益地價的目的，大多係為了了解，目前某一塊土地的使用或經營究竟能產生多少利益，藉此以便判斷是否值得購買這塊土地加以經營利用。所以，目前的收益地價，對於欲購買土地加以利用或經營的購地者而言，是一種極為重要的指標。

　　再就課徵地價稅的目的而言，地價稅的課徵客體理應以目前的收益價值為準，而不應該以包括未來預期收益的市場地價為課稅客體。蓋未

來的預期收益，因在目前仍未實現，所以並不具有負擔稅的能力，故如對市場地價課稅，勢必加重土地所有權人的實質負擔，亦是非常不合理的方法。所以，收益地價與市場地價應該分別實施查估。

　　一般而言，市場地價與收益地價之間的關係，可以用下式表示之：

> 市場地價＝收益地價＋期待價值（expectancy value）則：
> 期待價值為正時：市場地價＞收益地價
> 期待價值為零時：市場地價＝收益地價
> 期待價值為負時：市場地價＜收益地價

　　只要人口繼續增加，社會情勢穩定，經濟不斷地發展，工商業繁榮，人們對土地的期待價值都是正的，故在正常情況下，同一塊土地的市價必定大於其收益價。蓋在正常情況下，總人口將不斷地增加，國民所得亦必繼續增大，經濟持續發展，公共設施的興建也不斷地增多而且完備，居住環境也能得到改善，對未來的展望看好，土地需求勢必繼續增大，故未來的地價必定朝向上漲趨勢。

　　但當政治局勢不穩定，社會不安，治安有問題時，人們對未來的展望都抱著悲觀而都想避難他處或移民國外，必定設法儘速處理其房地產，於是土地供給量增多，甚至害怕賣不出去，於是土地的期待價值下降甚至變成負數，導致土地市價低於收益價格。但這種情況的發生機會很少，即使有過此種情況，其時間亦必非常短暫。又如前述美國紐約州Tompkins 縣的農場價格，由於農場經營的資訊不足，大多農民都不知道各地農場的收益狀況，加上購地人的資金能力有限，大多數購地農民都集中於規模較小的出售農場競價標購，使得其購價超出農場本身的收益能力，導致其市價高於收益價格。但在規模較大的大農場，因所需購地資金總額巨大，買得起大規模農場的農戶甚少，以致競爭者稀少，競價很難提高，結果使得買賣市價竟低於收益價格的不正常現象，經營利潤豐厚，故購買此等農場者，起先雖需要籌措一筆較大的購地資金，但

經營的結果不錯，後來大多成為成功的農民。

在完全競爭狀態時，買賣雙方都是多數人，任何一方都無法控制市場，亦即無法影響交易數量，也無法操縱市場價格，則價格須由市場決定，買賣雙方都只是價格的接受者（price taker）而不是價格的決定者（price maker）。同時，生產因素的移動完全沒有限制或沒有任何阻礙；買賣雙方的加入與退出亦完全聽其自由，沒有任何限制與人為的障礙；市場的資訊亦可充分地取得且瞭如指掌；對未來的展望亦能完全掌握，而毫無不確定因素的存在。此際，廠商將只能獲取正常利潤（normal profit）而毫無超額利潤（excess profit）可言。就土地而言，在完全競爭市場因沒有超額利潤的存在，故其期待價值為零，此際，市價便等於其收益價格矣。但完全競爭市場係抽象世界的理想狀態之一種，實際上幾乎不會存在，尤其在獨占性極強的土地買賣市場裡，完全競爭的情況只可以說是可遇不可求的狀態，故於討論實際問題時，似可不必加以考慮。

 第三節　物價與地價

一、物價影響地價

土地是生產要素的一種，故其價格亦必受到土地市場的影響而變動。換言之，土地的價格必定受制於土地的供求關係而變動。假設土地的供給固定不變，其供給曲線成為垂直的，如圖 4-7 的 SS 所示，此際，地價的變動即片面完全決定於需求因素，即需求量增大，地價水準便上升；如需求量減少，地價水準便下降。假設土地的供給量並不完全為固定不變，通常亦多屬缺乏供給彈性，故在土地市場裡，需求因素的影響力一般都優越於供給因素的影響力。

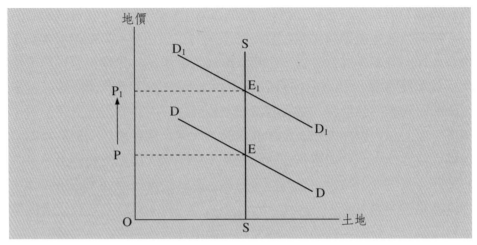

圖 4-7　固定供給之地價決定

　　影響土地需求的因素很多，其中主要者有人口成長率、國民所得水
準、經濟發展階段及其展望、社會情勢、財產觀念以及土地稅制等等。
假如經濟繁榮，工商業活動熱絡，就業機會增多，所得必定繼續增大，
使得消費者的購買力增強，促進需求量增大，因而推動地價上漲，地租
水準亦將隨之上升，故地價必定漲高。再者，當物價正在上升時，投資
勢必有利，於是土地的需求增多，因而促進地價上漲。換言之，物價上
漲時，通常都將帶動地價上漲。假如，人民對購地置產保值的觀念或心
理因素堅強，對土地的需求亦必增大，因而帶動地價上漲。易言之，土
地既為主要生產要素的一種，同時也是人民喜歡擁有的財產對象之一，
尤其在「有土斯有財」的觀念根深柢固的社會裡，物價水準一旦上漲，
勢必帶動地價上升，於是對一般國民亦將帶來不少的麻煩與困擾。一般
而言，地價對物價變動的反應相當靈敏，所以時常可以見到，地價的上
漲幅度反大於物價的上漲幅度。因為土地供給通常都缺乏彈性，使得地
價的變動速度較為迅速矣。

　　如圖 4-8 所示，當土地供求趨於均衡時所形成的地價為 OP。惟土
地需求容易受到外在因素之影響，即當一般物價上漲時，因其意義等於

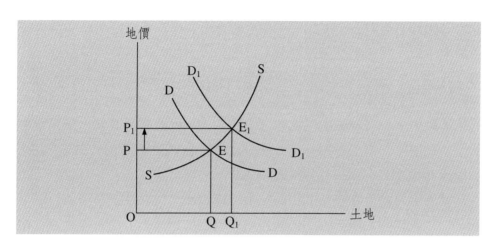

圖 4-8　需求增大促進地價上漲

幣值貶低，人們為了保值，故想購地置產保值的人數勢必大幅增加，於是對土地的需求增大，需求曲線便由原來的 DD 移至新的 D₁D₁曲線。茲假設供給曲線不變（事實上，土地供給的變動較少），於是均衡點便由 E 點移至 E₁點；地價亦必自 OP 升至 OP₁。故只要需求產生變動，地價必定隨之上升或者下降矣。

　　為何地價上漲的幅度經常大於物價上漲的幅度呢？如上述，物價上漲時勢必影響土地的需求增大，導致地價上漲。惟需求增大並不對所有土地的需求都增大，而只對某些區位良好或地價上漲潛力較大的特定土地的需求集中，使得其需求量大幅增大。由於需求大量集中於特定地區，故其價格上漲幅度勢必大於一般物價的上漲幅度。

二、地價對物價之影響

　　地價變動會不會影響物價？對此問題，眾說紛云，迄今似沒有統一的見解。但主張地價變動不影響物價者，大有人在，其主要的理由，如下：

就農產品市場而言，因其情況近乎完全競爭市場，故農產品價格係由市場決定，個別生產者或消費者，因其能掌握的供給量或購買量都非常有限，根本無法影響市場，買賣雙方均只為價格的接受者（price taker）而不是價格的決定者（price maker）。故即使地價上漲，因而影響農業的生產成本，也因其未能掌握能控制整個市場的農產品數量，所以市場的農產品價格仍然不會變動。此種說法乍聽起來似頗有道理，但如仔細加以思考，卻尚有值得探討的地方。

地價上漲幅度雖非各地相同，但地價上漲是全面性的而不是只限定於某特定農民的地價方上漲，而其他農民的地價卻不上漲，故農業生產成本的上升應為一件普遍性的現象。既然所有的農業生產成本都一律上漲，此項生產成本必反應於農產品價格上面，結果，農產品價格必定上升，這樣方不會使某些生產者遭受損失，導致農業生產的停頓。

其次，就工業生產而言，由於工業生產的效率高，每單位基地面積所產生的產品價值頗為巨大，故工業的用地成本占工業產品的生產成本的比率非常微小，故縱令地價上漲，其對生產成本的影響實在微不足道，幾乎等於沒有影響。所以，地價變動並不影響工業產品的價格。

其實，此種說法顯然似是而非，並不合乎邏輯。蓋地價既為生產成本的一種，故地價上漲勢必影響物價上升，只是其影響幅度的大小以及反應的快慢有別，且因產品種類不同而有所差異，若只以地價在產品成本裡面所占的比率微小，而以此論斷地價變動不影響物價的說法，似有以偏蓋全的涵意，值得檢討。蓋地價既然是生產成本的一項，地價之漲落勢必影響生產成本的高低，因而影響物價。只是其影響是否敏感及其影響的幅度大小，將因貨物種類不同而有所差別而已。例如，位於地價高昂的市中心的服務業等，常因地價飆漲導致租金升高，立即反應於產品價格。如臺北市中山北路與南京東路交叉口附近的咖啡廳，咖啡一杯的售價通常在 100 元左右，但木柵政治大學附近的咖啡廳的咖啡卻一杯大約在 30 元左右，而兩者的咖啡品質大致相同，實際上幾乎沒有太大的差別，只是店裡的設備與裝潢等略有差異而已。而最大的差異係兩地

的地價不同，地租也不一樣。當然中山北路與南京東路交叉口一帶的地價，遠高於木柵政治大學附近的地價。當地價上漲時，市中心一帶商業區的店鋪租金很快就會調整（其租賃契約通常為期一年，大都利用換約時調整租金），而咖啡廳的經營者亦將很快地調整咖啡售價，將增加的租金負擔轉嫁於顧客支付。蓋喝一杯 100 元咖啡的消費者，即使將咖啡價格調整至一杯 110 元，概不會因為咖啡售價調高 10%，而減少其消費量。蓋此等咖啡的消費者，通常都因為業務上的需要或因為增進公共關係而消費咖啡，故其需求彈性較小，承受價格調整的影響比較不大。

就服務業而言，房地產租金的上升，亦可從延長營業時間的途徑予以吸收，使得商品價格能維持原來的水準。但營業時間的延長必須增加工作時間，由而增加工資成本，且並非各種行業都可以採行此法。其實，房租或地租的上漲勢必壓迫薪資收入者的實際生活，令其不得不要求調整待遇。工資率一經調整，除非生產效率隨著比照提升，否則，生產成本必定上升，因而推動價格上漲，形成所謂的成本推動的通貨膨脹（cost-push inflation）。勞力成本占生產成本中的比率愈高的產品，此種趨勢勢必愈為顯著。

地價為物價形成因素的一項，所以物價變動對地價的影響比較顯著，其影響的範圍也較為普遍性。而地價或地租為生產成本的一項，故地價變動勢必透過生產成本而影響物價，惟其影響的幅度大小及敏感快慢等，卻因產品性質不同而有所差異。但如說，地價變動不影響物價，在邏輯上就殊難解釋。果真地價變動不影響物價的說法可以接受，那麼地價飆漲時，政府主管機關卻可以袖手旁觀，無須考慮實施地價的穩定政策。其實，地價上漲時，房地產價格勢必隨之上漲，房地產價格上漲時，房租及地租將隨之上升，由而影響工資率的提升，進而影響物價水準的上漲。換言之，地價變動對物價的影響是迂迴的，在影響的程度及速度的快慢方面，於各行各業之間雖有所差異，但不能否認的確有所影響，故地價穩定政策的推行，就顯得特別重要了。

三、地價上漲的正、負面影響

(一)地價上漲的正面影響

1. 地主的資產價值增大

一般而言，地價上漲的最大獲利者為土地所有權人及地主們。蓋地價乃表示財產價值的大小，故地價漲得愈高，表示其資產價值愈趨增大，並得獲取巨額不勞利得（unearned income）的漲價收益，真是不亦樂乎？財產價值一旦增大，於其出售時就可以取得巨額的讓售利益且頓成為實質收入。又財產價值增大，表示其信用額度增大其抵押價值將隨之增大，亦即可以融通的資金額度大幅增高，對於投資生產當有莫大的幫助。所以地主們莫不盼望地價上漲，藉此獲取巨額意外的漲價利得（windfall gain）。

2. 抵押品價值增大，銀行之經營安全穩固

地價上漲，對從事不動產抵押貸款的金融機關也有幫助。蓋地價上漲時，金融機關已經收取的抵押品價值隨之增大，使得所作抵押放款的安全性提高，故有利於銀行的經營。當一九八八年左右，日本的地價大幅飆漲，日本政府決心打壓地價過度上漲現象時，首先提出反對者為彼國的大多數金融機關負責人。蓋當地價繼續上漲，房地產市場顯示一片好景氣時，銀行業界也大作不動產抵押貸款，由於土地市場的未來展望看好，故抵押貸款的額度往往高達抵押品價值的90%左右。此際，假如政府真正實施房地產價格的打壓政策，使得房地產價格平均下降10%，此際，辦理房地產抵押貸款的銀行勢必遭遇很大的損失。假如房地產價格平均下降 20%，此際，辦理房地產抵押貸款的銀行很可能非破產不可。所以他們起而反對日本政府實施劇烈的房地產價格打壓政策，以保

障銀行貸放業務的安全性。

3. 房地產交易活絡，房地產業者的收益增大

房地產市場與股票市場顯有部分類似的地方，即兩者都是搶漲不搶跌。換言之，房地產市場的展望看好時，由於購地有利可圖，於是買方的需求增大，買賣案件增多，從事房地產買賣的仲介業者的處理件數增多，每件買賣的金額也必增大。由於水漲船高，故其佣金收入大幅增大，導致房地產市場的業務興隆，此不僅對房地產的仲介業者有利，同時對與此有關的土地登記代理業務以及廣告業務等，均將蒙受其利，對整個房地產市場確有正面的影響，亦有助於就業機會的增加。

4. 促進老舊建物的更新與改建

從理論上言，地價愈升高，土地利用度亦將隨之提高，藉此以便吸收高昂的地價負擔。換言之，地價尚在偏低時，無須實施高樓層建築，而可在較廣大的基地上興建低樓層的建物，以節省興建成本。故在舊市區早期興建的房子多為低樓層者為主，縱為商業區，其建築高度也都在二、三層樓為多，其間或有四層樓者但為數很少，至於建築高度超過五層樓以上者實在微乎其微。但經過幾十年以後，此等土地價格已漲得相當高昂，舊市區的低層樓商業區如繼續為原來的低度使用者，顯然已不合乎經濟原則，而須予實施重建或改建，俾利實現更有效的利用方式。

如圖 4-9 所示，當地價水準為 LL 曲線，建物每坪的建築造價為 CC 曲線時，其扯平點（break-even point）為 E 點，此際的建物樓高以四層樓為宜，但當地價漲高至 L_1L_1 時，假如 CC 曲線不變，則其扯平點將移至 E_1，故其合理的建物樓高增至七層樓。此際，原有的四層樓建物如已顯示老舊，殘餘價值不高，即很容易實施更新改建。此際，地主可與營建商採取合建方式，原地主可以不支付任何額外負擔，而只提供所有土地的一部分供給廠商實施合建房屋，即可達成以舊屋換新屋的目的。是以房地產價格飆漲時，常可見到沿著大馬路的老舊商業區正在實施更

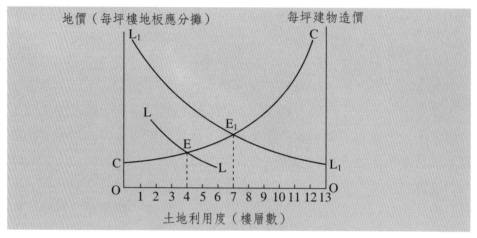

圖 4-9　地價高低與土地利用

新改建，興建高層樓的商店街，就是這個緣故矣。換言之，地價上漲時，容易實施低層老舊房屋的改建更新，對市容觀瞻及居住環境的改進，均有正面的效益。

5. 土地稅的收入增大

地價上漲使得土地增值稅的稅收增加，其原因主要有二。一則如前述，地價上漲時，由於人們持有搶漲不搶跌的心態，所以土地的買賣案件增多，除非此等買賣都是在一個曆年以內買進再予賣出，依法不必繳納土地增值稅以外，則只要土地買賣案件增多，土地增值稅的稅收勢必增大。

當地價上漲時，除了土地買賣案件增多以外，由於地價上漲，致每一筆買賣的地價增值額增大，應徵稅率提高，所有土地增值稅的稅收亦必隨之增大，此對縣市政府的財政收入均有莫大的幫助。

地價上漲，重新規定地價的公告地價跟著調漲，使得地價稅的稅收增大，對縣市財政自有幫助。

(二)地價上漲的負面影響

一般說來，地價上漲時，其負面影響較多，其中之主要者，約有下列幾項：

1. 促使房地產價格上漲，加深住宅問題的嚴重性

地價上漲，房地產價格勢必隨之上漲，使得購屋成本加重，購置自用住宅更加困難。蓋食、衣、住、行為人民生活的四大需求，住宅為人民生活的據點，也是培植未來生產勞力的地方。有了良好的住宅環境，方能培育心身健康的國民，增強國勢。故最好的情況係人人都擁有自己所要居住的住宅，這樣，人民的生活方能安定下來，專心於自己的工作，盡責自己的崗位，形成安和樂利的社會。但地價一旦上漲，房地產價格必隨之升高，購置自用住宅的成本加重，使得購屋者的負擔加重或延長購屋人的返債期間，對社會安定的影響至大。所謂「無住宅團體」或「無殼蝸牛」團體等運動，都是由於地價劇升，房地產價格飆漲，使得薪水階級即使累積了一輩子的儲蓄，也無法購置專屬於自己擁有的生活空間，此種現象實在太可憐了。

自用住宅為恆產的一種。如俗語謂：「有恆產方有恆心」，所以有了自用住宅以後，家人的心情方得安定下來，並得以認真自己的工作，克盡自己的責任，促進產業發展，提高生產效率。換言之，人人能夠安居樂業，方能推進經濟發展，增進社會安定，帶動整個社會及國家的繁榮。但如果地價飆漲，房地產價格將隨之高漲，購置自用住宅的計畫，困難加倍，住宅問題將成為嚴重的社會問題，成為經濟持續發展的極大阻礙，許多社會問題亦將隨之而發生。此際，穩定地價政策及其行政措施，就顯得特別重要了。

2. 促使房租上升，提高工資率，推動物價上漲

當地價上漲時，勢必推動房地產價格上升，由於水漲船高，房屋的

租金將隨之升高，使得租屋階級的生活成本加重。此際的解決辦法，一則省吃儉用藉此消化所增加的房租負擔，一則要求資方調整待遇，提高工資率。前者為短期措施，雖暫時可以忍耐，但欲長期忍受，事實上確有困難，結果勢必傾向於要求調整待遇的方向去努力，俾利維持原來的生活水準。果如調整工資率，除非生產效率隨之提升，否則必定提高生產成本，抬高產品價格，因而影響物價水準上升。

地價上漲，對各種產品價格的影響雖各有大小輕重之別，而非為普遍性與一致性的。但地價上漲時，勢必推動工資率上升，而工資上升對各種產品生產成本的影響將是普遍性的。故地價上漲以後，物價亦將隨之上漲，結果勢必引發通貨膨脹，此對一般市井小民均有負面影響。

3.誘發土地投機風氣，加速地價上漲

由於良好的土地區位具有稀少性及壟斷性的特徵，加上土地市場展望長期看好，土地本身原來就是頗富於投機特性的財貨，如地價顯示上漲趨勢，等於增強其投機特性，土地投機活動勢必更加熱絡起來。土地投機乃製造人為的稀少性。如有人為的壟斷炒作，很容易促使地價飆漲起來，因而增大地價的上漲幅度。

土地投機的主要目的在於賺取地價上漲利益。此種增益為帳簿上資產的增加額與效用的增加無關，故不能列於國民生產淨額裡面，屬於泡沫經濟的範圍，與人民的福祉毫無關聯。故土地投機者所獲取的利益是一種不勞而獲的利得（unearned income），在社會經濟面既沒有貢獻，在倫理方面亦有損勤勞純樸的社會風氣。蓋土地的壟斷投機炒作容易賺錢，使得資金大量流入房地產市場，這樣不僅會扭曲資金市場的正常運作，阻礙正常的投資活動，同時也很可能抬高利率，提高資金的使用成本，進而萎縮生產活動。例如，農民本性勤奮樸素，其生活多為日出而起，日入而息，終年勤耕精耘，努力生產。雖其收益有限而只能求得溫飽，但也毫無怨言，默默為生產而努力。但是有一天眼看土地投機者坐享鉅利，回想自己日日辛苦而所得無幾，心裡一定頗不是味道，進而會

懷疑自己為何而辛苦，為何而勞動，實在太不值得了。因而逐漸厭惡勤勞工作的生活，何況自己的農地在其睡眠中亦在增值，則只出售了幾坪農地就可以舒舒服服地生活一年，即使年年售地維生，一輩子也賣不完其農地，於是決心不再日日辛勞，乾脆等待享受農地變更使用時的漲價利益，待價而沽，於是不再勤勞耕耘了。

上述情形，雖不是普遍的現象，但土地投機炒作果如盛行，難免引發上述情形。假設土地漲價繼續進行，主管當局又不實施強力有效的打壓措施時，沒有人敢保證絕不產生上述有損勤勞樸素的優良社會風氣，後果堪慮。

4.擴大所得分配不均，易於引發社會不安

如前述，地價上漲時地主的資產價值隨之增大，而此等財富的增大非因地主實施投資改良而增加，事實上大都係因為經濟發展及社會進步而產生者，則如彌爾（J. S. Mill）所說：「地主的財富在其睡眠中亦在增大」註 8，因而造成巨大的不公平。所以彌爾主張，應將此項不勞而獲的利得，收之歸公，還原於社會由大眾共享，以符社會正義原則。

追求利潤為從事經濟活動的主要誘因，即為了獲取更多的利潤，使得每一個經濟人都能不辭辛勞地努力工作，因而促進社會進步與經濟發展。換言之，利潤是進步的誘因，所以爭取利潤是一種正常的行為，也是企業行為的正當報酬。但從事土地投機炒作係以製造人為稀少藉此抬高地價，坐享土地增值，這既非正常的經濟行為，也違背了企業的社會責任，卻以提高社會成本（土地飆漲）的途徑以獲取額外利益（土地增值），的確有違公平與公正原則。惟因土地漲價利益金額龐大，不僅引誘不少人從事土地投機炒作的行業，其中真正獲取鉅利者也不在少數，所謂土地暴發戶者乃時有所聞。

土地如經投機炒作將加速地價上漲，使得土地炒作者的財富累積愈多。但薪資階級如欲購屋，其購屋負擔勢必加重，如係租屋者其租金支出亦將加重，如係一般消費者卻因物價上漲使得其生活費支出加重，於

是造成富者愈富，貧者愈貧的不正常局面。這不僅違背了平均地權土地制度的原則，也使財富分配愈趨不均，因而增進社會的不安。

5.延緩公共建設，妨礙生活環境之改善

人口愈聚居，社會愈進步，所需要的公共設施種類愈多，規模亦愈趨擴大，於是所需公共建設用地也愈增大。諸如道路、學校、公園、廣場、運動場、醫院、市場、動物園、垃圾處理場、焚化爐、污水處理場、公墓等等，均與人民生活具有密切的關係，亦為不能或缺者。惟地價一旦上漲，此等公共建設用地的取得成本隨此增大，在一定的建設預算額度的情況下，其能興建的公共建設將隨著地價上漲而縮小，這樣勢必影響都市的居住環境品質順利提升。

如再予考慮地價上漲將推動物價上漲的副作用，公共建設成本亦將隨著地價上漲而提高，使得公共建設的負擔加重，因而延緩公共建設的興建進度，進而阻礙都市服務性公共設施的改善。

6.資金大量流入房地產市場，扭曲正常的資源分派

地價上漲，使得投資房地產有利可圖，大量資金勢必湧入房地產市場從事土地炒作，以致正常生產事業所需資金相形見絀，很可能導致利率上升，提高生產成本，降低利潤率，使得投資萎縮，減少就業機會，不利於經濟發展。雖然房地產業的熱絡也許有利於建築投資，惟因房價升高，需要自用住宅者，大都買不起住宅，而買得起者大多非為自用，多半都是為了出租牟利或置產保值者，對整個社會經濟的貢獻非常有限。長此以往，勢必妨礙整個國家經濟的持續發展。

土地增值，大多都屬於不勞而獲的利益，而且非為附加價值，對國民生產都沒有貢獻。如過多的資金流入房地產市場，此對正常的生產活動毫無幫助，卻反而有礙經濟發展的推動，故應設法加以管制。

7.形成泡沫經濟，瓦解整個經濟體系

地價一旦飆漲，由於投資土地有利可圖，由而引發更多的資金湧進房地產市場，使得房地產市場之景氣益呈熱絡，引導更多之資金流入房地產市場，景氣愈趨過熱，促使房地產價格繼續飆漲，並導致物價普遍上漲，造成經濟的不安。此際，擁有房地產者，雖然其財產價值日益增大，惟非為真實價值的增大，而係一種虛胖，誠如泡沫，實在非常不穩定。有一天，此項泡沫經濟一旦崩潰，將導致整個經濟體系的瓦解。此際，手中擁有土地者，尤其以高價購進土地者或以高價收取土地為抵押品者，勢必蒙受巨大的損失，甚者，也可能引發新的經濟社會的紛亂，局面極為危險。

總之，地價上漲，雖非毫無益處，但衡量其影響的利弊得失，結果還是漲價的害處大於益處，而此際的受害者，通常都是占了總人口極大比例的市井小民，甚至將威脅他們的生活安全，實在不能不設法加以防範。

四、抑制地價上漲之措施

在完全競爭的社會裡，市場地價與收益地價理當趨於一致，亦即沒有李嘉圖所說的「地租」的存在，這也可以說是一種理想的社會。但現實的社會乃一種不完全競爭的市場，市場地價與收益地價通常互不一致，而且在持續發展的正常社會裡，市場地價通常都略高於收益地價，這也可以說是一種正常的情況。假如兩價之間的差距並不很大，主管當局也許沒有必要推動地價穩定政策或措施。但市場地價一旦飆漲，使得市場地價與收益地價之間的差距大幅擴大，其可能引發的負面影響必定非常巨大。此際，執行地價行政的主管當局理當不可再袖手旁觀，而應該設法抑制市場地價繼續上漲，免得整個經濟體系受到損害，並妨礙地盡其利、地利共享的社會福利目標。

由於市場地價乃決定於土地市場的供求關係，故研擬抑制市場地價的上漲措施，當可由增加土地供給量及降低土地需求量等兩方面分別加以進行，方能獲取預期的效果。茲擬先就如何增加土地供給量的措施，提出下列的探討。

㈠開發新社區或新市鎮，增加住宅用地之供給

於都市郊區或都市邊緣地區，選擇適當地點，開發新社區或新市鎮，藉此開發新的住宅用地，以增加住宅用地的供給量，抑制周邊地區地價飆漲。一般而言，新市鎮的規模大於新社區，故新市鎮的開發費時較久，對抑制地價上漲的功能比較緩慢，而新社區的開發，比較容易取得立竿見影的效果。例如，臺北市舊木柵區的一四〇高地係以區段徵收開發為萬芳社區，增加不少的住宅用地，是一個成功的實例，對穩定臺北市地價也發揮了不少功能。

㈡實施空地限期使用，以資增加建地供給量

地價與物價的差異點之一係物價的上漲通常是普遍性的，各地一律上漲；但地價的上漲，顯然具有地區差異性或空間差異性。即地價上漲時並非各地區的上漲幅度一律相同，實際上係有些地方的地價上漲幅度特別偏高，有些地方的地價上漲幅度並沒有特別偏高，而有些地方的地價上漲幅度非常微小，甚至根本不上漲的情況也有。是以，空地限期使用的規定，可選擇地價上漲幅度特別偏高的地區實施，強迫其限期建築使用或售與他人建築使用，藉此增加房地產的供給量，抑制房地產價格上漲。

所謂空地，按現行平均地權條例的規定：係指已完成道路、排水及電力設施，於有自來水地區並已完成自來水系統，而仍未依法建築使用，或雖建築使用，而其建築改良物價值不及所占基地申報地價10%，且經直轄市或縣（市）政府認定應予增建、改建或重建之私有及公有非公用建築用地。在地價高漲地區，可指定範圍命令空地實施限期建築使

用，逾期不使用者課徵空地稅，課徵空地稅後經過一定時限，如仍不使用者，實施照價收買，由政府轉售與有意興建房屋者使用，藉此增加房地產供給量，並抑制房地產價格之繼續上漲。註 9

㈢辦理市地重劃，藉此增加建地供給量

都市計畫區內已發布細部計畫而具有發展潛力之地區，各主管機關得報經上級機關核准後辦理市地重劃，藉此增加建築用地供給量以穩定地價之上漲。蓋都市計畫乃依據現在及既往情況，並預計二十五年內之發展情形而訂定，註 10 故其開發有先後緩急即有優先次序，是以並非都市計畫區全面同時開發。市地重劃係由土地所有權人無償提供最多 45% 的土地，供作興建公共使用之道路、溝渠、兒童遊樂場、鄰里公園、廣場、綠地、國民小學、國民中學、停車場、零售市場等十項用地，以改善區內建築用地之環境條件，提高建築用地之利用價值。市地重劃之重劃費用，均由參與重劃的土地所有權人按其受益面積的比例分攤，故政府可免費取得上述十種公共設施用地，使其開發經費得以節省不少。而公共設施的完備，使得原來不適合建築使用的建地有利於興建住宅，所以市地重劃的實施，能使在財政支出最少的情況下，提供相當數量的建築用地，而有助於抑制建地價格的飆漲。

㈣低度利用之老舊房屋實施更新重建

地價上漲，具有促進土地利用之作用。當地價仍然偏低時，按建築法令之規定，縱令可以興建四、五層樓住宅或甚至可以興建七、八層樓住宅的建地，亦都只興建平房或者二、三層樓住宅，而很少興建至法令許可的最高樓層。但當地價上漲時，此等低層樓房便形成土地的低度使用而有違資源的有效利用原則，故可辦理更新實施重建。此際，此等低度利用的建物若屬於老舊房屋，由於其拆除成本偏低（包括原有建築之利用價值），更加容易實施更新重建。此等更新重建，因可提高容積率，增加住宅的供應量，無形中也有助於促進房地產價格的降低。

㈤獎勵遷廠，將原有廠地改編為住宅用地

都市計畫區的住宅區內，時常可以見到零星工廠之設置，其中，不少為所謂污染工業的工廠，時常排放煤煙、污水、臭氣等，造成空氣污染、水污染、噪音等公害，有礙居住環境品質，甚至損害人民健康，確有必要令其遷廠，移至他處。惟此等工廠，大都為早期奉准設置之合法工廠，依法殊難強迫其非遷廠不可，但的確有礙市容觀瞻，亦有損居住環境品質，最好能夠鼓勵其自動遷廠。惟於地價飆漲時，此等土地若繼續做工業使用，顯然形成土地低度利用現象，違背了土地有效利用原則。此際，若能鼓勵此等工廠遷移他處，並准予將遷廠後的工廠用地改編為住宅用地或商業用地，這樣不僅有助於居住環境品質的改進，同時亦可增加建築用地的供給並抑制地價上漲壓力，誠可謂為一舉兩得的辦法。

地價高漲時，通常為市區零星工廠辦理遷廠的最佳時機。遷廠固然必須花費鉅額的遷廠費用，但原有工廠用地如能改編為住宅用地或商業用地等，因其地價水準一轉眼勢必上漲好幾倍，對廠主頗為有利。此項土地變更用途的利益，通常可抵銷遷廠的全部費用甚至尚能創造不少的剩餘利益，對廠主言，可謂為樂此不疲的辦法。何況獎勵遷廠的措施，常常尚配合一些稅賦減免措施，對廠主十分有利，同時亦有利於抑制地價上漲，當可予鼓勵。

抑制地價上漲的辦法，通常都著重於增進建地的供給措施。但若能從減低建地需求方面加以努力，雙管齊下，這樣將更能加強地價上漲的抑制效果。減低土地需求的作法，其常用者，計有下列幾項：

㈠降低金融機關對土地投資之資金比例

金融機關持有之資金必須負擔成本，故金融機關若有貸不出去的資金時，往往將其資金投資於土地或房地產，期待其增值，以彌補其利息負擔甚至賺取更多的增值利潤。通常採取此法者，以保險公司為多。蓋

保險公司每天皆有保險費之收入，其數額龐大且必須加以運用，以資負擔保險金之支出以及賺進利潤。就經營理論而言，保險公司的此種投資策略，固然無可厚非，惟其資金規模巨大，如各個保險公司都積極參與房地產市場，大量實施土地投資，很容易帶動地價之巨幅上漲，尤其是景氣看好時，保險公司的資金運作，誠有加速地價暴漲之作用，故應該設定適當的管制措施。保險公司對土地及房地產之投資，其資金比率理當有某一適度的限制標準，尤其在地價飆漲時，可酌量降低其比率，藉此減低土地的需求壓力。

㈡限制非以建築利用為目的之購地融資

地能盡其利，方能享受共享地利的效益。購地如為興建房屋或住宅，無論其目的為自用、出售或出租，對社會均有貢獻，理當加以鼓勵，並由金融機關提供資金協助其投資興建。蓋興建住宅等於提高土地利用強度或土地利用效率，同時亦可帶動建材行業之繁榮，增加就業機會，增加國民生產毛額，促進經濟發展，但如買進素地，不經任何投資改良，再將素地賣出，對國民生產毛額根本沒有任何貢獻，而只在炒作土地，製造人為稀少壟斷土地，抬高地價，賺取土地炒作利益，有礙社會經濟的發展。對此類的購買土地，理當不給予金融機關的融資協助，以防土地炒作，抑制地價飆漲。這樣一來，當有助於抑制土地需求的增加壓力。

㈢加重法人土地買賣利益之稅負

一般而言，公司行號等法人之資金雄厚，企業之經營管理人才眾多，資訊豐富，其競爭能力當為個人所不能及者。尤其在土地市場的運作而言，個人的能力遠不如法人，加上法人於土地買賣時所支費用，均可藉經營費用的名義將其自營利收入扣除，增加購地收益。又法人財產之移轉，可藉股份之轉讓，而無須如個人財產的繼承，必須負擔沉重的遺產稅，其條件猶優越於個人。但於土地買賣時，如有盈利，法人和個

人一樣，均只負擔其應繳納的土地增值稅便可，而無須再負擔其他任何稅賦。由於土地增值稅之有效稅率偏低，買賣土地有利可圖，故大都大宗的土地買賣都由法人經手，尤其在土地市場情況看好時，法人對土地買賣交易特別熱衷，對增加土地需求的影響特別巨大。

但上述現象顯然非常不公平。法人從事土地買賣，如有盈利時，除了繳納土地增值稅以外，亦必須負擔營業稅，表示其對營業行為負責。如繳納營業稅及土地增值稅以後尚有盈餘者，亦應合併於其他營利事業所得，依法課徵營利事業所得稅，以符公平競爭的原理，並有效抑制非生產性的土地需求。

㈣強化土地增值稅之徵稅效果

由於作為計算土地增值額依據的公告土地現值通常低於土地買賣價格，平均約為市場地價的一半，使得土地增值稅的有效稅率僅為名目稅率的五成左右，使得 70% 以上的土地增值歸私，買賣土地有利可圖，導致非生產性的土地需求大幅增大，助長地價的飆漲至巨。又現行的公告土地現值於每年元月一日公告，並一直援用至次年的十二月三十一日為止，如在該期間內買進土地後再將其出售，縱令可獲取鉅額的轉讓增值，亦因公告土地現值尚未調整，而可合法地免徵土地增值稅，造成漲價歸公的巨大漏洞。因買賣土地確有鉅額利益，勢必助長土地需求，抬高地價。為此必須改進並強化現行土地增值稅制。如土地增值額之計算須改以實際交易價格為準，藉此提高土地增值稅之有效稅率，同時亦可消弭土地短期買賣合法免徵土地增值稅的缺點。這樣不僅可提高漲價歸公的政策效果，同時亦可抑制非生產性的土地需求，而有助於穩定土地市場。

當出售土地時，改按實際買賣價格核算增值額，課徵土地增值稅，乃天經地義的措施，當無庸置疑。但很可能產生下列不公平現象，宜預先研究對策為宜。

現在地主持有的土地如經價購取得者，其地價可能多為買高報低，

購地原價低於交易價格。蓋購地當時的售地者為了減輕應繳的土地增值稅，其申報的土地移轉現值非為實際交易價格，而多按當期公告土地現值申報。這樣，其土地增值額可以減少，並可減輕稅負，但購地者雖以市價買進土地，惟取得原價卻低於交易價格的公告土地現值。在此情況下，日後土地增值額之核算如一律改按實際交易價格為準時，此等地主出售土地卻必須增加負擔，以往買高報低部分的增值稅，對售地人非常不公平，亦頗為不合理。蓋此等售地人實際上並沒有享受買高報低部分的增值額，而係他們支付的地價。換言之，地主購地時支付地價的一部分，竟變成土地增值，而須由售地者繳納土地增值稅，誠頗為不合理，而必須研議合理的解決對策。

㈤開徵空地稅並擴大空地稅之徵收區域

實施空地之限期建築使用，逾期不建築使用者課徵空地稅，這樣固可增加土地及房屋的供給量而有助於抑制地價上漲。但從另外一個角度言，空地稅制度之實施，等於增加土地保有成本，降低土地買賣利益，抑制待價而沽的行為。故空地稅的開徵及擴大其實施範圍，係等於加重土地買賣成本，降低土地交易利益，所以有助於減少非生產性的土地需求，減輕地價的上漲壓力。

然依現制，空地稅並不能發揮其政策功能。蓋空地稅係屬於地方稅，其稅收須編入縣市年度預算。故空地稅之徵收，須經縣市議會的同意。如其稅收預算遭議會否決，便等於否決了空地稅的徵收。亦即無法實施空地的限期建設使用。而從以往的經驗言，空地稅的徵收，通常都很難取得議會的同意，使得空地稅制的政策功能只好落空，不勝遺憾。

 本章註釋

註 1　歐陽勛，《經濟學原理》，三民書局，頁 478。

註 2　每單位糧價升至 $8\frac{1}{3}$ 元時，優等地的產量理當增加並超過 70 單位，地租總額亦略大於 $83\frac{1}{3}$ 元。

　　　但為說明方便起見，茲假設，產量並沒有變化，而仍維持 70 單位。

註 3　同註 2 所述道理相同，單位糧價升至 10 元時，中等地的產量理應增至 60 單位以上（假設成本曲線不變時），地租總額亦將略大於 100 元。但茲為說明方便起見，假設產量仍維護 60 單位。

註 4　同註 2 所述道理相同，單位糧價升至 10 元時，優等地的產量理應增至 70 單位以上（假設原來的成本曲線沒有變動），地租總額亦將略大於 200 元（茲假設產量仍維持 70 單位）。

註 5　二期稻作的產量平均少於一期稻作大約二成。

註 6　不包括家工費用。惟缺乏家工價值之資料。

註 7　A.B.Lewis, *An Economic Study of Land Utilization in Tompkins County*, New York, Bulletin 500, April 1934.

註 8　J.S.Mill, Prineiple of Political Economy, 1848，日譯本，《經濟學原理》，末永茂喜譯，岩波書店，第 5 分冊，頁 56。

註 9　平均地權條例第 3 條第 7 款暨同條例第 26 條。

註 10 都市計畫法第 5 條。

Chapter 5

土地估價

第一節　為何需要土地估價

一、需要土地估價之理由

　　如眾所周知，土地為自然所賦與，非以人力生產出來的，所以沒有生產成本，故價格的掌握困難。加上，形成土地的質地、地形、地貌等均非等質性，個別土地之間的差異頗大，每一塊土地所提供的效益差距亦大，而無法應用一物一價原則，而形成一地一價的情形。所以縱為土地所有權人或自用住宅的屋主，也不一定很清楚自己土地的價值究竟值多少？亦即，大都地主都不知道自己土地的正常價格，故於出售土地或出租土地時，亟想了解其土地的價格行情，則其土地至少值多少錢，或一年租金至少多寡方合理等。為之，需要具有土地估價專業知識的估價人員提供服務，評估公正客觀的正常地價，幫助土地交易，使得土地市場得以順利運作。

　　隨著人口增加、社會進步、工商業發達、經濟進步以及都市化趨勢的擴大，土地市場也跟著熱絡起來，土地交易案件日漸增多，社會對土地估價的需求也隨之增大。則不僅購地者需要專業估價師為其實施土地估價；售地者亦有此需要；辦理土地抵押貸款的金融機關更有土地估價的需求；政府為了課徵土地稅亦有實施土地估價的必要。故土地估價的需求將隨著經濟發展，勢必愈來愈多。尤其都市化趨勢促使大量人口集中於都市，使得地價水準日漸上揚，寸土寸金的情形到處可見。而於實際買賣土地時，賣方都想能夠賣高一點，買方卻都期待能夠便宜一點，則雙方都盼望有一個公正客觀的標準地價以資參考。故對具有充分科學化及專業化的土地估價師的需求，則愈來愈增大。

目前，社會各界對土地估價的需求非常廣範。其中，政府的課稅目的估價及土地徵收補償目的估價的需求，可謂為最大宗。其次為金融機關對抵押土地的估價以及營建業界的購地以及合建目的的估價。尚有標售或處分國有土地時的估價亦有相當大的需求以及私人土地買賣時的估價需求亦逐漸在增大。此外，實施農地重劃或市地重劃時，為了辦理土地交換或處分劃餘地等時亦需要辦理土地估價，尚有法院拍賣不動產時亦有實施土地估價的需要。就此而言，政府機關對土地估價的需求大於民間的需求。但民間對土地估價的需求亦隨著社會進步以及經濟發展，正不斷地在增大。

現行地價稅係按申報地價課徵。則政府規定地價或重新規定地價時，註1 土地所有權人最高得按其公告地價之百分之一百二十，最低得按百分之八十申報，據此課徵地價稅。土地所有權人未於公告期間申報地價者，以公告地價百分之八十為其申報地價。註2

依平均地權條例第十五條規定，直轄市或縣（市）主管機關辦理規定地價或重新規定地價之程序如下：

> 1.分區調查最近一年之土地買賣價格或收益價格。
> 2.依據調查結果，劃分地價區段並估計區段地價後，提交地價評議委員會評議。
> 3.計算宗地單位地價。
> 4.公告及申報地價，其期限為三十日。
> 5.編造地價冊及總歸戶冊。

其次為公告土地現值。則出售土地時如有增值收益，依法應課徵土地增值稅。此際，土地增值額的計算係以於每年元月一日（原規定為每年七月一日）公布的公告土地現值為最低售價之基準。又對繼承土地遺產時課徵遺產稅及贈與土地課徵贈與稅時，其課稅地價亦均以當期的公告土地現值為準。此外，政府因公共建設需要徵收私有土地時，其地價

補償概以當期公告土地現值為原則。只有關公共設施保留地的徵收，其地價補償以徵收當期毗鄰非公共設施保留地之平均公告土地現值為準，必要時得加成補償之。但加成最高以不超過百分之四十為限。註3 縱令如此，土地徵收之地價補償仍以公告土地現值為基準，是以公告土地現值的使用場合相當廣泛。

上述各項，於現行平均地權條例均有明確的規定。按該條例第四十六條規定：「直轄市或縣（市）政府對於轄區內之土地，應經常調查其地價動態，繪製地價區段圖並估計區段地價後，提經地價評議委員會評定，據以編製土地現值表於每年元月一日公告，作為土地移轉及設定典權時，申報土地移轉現值之參考；並作為主管機關審核土地移轉現值及補償徵收土地地價之依據。」另在該條例施行細則第六十三條規定：「直轄市或縣（市）政府依本條例第四十六條查估土地現值時，對都市計畫公共設施保留地之地價，應依下列規定辦理：一、保留地處於繁榮街道路線價區段者，以路線價按其臨街深度指數計算。但處於非繁榮街道兩旁適當範圍內劃設之一般路線價區段者，以路線價為其地價。二、保留地毗鄰土地均為路線價道路者，其處於路線價區段部分依前款規定計算，其餘部分，以道路外圍毗鄰非保留地裡地區段地價平均計算。三、保留地毗鄰土地均為路線價區段者，其處於路線價區段部分依第一款規定計算，其餘部分，以道路外圍毗鄰非保留地裡地區段地價平均計算。四、帶狀保留地處於非路線價區段者，其毗鄰兩側為非保留地時，以其毗鄰兩側非保留地之區段地價平均計算，其穿越數個地價不同之區段時，應分段計算。五、前四款以外之保留地，以毗鄰非保留地之區段地價平均計算。都市計畫公共設施保留地之地形、地勢、交通、位置之情形特殊，與毗鄰非保留地顯不相當者，其地價查估標準，由省（市）政府定之。」

國有非公用財產類之不動產符合規定者註4 得予讓售，讓售價格得參照公定價格為之。所謂公定價格係指直轄市、縣（市）政府公告之當期公告現值，或直轄市、縣（市）不動產評議委員會評定之當期標準價

格，或其他經政府規定之價格。註5 又非公用財產類之空屋、空地、並無預定用途者，得予標售。註6 標售價格依規定不得低於當期公告土地現值。可見，公告土地現值的使用機會頗為廣範。惟為辦理國有財產之估計事宜，國有財產法第十六條規定：「財政部國有財產局設國有財產估計委員會，為國有財產估價機構；其組織由財政部定之。」此外，臺北市政府設有「市有財產審議委員會」其審議事項包括，非公用不動產處分方式及價格之審議；高雄市政府亦設有「市有財產審議委員會」其審議事項包括，市有非公用房地處分方式及價格之審議。可見，非公用土地處分時，其價格的評估非常重要，故均設有專責機構辦理估價事宜。

隨著經濟發展之推進，金融機關辦理不動產抵押貸款的情況愈來愈多，使得辦理土地估價的機會增多，亦顯得非常重要。就申請抵押貸款的借款人而言，能夠融通愈多的資金愈方便，但就貸款的銀行而言，必須正確評估抵押的土地價值，照此價值貸給合理的成數，以資維護貸款的安全性。當然，貸款的成數愈低，對銀行言，將愈能保障債權，回收比較安全。惟對借款人不利。故在劇烈的金融競爭的情況下，借款人將另找其他行庫，使得此項貸款業務無法成立，有礙銀行經營順利進行。反之，如貸款成數偏高，雖對借款人有利，但對債權的確保非常不安全，如遇到地價下降，借款人可能賴帳不還款，而抵押品的價值不夠抵付貸款金額，導致銀行產生巨大虧損，問題十分嚴重。幾年前（1996年前後）於日本產生的金融風暴，導致有些銀行破產，主要由於一九九○年前後的泡沫經濟，這些銀行大作不動產放款業務，貸款成數偏高，而後來房地產景氣下降，由而遭受極大困境，產生很大的虧損，其中情形比較嚴重的銀行，便不得不倒閉矣。綜上可知，金融機關辦理土地抵押的估價工作非常頻繁，也非常重要。

土地重劃（Land Consolidation）包括市地重劃及農地重劃兩種，為改進土地結構，促進土地有效利用主要辦法之一種，實施的機會愈來愈多。辦理重劃時，常需實施土地的交換分合，此際必須實施土地估價，俾利於土地交換分合各土地所有權人的權利價值多寡有出入時，便於實

施多退少補，使得土地交換分合的工作得以順利進行。按農地重劃條例第二十一條第一項規定：「直轄市或縣（市）主管機關應於辦理重劃時重新查定重劃區內之單位區段地價，作為土地分配差額、補償之依據。」又於市地重劃實施辦法第二十條規定：「重劃前、後之地價應依下列規定查估後，提請地價評議委員會評定之。一、重劃前之地價應先調查土地位置、地勢、交通、使用狀況、買賣實例及當期公告現值等資料，分別估計重劃前各宗土地地價。二、重劃後之地價應參酌各街廓土地之位置、地勢、交通、道路寬廣、公共設施、土地使用分區及重劃後預期發展情形，估計重劃後各路街之路線價或區段價。」可知，辦理土地重劃時，土地估價為一件非常重要的工作。

隨著社會進步，工商業發達，交通資訊業務顯得愈重要，交通網的建立及鐵公路的建設均具迫切需要，是以交通用地的需求也跟著增大。一般說來，地價有繼續上漲趨勢，不僅交通用地的取得困難，所需建設經費亦十分龐大，故乃有交通建設採公辦民營（Built Operate Transfer，簡稱 B. O. T.）的作法。為了配合此等需要，政府乃制頒了「獎勵民間參與交通建設條例」、「土地開發配合交通用地取得處理辦法」、「大眾捷運系統土地聯合開發辦法」、「大眾捷運系統路線使用土地上空或地下處理及審核辦法」等法令規章，以便應用。依大眾捷運系統土地聯合開發辦法第九條規定，聯合開發之用地取得以協議為原則。為此，主管機關必須事先做好用地的估價，以便與土地所有權人洽商，辦理聯合開發。又依大眾捷運系統路線使用土地上空或地下處理及審核辦法第九條規定，大眾捷運系統路線穿越部分使用之空間範圍，如有設定地上權之必要時，應由需地機構另行通知土地及建築物所有權人進行協議。此為區分地上權的觀念，是配合土地的立體利用而產生。於此，為了執行此等業務，土地估價便顯得特別重要。

與上述聯合開發類似的情況，則民間常用的所謂「合建」的營建方式，即建商與地主共同出資興建房屋，然後再按雙方出資比例分配興建完成的樓地板面積的建物。換言之，由地主提供建屋基地，並以其地價

總額作為出資金額；而建商係以房屋建造費用（土地以外的建造費）作為出資額，雙方再按各人的出資比率分配同比率的樓地板面積。此際，最重要的一件事便是正確評估地主所提供建地的價值。蓋如果估價偏高，當然對地主有利，但對建商卻為不利；反之，假如估價偏低，固然對建商有利，但對地主卻為不利，使得合建的辦法將很難成立。欲使合建的計畫得以順利進行，必須客觀、公正、正確地評估地主所提供建築基地的價值，使得地主及建商雙方均得以接受。故此際的土地估價將顯得特別重要。如能夠建立良好的土地估價師制度，發揮高度的專業能力，博取社會的信任，對今後合建方式的推行，必有很大的幫助。

假如買賣土地的總金額不大，通常都由買賣雙方自行評估經討價還價，直至兩方的主觀價值相等時，便可成交。所以很少另請專業的估價人員代為評估，以節省估價的費用負擔。但金融機關或公司企業購買辦公行舍時，大都選擇繁榮街道區位，樓地板面積較大，交易金額龐大，故稍有一點價差，將大幅影響交易總金額，在買賣雙方都不願意有所吃虧的情況下，通常都會委託專業的估價機構評估土地或房地產價格，俾利買賣得以順利進行。故不僅為公營事業機構甚至民間企業行庫等，對土地估價師或不動產估價師的需求，亦在逐漸地增大。

臺灣的農業大都採取村落式農業（village agriculture），則農民集中居住於村落，耕地通常分布於村落四周，鮮少採用農場型態的經營方式（farm agriculture）。所以農地買賣通常都採取以垃塊為單位。由於每一垃塊的面積不大，交易金額亦不怎麼龐大，加上買賣雙方對農地的生產力大多相當了解，故通常都不另聘請土地估價專業人員代為估價，而由買賣雙方經討價還價直至雙方的主觀價值相等時便可成交，對土地估價人員的需求不大。

但大規模農場或牧場或果園的買賣，由於其買賣金額龐大，加上買賣價格是否充分反應農場的生產能力或收益能力，與日後的經營成敗息息相關，故必須正確掌握買賣價格與經濟地租之間的關係。換言之，必須充分了解農場的生產能力或收益能力，免得因買賣價格過高，導致日

後經營發生失敗的情況。例如，第三章第三節之三所述，如果市場地價高於收益地價，即使勤奮努力經營農場，總是無法產生收益，結果必歸失敗而不得不放棄該農場的經營。一九三〇年代於美國紐約州湯普金縣（Tompkins County）所發生的廢棄農場（abandoned farm）的情況，便是在不了解農場的生產能力的情況下，買進自認廉價的農場，惟因買賣價格遠高於收益價格，以致愈經營愈賠錢，使得債臺高築，最後不得不放棄該農場，因而產生廢棄農場的情況。為之，於購買大規模農場或牧場或果園等從事經營時，為使日後經營得以成功，的確有必要聘請專業的農地估價人員，正確掌握農場的生產能力，評估正常合理的價格，使得日後經營得以順利進行，謀求事業成功。

二、土地估價之基本事項

當實施土地估價之前，必須事先確定供作查估標的之土地、查估那個時間的價格、以及價格（或租金）的種類。土地估價所要評估的價格，並非查估標的土地的籠統的地價，而係評估特定土地於特定時間的某特定種類的價格。確定該查估標的之土地為土地估價師或土地估價人員於查估地價時，首先應予確定的作業。底下擬依次略加說明。

㈠確定估價標的之土地

實施土地估價之前，必須先確定估價標的的土地。於確定估價標的土地時所需要的勘估條件，稱為「標的確定條件」。標的確定條件的內容包括估價標的土地的坐落位置、範圍四至等所需基本條件以外，因應估價委託人之要求，尚包括下列等項：

1. 獨立鑑定估價

不動產乃包括土地與建物，即由土地與建物結合成為房地產者通常稱此為不動產。將此房地產視為只有土地，而對此土地實施估價者稱為

獨立鑑定估價。此種獨立鑑定估價的方式實際上屢見不鮮，則在房地產估價時指定「地上雖有建築物但仍當做素地實施估價」者，便屬於此類型。

2.部分鑑定估價

擬勘估的不動產如由土地與建物結合而成，就其實際狀態而將構成該不動產的一部分作為評估標的時，稱為部分鑑定估價。例如，經評估已做有效利用的宅地、或為評估建物者，屬於部分鑑定估價。

3.合併鑑定估價與分割鑑定估價

將土地與建物合併或將土地與建物分開作為前提，對合併後的房地產或分開後的土地與建物等，單獨實施鑑定估價者稱為合併鑑定估價或分割鑑定估價。這種估價方式於購置或出售房地產時，常被採用。

㈡確定價格日期

價格日期係指決定土地價格的基準日期。因土地價格時常在變動，任何地價均只在其基準日期方為正確。於是代表那一個時間的地價較之於何時實施估價，顯然來得重要。因此，必須確定地價代表的日期。勘估租金時，其價格日期乃以有關收益計算期間的期初為準。

以實施勘估價格的年月日為基準，可分為現在價格、過去價格以及未來價格等三種。能夠確定標的土地，並可以蒐集到估價所需要的因素資料及交易事例資料時，方可以實施過去價格的估價。至於未來價格的估價通常都非常不確定，故原則上多不實施未來價格的估價。

㈢確定勘估的價格或租金的種類

勘估地價時所要求取的價格及租金可分為正常價格和限定價格以及正常租金和限定租金。此外，尚有特定價格但並不常見。勘估地價時，所要求取的價格或租金，通常以正常價格或正常租金為原則。但依委託估價的目的及情況，有時候亦能求取限定價格或限定租金。

1. 正常價格及正常租金

　　所謂正常價格係指具有市場性的不動產（土地）於合理的自由市場可能形成的價格而言。實施土地估價時，必須求取適當的市場價格，此項適當價格主要有正常價格和限定價格。正常價格與因具特別目的致缺乏市場性的情況不同，乃表示一般不動產的正常市場價值。亦即表示，對任何人都可以認同的客觀而普遍性的價值。因此，土地估價時所要求取的價格，原則上皆以正常價格為主，乃係基於上述理由。

　　所謂正常租金係指與正常價格相同的市場概念下可能形成的適當租金（租賃或地上權的租金）而言。

2. 限定價格及限定租金

　　限定價格係指，將不動產與擬取得的其他不動產予以合併，或為獲取其中的一部分不動產而實施分割等，以致該不動產的價值與市場價值兩者產生偏離（指大幅高於市價或大幅低於市價）。亦即，由於市場受到相當的限定時，擬取得的不動產因為市場限定而形成的經濟價值。此際，反映此價值的適當價格便是限定價格。如為下列情況時，便可以求取限定價格：

(1)土地租賃權與租賃地之合併爲目的之買賣案件

　　租賃權與租賃地在同一塊地同時存在，但各自受到某些限制。尤其租賃地的使用收益權已歸屬於租賃權，故此土地將只剩下類似地租徵收權的價格而已。但該土地如由承租人承購，租賃權與地權徵收權將完全歸屬於同一個人，並可回復該土地的市場性，所以能以較之賣給其他第三者更高的價格賣給承租人。由於原有租賃契約的有關限制已不存在，故該土地的價值將可因此而增大。由於此際的承購人為原承租人，即使將租賃地以高於市價購買仍可以成立經濟上合理的價格，同時第三者也沒有參與競購的空間，亦即市場受到相當程度的限制，故稱為限定價格。

⑵合併鄰接不動產為目的之買賣案件

鄰接地的購買，通常都略高於時價的價格成交，縱令不考慮購地者的主觀因素，此種較高的價格行情確有存在的理由。如圖 5-1 所示，設有 A 與 B 兩塊地，A 的地形不佳，臨接道路的情況也不良。但如能購買 B 地即可成為 C 地，其形狀及臨接道路的情況均可得到改善，所以B 地的價格將可超出其單獨存在的現在市價，於是便成為適當價格。

換言之，某一土地所有權人想要購置其鄰接土地時，由於合併後的地價（如：C地的價格）將較之合併前兩塊個別土地的合計的價格（如：A地地價和B地地價的合計）偏高。則該土地所有權人由於合併其鄰接土地而可以提高整塊土地的使用價值，因而可以形成高於可能在合理的市場成立的價格，於是市場便可能受到相當程度的限制。

限定價格乃表示，雖然高於在合理的市場可能成立的價格，但假如仍能產生收益的價格，便可容許該項偏高價格的上限。但導致此項價值的增大，其實應歸功於上述A、B等兩塊地的共同貢獻，故理應按該兩塊地的貢獻程度分配其增大部分的價值。

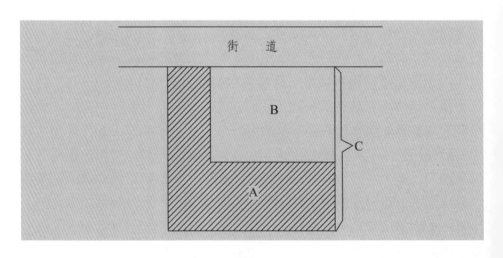

圖 5-1

⑶違背經濟合理性之土地分割為前提的土地買賣案件

此與上述⑵的情況剛好相反。設圖 5-1 的C地由同一人所有，此人擬保留 A 地並將 B 地分割讓售他人。此際 A 地的利用效率勢必下降。是以 C 地的所有人如不能受償 A 地的減價部分，他當不會讓售 B 地與他人。則 B 地的購地人必須增加負擔，即 A 地的減價金額，所以 B 地的地價勢必高於其市場價值，而 B 地的市場將限定於願意負擔 A 地的減價金額的購地者。B地的市場價格加上A地的減價金額的合計，便是以違背市場合理性之土地分割為前提的 B 地買賣價格。

再者，如B地的購買者為其鄰接土地的所有權人時，便與上述⑵的購地情況相同，即與以合併鄰接土地為目的的買賣案件一樣。所以購地人必須比較合併後的價值增加額與分割購買時的負擔增加額，以便決定限定價格。

所謂限定租金係指諸如，因不動產的繼續租賃，以及與其他不動產之合併或分割使用等，以致不動產的價值偏離市場價值，使得該不動產受到限定，在此限定市場所反映的適當租金稱為限定租金。

3.特定價格

所謂特定價格係指，因不動產之特性通常不會成為不動產交易的標的，或因委託目的或條件而不必考慮一般市場性的不動產等，而表示其適當的經濟價值的價格。換言之，所謂特定價格係指不以市場交易為前提的價格，則可以求取，依客觀立場認為合乎特定條件的價格時，所求得的價格。依日本「不動產鑑定評價基準」所例示的特定價格，有下列情況：

⑴對宗教性建築物等特殊建物，實施鑑定估價時。

⑵對依公司更生法，以更生為目的之財產實施鑑定估價時。

⑶當作抵押品而特別需要考慮安全性之鑑定估價時。

所謂宗教性建築物等特殊建築物之勘估鑑價，係指現有建築物依舊保持其現狀繼續存在為前提的鑑定估價。這並不僅指宗教性建築物，而

尚包括具有文化資產價值的民間建築物，以及現在仍然供作公共或公益目的的建築物之鑑定估價。此等標的物之估價特別重視重建費用，故可將依原價法求取之積算價格作為標準。

依公司更生法作為更生目的之財產實施估價時，必須考慮此等標的不動產對公司的更生，究能實施何種管理方式的財產。此際，標的不動產的鑑定估價，似可依收益還原法求取收益價格作為標準。

作為抵押品而必須特別考慮其安全性的鑑定估價時，則對抵押品之不動產實施估價時，融資機關必須求取，由於市場條件的變化或因其他理由，依變賣標的不動產以回收資金確有困難時，融資機關仍能維持債權安全的價格。此際，亦似依收益還原法求取收益價格作為標準為宜。

第二節　區域分析與個別分析

一、區域分析

㈠區域分析之意義

於不動產的鑑定估價時，應先掌握標的不動產的價格形成因素，並作區域分析，再確定標的不動產的最有效利用狀態，俾利求取其價格。按日本之不動產鑑定評價基準規定：「所謂區域分析係指，掌握標的不動產究竟位於何種區域、該區域具有何種特性、此等特性對區內的不動產的利用及價格的形成究具有何種影響力等，作全盤性的分析，並予判斷之意。」

當實施區域分析時，須特別注意的重要區域者有二：其一為從用途立場區分的「用途區域」，其中包括標的不動產者稱為「近鄰區域」，

而不包括標的不動產者稱為「類似區域」。另一為「同一供需圈」係指包括「近鄰區域」與「類似區域」之範圍更大的區域。

不動產因具有區域特性，故並非個別土地單獨發揮功能，亦非各自獨立決定其價格，而係常與其他在用途上具有同質性的不動產形成某一特定區域，並在規模大小、構成內容、功能等方面能與其他區域區別，並由各個區域各自形成某一定的價格水準之特性。

此種區域特性，通常將具體地顯現於區內不動產平均水準的使用情況。而此項平均水準使用情況互相之間的差距，將可以闡明從利用型態觀察區域間的社會及經濟上之位置關係的相對性差異。同時，亦可成為了解該區域不動產價格形成因素的指引，且尚可成為判斷該區域內不動產最有效利用的可靠基準。

再者，當實施區域分析時，亦須掌握當地不動產市場究具有何種特性。亦即調查當地不動產市場之實際狀況以及分析當地一般的交易慣例，確實有效地掌握不動產之交易情形，俾利正確地判斷究竟有沒有投機因素之存在。此際，所謂不動產市場之特性以及一般人的交易慣例等，係指不僅是分析，且透過市場及一般人之行為而觀察，從住宅用地轉變為商業用地時之區域特性，同時亦須分析該不動產市場是否具有景氣過熱現象，以及在此種情況下一般人的行為等，均須於區域分析時一併分析。

又不動產所隸屬的區域並非一直固定不變，而因區域因素的變動，其區域特性、範圍等均有變化的可能。故於區域分析中所謂平均水準的使用，當不宜以靜態觀點予以掌握，而須認識它很可能時時刻刻在變動。因此不可以只分析其現狀，而必須將未來的動向也一併加以分析。亦即必須考慮現在的使用型態，將來是否會繼續維持下去？倘若將來可能變化，究將朝哪一種方向變化等，必須慎重地判斷其演變的動態。

㈡用途區域

1. 近鄰區域

近鄰區域係指，用途區域中將標的不動產包括在內的區域。換言之，為標的不動產所隸屬的用途區域，乃包括於規模範圍均較大的農村或都市裡面者，而供作某特定用途（諸如，居住、商業、工業生產活動等）為主的一集團區域，而對標的不動產價格的形成，乃具有直接影響的特性者稱之。

一種不動產與其他不動產合在一起而形成某一特定區域，係由於它們共同擁有自然條件和社會人文條件的全部抑或其中的一部分，而在該區域裡面的不動產則在用途方面都具有一部分的共同特性。如將此種用途區域與都市或農村比較，在規模方面的確較小。惟在居住、商業、工業生產等方面，卻因其供作某一種特定用途，故在用途方面卻具有一些共同性，而在功能方面亦具有一部分的共同點。因此，區內的不動產將互相具有替代性及競爭性等互動關係，而在價格面亦互相具有一些密切的關聯性。所以就當該區域內的不動產而言，勢將形成某一定的價格水準。於是近鄰區域內的不動產交易案例，在鑑定估價方式的運用上將成為最具有高度的價格關聯性並為最可靠的交易案例的資料。

從客觀的區域分析言，近鄰區域並不能單獨存在，而須由標的不動產及其價格形成因素的分析方法，方能確定其相對範圍。惟為掌握近鄰區域，可藉較為詳細的區域分類，倘能將近鄰區域的同類用途所占的比率提高，將更能提升鑑定估價的精確度。

同時，近鄰區域因係用途區域的一種，故亦必承受形成區域特性的區域因素變化及其動向等的影響，而發生變化。用途區域勢必受到，形成區域特性之區域因素的影響。所以由於區域因素之變化及動向之變動，使得用途區域的價格水準、特性、範圍等，亦必受到相當大的影響。故由於近鄰區域亦在區域因素之變動過程裡面，因此其分析亦必須

採取動態的考察為宜。

當從事近鄰區域的區域分析時，在運用上尚須注意下列各項：

(1)從事近鄰區域的區域分析時，應先確定位於近鄰區域內之標的不動產，然後再掌握該近鄰區域究竟具有哪些特性。此際，須對以標的不動產為中心而向外圍擴展的地區，不斷地反覆調查分析其區域因素，明辨此等區域因素的異同點。為之，必須對近鄰區域及其周邊的其他區域，實施較廣域性的分析。

(2)當於掌握近鄰區域的相對位置，必須比較同一供需圈內類似區域的區域因素和近鄰區域的區域因素，藉此辨別區域因素之間的相對性差距。此外，尚須實施近鄰區域的區域因素和其他區域的區域因素之間的比較分析，俾利應用。

(3)近鄰區域的區域分析係對具有標的不動產在內的近鄰區域有關因素資料加以分析。為之必須掌握，有關近鄰區域的不動產市場和包括近鄰區域在內的更廣大地區的區域因素等，對此實施分析。因此，平常就必須繼續蒐集有關更廣大地區的有關因素資料，並對此實施分析。

(4)為了近鄰區域的區域分析而對其區域因素及市場動向實施分析時，除須對此等區域因素之變遷及動向實施時間系列的分析以外，亦須對該近鄰區域周邊的其他區域的區域因素之變遷和動向，以及其對近鄰區域的影響程度等，確實加以分析。

再者，於確定近鄰區域的範圍時，必須考慮影響土地利用型態以及土地利用方面的方便性等因素。惟在運用上則須特別注意下列有關事項：

①自然環境

(a)河川

河流寬度大的河川有時候會切斷土地、房屋等之連續性及區域的整體性。

(b)山岳及丘陵

與河川一樣，山岳及丘陵除將切斷土地與房屋的連續性與區域

的整體性以外，有時亦將影響日照、通風、乾濕等條件。

(c)地勢、地質、地盤等

地勢、地質、地盤等除將影響日照、通風、乾濕等條件以外，亦會影響居住及商業活動等土地利用型態。

②人文社會環境

(a)行政區域

因行政區域不同，很可能影響道路、自來水和其他公共設施以及學校和其他公用設備等是否完備及其水準。同時，稅賦規費等負擔的差異情況，亦將影響土地利用上的方便程度。

(b)法規上的管制

都市計畫法等法律對土地利用方面的管制規定勢必影響土地利用型態。

(c)鐵路、公園等

鐵路與公園等有時候會切斷土地與房屋等的連續性和區域的整體性。

(d)道路

寬度大的道路，有時候會切斷土地與房屋等的連續性和區域的整體性。

2.類似區域

類似區域係指與近鄰區域具有類似之特性，而在該區域的不動產因供作特定用途為主並具相當類同性的區域。換言之，在無數的用途區域當中，類似區域乃與持有標的不動產之用途區域的近鄰區域，具有類似特性之用途區域之意。就隸屬於該區域的不動產而言，即相當於該不動產的近鄰區域。故類似區域乃具有與近鄰區域特性相類似者為前提以資辨別。

㈢同一供需圈

所謂同一供需圈通常係指與標的不動產形成替代關係，而在價格形成方面卻有具備互相影響關係之其他不動產之區域者。它乃含有近鄰區域的更大的地域，並規定其範圍乃包括，與近鄰區域形成相關關係之類似區域。

一般而言，與近鄰區域同在同一供需圈內之類似區域係謂，無論其是否互相鄰接，將依據其區域因素之類似性，在形成各個區域主體的不動產相互間，將形成替代及競爭關係。其結果，該兩區域之間也可能互相影響。所以當實施鑑定估價時，不僅要有效利用存在於近鄰區域內之不動產有關交易實例資料，同時亦須有效利用存在於同一供需圈類似區域內之不動產有關交易實例的資料。

同一供需圈將因不動產的種類、特性以及規模等不同，其區域的範圍也各有大小之差異，故須依其種類、特性以及規模等，而實施妥適的檢定。

1. 建地

⑴住宅用地

住宅地之同一供需圈，通常具有與能向市中心通勤之範圍互相一致的趨勢。但因地緣關係，其區域範圍有可能略為縮小之情形。同時必須了解，由於地區的名氣、品味等選擇性的強度，有時候亦可能影響同一供需圈的區域範圍。

⑵商業用地

商業用地之同一供需圈，如就高度商業區而言，通常與具有廣大之商業腹地所產生的收益，形成替代關係的區域範圍互為一致的趨勢。故其範圍將因高度商業區之特性而具有擴大化之趨勢。又就普通商業地而言，通常與具較狹小的商業腹地所產生之收益，形成替代關係的區域範圍互為一致之趨勢。但因地緣關係的偏好，有時其區域範圍也可能趨於狹小。

(3)工業用地

就導向港口、高速公路等便利性之基本產業型工業，亦即就工廠用地之同一供需圈而言，通常與能夠有效實施原料、器材、產品等大規模運輸之高度運輸設備具替代關係之區域範圍互相一致之趨勢。故其區域範圍通常具有全國性規模之趨勢。

又就導向市場接近性之消費地導向型工業，亦即就中小工廠用地之同一供需圈而言，通常與產品之生產及銷售等費用之節約具替代關係之區域範圍互相一致之趨勢。

(4)轉用可能地

轉用地之同一供需圈，通常與該土地將來可能轉用的種類相似之同一供需圈互相一致之趨勢。但假如轉用之成熟度低時，將具與其轉用前之土地種類之同一供需圈互相一致之趨勢。

2.農地

農地之同一供需圈，通常將與區位於以該農地為中心而可實施一般的農業生產活動之區域範圍之農業經營主體為中心，且可各自實施農業生產活動之區域範圍互相一致之趨勢。

3.林地

林地之同一供需圈，通常將與區位於以該林地為中心而可實施一般的農業生產活動之區域範圍之林業經營主體為中心，且可各自實施林業生產活動之區域範圍互相一致之趨勢。

4.預期轉用地

預期轉用地之同一供需圈，通常將與該土地將來可能轉用之土地種類同一供需圈之範圍互相一致之趨勢。但假如其成熟度仍偏低時，將與其轉用前土地種類之同一供需圈之範圍互相一致之趨勢。

㈣近鄰區域之區域分析

欲明白近鄰區域之區域特性，如只單獨調查該區域或許不能達到其目的。則必須分析，區域要素以及包括近鄰區域而更廣大的區域，且尚須分析近鄰區域周邊之其他區域之區域因素。同時，經比較檢討位於與該區域特性同一供需圈內的類似區域之區域特性，藉此掌握近鄰區域之相對位置，並判斷該區域的未來展望。

近鄰區域之區域特性，通常將具體地表現於該區域內不動產之標準使用狀況。該項標準使用狀況將成為制定，該區域內各個不動產是否達到最有效利用之基準。

具體言之，所謂區域分析係指為了闡明，該項標準使用狀況之現狀及其將來之動向。諸如，高級住宅區係在大面積之基地上蓋有高品味之建物，而空地部分便設有精緻之庭園；如在辦公大樓林立的街上，便有一連的高樓大廈，美觀的建物群連在一起等，可判斷該區域內不動產之價格水準。

二、個別分析

不動產（土地）的價格，係以其最有效利用的情況作為前提，所掌握的價格為標準而形成者，故於實施不動產之估價時，則必須判斷標的不動產之最有效利用。所謂個別分析係分析標的不動產之個別因素以判斷其最有效利用之意。

於分析個別因素時，須就影響標的不動產之各種個別因素，判斷其對標的不動產價格的形成之影響程度。此際，各種個別因素對價格形成的影響程度，將因用途區域不同而有所差異。故依區域分析而掌握各用途區域的區域特性，藉此判斷其最有效利用。又各個不動產的最有效利用係處於近鄰區域的區域特性控制之下。故於實施個別分析時，尤其必須闡明與近鄰區域內不動產標準使用之間的相互關係。

再者，於判斷不動產之最有效的利用時，除須注意與近鄰區域內不動產的標準使用之間的互相關係以外，亦須注意下列各有關事項：

1. 所謂最有效利用係指，具有良知和一般的使用能力者可能採取的使用方法，而非指天才或具特別能力者，或能力特別偏低者可能採取的使用方法。

2. 非為短期的使用收益，而其收益將來亦能繼續維持相當長時間的使用方法。

3. 能夠充分發揮效用的時期，並非不能預測的遙遠將來。

尤其在區域變化顯著的地區，對判斷轉用可能地或預期轉用地之最有效利用時，對其轉用或變更用途時間的預測，則除分析，包括周邊地區的廣大區域的動向以外，亦須對公共建設計畫之可行性及開工時間與完工時期加以適當的預測，並須作審慎的判斷。

第三節　土地估價方法

土地估價方法，通常有原價法、買賣案例比較法、以及收益還原法等三種。一般而言，當我們判斷財貨的價格時，通常都會考慮下列三項特性：

1. 生產該財貨時，應投入多少費用或成本，即成本特性。
2. 該財貨在市場，究以何種價格交易，即市場特性。
3. 利用該財貨時，能夠獲取多少收益，即收益特性。

上述便是所謂，價格的三面特性。

土地與一般的財貨一樣，亦以此三面特性作為土地估價的基本考慮。則基於第 1. 項的想法，把考慮的重點放在造地費用者，便是原價

法；而基於第2.項的想法，把考慮重點放在土地的交易事例者，便是事例比較法；如基於第3.項的想法，把考慮重點放在土地可能創出的收益者，便是收益還原法。

土地的經濟價值可以用其交換價值的價格予以表示，也可以用土地用益價值的租金予以表示。所以租金多寡的評估，也可以用上述價格的三面特性，供作其基本考慮。

原價法係針對擬獲取的土地所需造價，藉此求取價格或租金的方法。用此法求得的試算價格或試算租金，稱為積算價格或積算租金，並具有供給價格的特性。收益還原法係針對土地可創出的收益，以求取價格或租金的方法。用此法求得的試算價格或試算租金，稱為收益價格或收益租金，並具有需求價格的特性。交易案例比較法求得的價格（或租金），恰如位於上述兩法所求取價格（或租金）的中間，係針對實際的交易案例或租賃案例求得的試算價格或試算租金，稱為比準價格或比準租金，具有市場價格的特性。

如上述，原價法、交易案例比較法、收益還原法等，各具有其特徵，其求得的價格或租金的特性並不相同，並各自具有其優點與缺點。所以，實際運用時必須審慎考慮，尤其於求取適當價格（或租金）時，原則上須併用上述三種估價法，然後再作適當的調整，求取客觀的適正價格。

一、原價法

㈠原價法之意義

原價法亦稱成本法（Cost Approach）係指：「求取估價日期標的不動產（建物與土地）之重新取得價格，而對該取得價格實施減價（折舊）修正，以求取標的不動產之試算價格之方法。」一般而言，勘估的不動產如為建物或基地時，大多採用原價法。則能夠確實掌握重新取得

原價並能適當實施減價修正時，的確是一種有效的估價方法。如標的不動產為土地時，例如，海埔新生地或河川新生地等，因可精確地求取重新取得原價，通常都可採取原價法。原價法亦可用下列方法表示：

> A－B＝C
> A 表重新取得原價，則於價格日期重新生產或重新取得的價格。
> B 表減價額，則標的不動產之物理面、機能面，以及經濟面的減價額。
> C 表積算價格，則擬求取的不動產之價格。

如上式所示，原價法的組織結構非常簡單明瞭。雖然組織結構單純，但並不表示其內容也簡單粗略。原價法主要乃基於替代原則，需要精細的知識與豐富的經驗，並須具備準確的判斷能力的估價方法。

原價法係將企業會計對取得價格實施減價折舊的原理，引進土地估價的方法。其與企業會計不同之處係企業會計減價折舊的對象為取得價格，而土地估價應予減價折舊者為重新取得原價，亦為價格日期之重新取得價格。換言之，前者為既定的價格，而後者為應另予判斷的價格。再者，減價折舊的目的在於，為了精確地實施一定期間內的損益計算而準確地分配取得價格成本，但土地估價的折舊調整係自上限值的重新取得原價，依次扣除價格的減少部分。故此際的減價折舊係只為求取標的不動產的適切價格的手段而已。兩者的目的，在本質上顯有差異。

(二)重新取得原價

重新取得原價係指將現存不動產擬於價格日期重新取得時，所必須適切的原價總額。

惟因建材與施工方法等的改變，使得求取標的不動產的重新取得原價困難時，亦可求取與標的不動產具有同等效用之不動產原價作為替代原價，將其當作重新取得原價。此種替代原價的方法，對住宅等一般性

建物的應用，相當有效。但對寺廟等特殊建物，卻不一定適合，故必須審慎選用。

　　採用興建取得的型態，可分為委託興建與自行興建兩種。通常，前者的方式較之後者低廉。就同一資產言，假如重新取得原價的估算產生不相同，勢必影響估價法的可信性，為了避免此項缺失，通常都依委建型態求取重新取得原價。重新取得原價的求取係設想，受託人對委建人馬上可以提供可供使用之不動產，而由委建人對受託人支付標準建設費用再加上須由委建人直接負擔之附帶費用的合計。

　　土地的重新取得原價係從供作造地原料的填土取得價格，和填土的工程費用，以及須由委託人直接負擔的附帶費用的合計。

　　又建物等的資產，如由於時代的變遷以及技術的進步等原因，即使該建物現在仍然存在著，惟因現在已不再興建此類建物，以致殊難估算其重建費用。如因建材或施工方法等的變遷，致難求取重建取得原價時，便可求取與該標的建物具有同等效用之替換不動產之價格，視為重新取得原價。該項價格亦稱為「替換原價」。

　　求取重新取得原價的方法，有直接法與間接法，必要時亦可將此兩法併用。

1.直接法

　　對構成標的不動產的各部分查明木材、石材、等級、數量以及所需勞工的種類及時間等，依標的不動產所在地各種建材之單價，積算其直接工程費用再加間接工程費用和受託人的合理利潤，據此求取標準的建設費用，另再加須由受託人負擔的附帶費用，這樣便是以直接法求得的重新取得原價。

2.間接法

　　能掌握與標的不動產類似的資產的價格時，將此與標的不動產比較而求取重新取得原價的方法，稱為間接法。具體而言，將位於近鄰區

域，或同一供需圈內類似區域的標的不動產相類似的不動產，如能明確地掌握其興建費用（包括直接工程費、間接工程費、受託建商之合理利潤以及須由委託人直接負擔之附帶費用等）時，仔細分析費用的明細並作適當之補正，必要時再依物價指數實施時間上的修正。然後，再對該類似不動產和標的不動產比較其區域因素和個別因素，據此求取標的不動產的重新取得原價，此稱為間接法。

㈢折舊減價之原因

凡適用原價法實施估價的折舊資產，經年年使用勢必減低其價值。那麼我們應該從何觀點掌握此項減價？又其原因為何？必須詳細予以思考。資產的減價可分為物理的原因、功能的原因、經濟的原因等。惟此等原因並非個別獨立發生，而通常都是互相影響、互相關聯發生的。故須作綜合的分析。

1. 物理的原因

所謂物理的原因係指，由於使用不動產致其產生磨損或破損、或因時間的經過或風雨等自然的作用等，使不動產老舊或損害而須予以折舊減價。假如標的不動產為木造建物時，因經久使用致其產生損傷或破損、馬口鐵的屋頂或跌水等產生腐蝕，都是由於時間的經過及自然作用而須予折舊減價的物理的原因。

2. 功能的原因

所謂功能的原因係指，從不動產的功能方面產生的折舊減價的原因。此種功能的陳舊化係由於建物與基地的配合不適宜、設計不良、形式老舊、設備不足、效率減低等等原因而引起，卻與物理的減價無關。此種折舊減價乃與收益性的降低具有密切的關聯。例如，沒有電梯或空調設備的出租辦公大樓與鄰近具有最新設備的出租大樓比較時，可能只能以很低的租金方有人承租，為常見的案例。

3.經濟的原因

所謂經濟的原因係指，不動產在經濟上已有不適應的情形而產生減價的原因。所謂經濟上不適應的情況係指由於近鄰區域已經衰退、該不動產與其附近環境產生不調和，以及與其附近其他不動產比較時其市場性顯已降低等原因。例如，於高樓大廈林立的區域裡，有獨棟的木造房屋，在環境上確有不調和情況，該建物的價值及其市場性當大幅下降，如與其基地一齊考慮時，不得不將其視為只為單獨的基地考慮，當可認定在經濟上頗為不適合。

㈣減價修正及其方法

減價修正的目的在於，依據減價的原因，從標的不動產的重新取得原價扣除其減價額，以求取適當而正確的積算價格。當實施減價修正時，必須正視前述減價的原因，對標的不動產務必分析檢討其部門及綜合原因以求取其減價額。減價修正的具體方法有「耐用年數法」與「觀察減價法」兩種。惟該兩種方法各有長短，故原則上宜併用該兩種方法為要。

1.耐用年數法

耐用年數法有定額法、定率法、償還基金法等，究竟採用哪一種方法係須配合標的不動產之實際情況而決定之。

不動產的減價具有個別性，則結構及用途相同的不動產有複數個時，也不一定給予相等的減價。例如，位於比較乾燥的高地的木造房屋與興建於濕地的木造房屋，即使兩者的建造年數相同，但其殘餘價值卻未必一樣。惟除了此種物理的原因以外，亦須考慮與近鄰的適應問題。故於使用耐用年數法時，重點不必放在建造年數而宜重視殘餘耐用年數的經濟性，據作適當的判斷。

⑴定額法

定額法係謂於不動產的耐用期間中，每年的減價為一定不變的方法。

設 D_n 表建造年數 n 年時的減價累計額

　C　表標的不動產的重新取得原價

　R　表耐用年數屆滿時，不動產之殘材價額對該不動產重新取得
　　　原價之比率（稱為殘價率）

　N　表標的不動產之耐用年數

　n　表截止估價期日之建造年數

　n′ 表自估價期日以後的殘餘耐用年數

則⑴ $D_n = C\{(1-R)\dfrac{n}{N}\}$

　⑵ $D_n = C\{(1-R)\dfrac{N-n'}{N}\}$

　⑶ $D_n = C\{(1-R)\dfrac{n}{n+n'}\}$

就⑴式而言，係根據建造年數處理的方式，通常適用於建造年數較短的不動產。⑵式和⑶式係把重點放在殘餘耐用年數的方法，對 n′ 的確定最為重要。

⑵定率法

定率法係對每年繼續遞減的不動產殘餘價值乘一定的比率，據此計算每年減價額的方法。其計算步驟如下：

設 r 表耐用年數 N 年時，對其前一年之殘價率 $(r = \sqrt[N]{R}，r' = \sqrt[n+n']{R})$

其他的符號，同前述定額法之符號。依下式可求取減價累計額。

⑴ $D_n = C(1-r^n)$

⑵ $D_n = C(1-r^{N-n'})$

(3) $D_n = C(1-r^m)$

設 S 表欲求取的積算價格，則

$S = C - D_n$

(3)償還基金法

則每年儲存一定金額，並按複利計息，使其本利總額相等於該不動產耐用年數屆滿時之折舊減價累計額。亦即，等於自不動產重新取得原價扣除殘餘價值之餘額。

設 i 表每年減價額之儲蓄利率

其他符號同於前述定額法之符號示意，並可依下式求取減價累計額：

(1) $D_n = n \times \dfrac{C(1-R) \times i}{(1+i)^N - 1}$

(2) $D_n = (N-n') \times \dfrac{C(1-R) \times i}{(1+i)^N - 1}$

(3) $D_n = n \times \dfrac{C(1-R) \times i}{(1+i)^{n+n'} - 1}$

2.觀察減價法

觀察減價法係對標的不動產的各項構成部分的實際狀況實施調查，據此直接求取折舊減價額的方法。例如，對標的不動產調查其屋頂瓦片的破損狀況、基礎部分的下沈情況、牆壁的龜裂狀態、建築設計之優劣以及與附近環境的協調情況等，再依前述減價的原因，則物理的原因、功能的原因、經濟的原因等判斷此等原因對標的不動產價格的影響情形。

此法對減價額的估定係以觀察標的不動產的外形狀態為基礎，故對隨著時間經過而產生的材質的變化等，只靠外表的觀察將為易於忽略的減價原因在所難免，故必須特別考慮。如能與前述耐用年數法併用實施，當為最佳辦法。

二、買賣案（實）例比較法

　　採用買賣案例比較法時，首先須蒐集多數的買賣實例，從其中選出適當的實例，如有必要，則對此等案例實施情況補正及期日修正，並作區域因素的比較及個別因素的比較，對求得的價格再作比較考量，依此求取標的不動產的價格，便為試算價格，乃稱為比準價格。

　　從所蒐集買賣實例價格當中，並非只要求取統計上具中位數意義的價格，而應正確掌握隱藏於買賣價格背後形成價格的結構，並將此反映於標的不動產上面。

　　是以，於近鄰區域或同一供需圈內的類似區域裡面，如有類似標的不動產的不動產交易時，買賣案例比較法便顯得非常有效。然而，在不動產的交易鮮少的地區，如農村地區，買賣案例比較法的適用較為困難。又交易實例鮮少的不動產如大豪宅，亦較難適用買賣案例比較法。

(一)買賣案例的蒐集及選擇

　　買賣案例比較法乃根據實證，求取不動產價格的方法。惟能否依此法求得適正的價格，乃繫於能否蒐集適當的買賣實例。所需買賣實例，須從具備下列各種條件者選取。

1.地區要件

　　須為近鄰區域或位於同一供需圈內類似區域的不動產為要件。如就臺北市言，欲評估東區一帶的住宅，卻蒐集萬華附近的買賣實例，便毫無意義了。故不動產所在地的選擇，實在非常重要。

2.情況要件

　　當不動產進行交易時，可能有某些情況會影響其交易價格。故採用為買賣實例者，其交易情況必須為正常，即使含有特殊情況，亦應限定為能夠補正成為正常情況者為限。

3.個別因素要件

假設標的不動產為木造建物，此際如蒐集鋼筋水泥造的店舖買賣實例，即殊難比較其個別因素，致無法引導出較準確價格。故買賣實例必須能夠比較個別因素者為限。

4.時日要件

當不動產價格上漲時，在大都市及其郊區的住宅價格勢必快速上升甚至飆漲。標的不動產如位於此等地區的宅地時，設蒐集了 10 年前的買賣實例，可能得不到正確的期日修正資料。故買賣實例的交易日期，宜儘量接近估價期日之案例，則在大體上能作相當正確的期日修正者為限。

(二)情況補正

如果認定，買賣實例含有特殊情況且確已影響交易價格時，則須實施適當的補正。故於蒐集買賣實例時，不僅必須了解交易日期及金額等，同時必須查清楚是否為正常的交易、交易有沒有特殊情況存在等。假如交易含有特殊情況時，則必須釐清該交易的內容並應掌握所需的補正資料。

例如，交易動機特殊時，如因故急需大量資金而須儘速脫售不動產時，其買賣價格通常都有偏低趨勢；又如原有店舖因拓寬道路而被徵收時，由於急需購置新店舖，其購置價格通常都有偏高趨勢。此際，都必須實施適當的情況補正。

(三)期日修正

買賣實例的交易期日與標的不動產的估價期日有差異，並認為價格水準有變動時，須將買賣實例的交易價格修正，以符合於估價期日的價格。

對買賣實例的交易價格乘以某一定比率，以符合於估價期日的價格水準，此比率稱為價格變動率。此項變動率的決定，必須蒐集適當的資料並要求正確的判斷能力，尤其必須詳細調查估價對象區域的實際情況。

日本有關地價變動率的參考資料比較完備。則大區域的地價變動資料，乃有日本不動產研究所調查的「市街地價格推移指數表」，而關於不動產價格變動資料，則有國稅局調查的路線價變動狀況，另由各地區不動產協會發表之標準地地價。自一九七〇年建立地價公示制度以後，該公示地價區成為決定地價變動率最常用的參考資料。

在臺灣，於每年七月一日公布（自 2003 年起改為每年 1 月 1 日公布）的公告土地現值為決定地價變動率最常用的參考資料。此外尚有由內政部編印之「都市地價指數」（每年兩輯）及中華民國主要都市地區「房地產交易價格簡訊」等兩種註 7，均為決定地價變動率的主要參考資料。

㈣區域因素之比較與個別因素之比較

蒐集了適當的買賣實例，並經實施情況補正及期日修正後，再經下列兩種比較分析而得到的價格群為基礎，據以求取比準價格。

1. 區域因素之比較

如買賣實例位於標的不動產的近鄰區域者最為理想。但在近鄰區域得不到買賣實例時，或能夠取得的買賣實例太少而不得不蒐集更多的買賣實例時，便可蒐集位於同一供需圈內類似區域的買賣實例。此際的買賣實例因係位於與標的不動產不相同的類似區域，當然其價格水準也不相同。此際，如只比較個別因素，便不能求取作為比準價格基礎的價格，是以須作區域因素的比較。當實施區域因素的比較時，必須詳細地考量區域因素的形成要素（如：氣候條件、社會環境、公共設施配置情形、可及性、公害、景觀等），並須具體地計量區域間之差距。

2.個別因素之比較

比較檢討個別因素^{註8}的異同點，據此導出價格。個別因素的比較方法計有數種，其中最常用者為評分法。但無論如何都須詳細比較買賣實例與標的不動產的個別因素，並作價格差距的計量。

(五)**分配法**

標的不動產如為沒有建築物的基地，而買賣實例為有建物的基地時，須將價格分配與建物和土地，並只將土地部分抽出來，用於評估沒有建物的基地之買賣實例，此法稱為分配法。買賣實例如包含著，與標的不動產同類型的不動產而複合構成不同類型的不動產（稱為複合不動產）時，從此買賣實例的交易價格並依下列方法中任何一種求取，與標的不動產同類型不動產的實例資料的方法，稱為分配法。

1. 從買賣實例的交易價格扣除，與標的不動產同類型以外的各個部分價格，求取與標的不動產類型相同買賣實例資料。
2. 就複合不動產而言，因交易價格或新作投資而得以掌握各構成部分的價格比率時，對該交易價格乘以與標的不動產同類型部分之構成比率，以求取與標的不動產同類型之買賣實例資料。

評估既成市街地中的無建物基地時，買賣實例中幾乎找不到無建物基地的案例。此際，便可利用分配法之評估。

三、收益還原法

㈠收益還原法的概要與特點

收益還原法係依收益法求取標的不動產於將來可能產生的純收益，將其折算為現在價值的總和。換言之，收益還原法乃依所決定的收益與利率，求取不動產價格的方法。

從土地產生的收益對該土地價格的比率，便是利用該土地的利潤率。故如能決定收益與地價，便可決定其利潤率。換言之，此法乃以收益與利潤率作為兩大支柱，而於求取出租土地或一般企業使用的不動產價格時，特別適合且有效。

茲設以 a 代表純收益，另以 r 代表還原利率，則收益還原法的方程式如下：

$$第 1 年收益 a 元的現價 \cdots\cdots \frac{a}{1+r}$$

$$第 2 年收益 a 元的現價 \cdots\cdots \frac{a}{(1+r)^2}$$

$$第 3 年收益 a 元的現價 \cdots\cdots \frac{a}{(1+r)^3}$$

$$\cdots\cdots\cdots\cdots$$

$$\cdots\cdots\cdots\cdots$$

$$第 n 年收益 a 元的現價 \cdots\cdots \frac{a}{(1+r)^n}$$

上述現價的合計便是所要求取的收益價格。設以 P 代表收益價格，其方程式如下：

$$P = \frac{a}{1+r} + \frac{a}{(1+r)^2} + \frac{a}{(1+r)^3} + \cdots\cdots + \frac{a}{(1+r)^n}$$

上式乃以 $\dfrac{a}{1+r}$ 為第 1 項，以 $\dfrac{1}{1+r}$ 為公比的等比級數，由於 n 為無限，故將此代入無限等比級數和的公式 $\dfrac{A}{1-R}$（則第 1 項為 A、公比為 R），則得：

$$P = \frac{\dfrac{a}{1+r}}{1 - \dfrac{1}{1+r}} = \frac{\dfrac{a}{1+r}}{\dfrac{(1+r)-1}{1+r}} = \frac{a}{(1+r)-1} = \frac{a}{r}$$

此為收益還原法的一般方程式，則將純收益以還原利率資本化的一般型態的方程式。

(二)純收益及其計算法

純收益係指歸屬不動產之適當收益。用於收益目的之不動產以及與此有關之資本、勞力以及經營等諸要素相結合而產生之總收益，扣除資本、勞力及經營等按其對總收益之貢獻程度所能獲取的適當分配額，其殘餘額便是應歸屬該不動產之純收益。一般的損益計算，通常都以一年期間為單位，故純收益的計算亦以一年為單位，從一年的總收益扣除該年的總費用而得。

標的物如為出租不動產，則從租金收入扣除維持管理費、應繳稅捐、災害保險費等費用後而得之。如為一般企業的不動產，則從銷貨收入扣除進貨原價、銷售費用、一般管理費、周轉資金利息以及於求取純收益時應予考慮扣除的經營者報酬和股金利息等後而得之。

純收益可分為利用土地而產生的永續性收益，和利用建物和折舊資產等而產生的半永續性收益。標的不動產如包括折舊資產者，可分為折舊前純收益與折舊後純收益。又依是否已繳稅，便可分為稅前純收益和稅後純收益。此等分類與採用的還原利率有關，求取純收益時應予留意。

如純收益來自建物與基地兩方面，而能夠掌握應歸屬建物的收益時，則自純收益扣除應歸建物部分的收益，便可求得基地部分的純收

益。此法稱為土地殘餘法或建物殘餘法。

設 a 代表來自房租的折舊前純收益、a_1 代表來自基地的純收益、B 代表已可掌握的建物價格（依收益還原法以外的方法求取）、r_2 代表建物的還原利率、f_n 代表建物的折舊率，則應歸屬土地之純收益便可用下列方程式求取（土地殘餘法）。

$$a_1 = a - B\,(\,r_2 + f_n\,)$$

設 A 代表已可掌握的土地價格（依收益還原法以外的方法求取）、r_1 代表土地的還原利率、a_2 代表來自建物的純收益、其他符號之意義同上述土地殘餘法，此際，歸屬建物之純收益便可依下列方程式求取（建物殘餘法）。

$$a_2 = a_1 - A r_1$$

當於使用其他方法很難明確掌握時，將殘餘法配合運用便可增進其效用。又於檢討建物部分的投資是否過大或過小時，亦十分有用。依土地殘餘法求得的收益價格，如於求取素地價格時，便與比準價格一同成為重要的基本價格。但必須採用新興建建物且在實施最有效利用狀態的案例資料，方能有效。此乃表示，如建物已老舊且對基地的規模比例過小，未臻最有效利用狀態時，可能導致折舊額過大，建物與土地的收益失去平衡，致難求得適當而正確的純收益。

㈢還原利率

還原利率乃表示不動產的收益狀態，而與金融市場的利率具有密切的關聯。欲求精確度偏高的收益價格，首先必須求取適當而正確的純收益，然後再考慮以何種還原利率予以資本還原的問題。還原利率通常以最普遍的投資利潤率為標準，然後再考量投資對象不動產的個別性（如：

當作投資對象的危險性、流動性，管理上的困難性，資產面的安全性等），實施綜合性考慮互作比較而求取。

一般共識的投資利潤率，通常都選擇公債、公營公司債、信託貸款等長期而安全的利率作為參考。此際，一般性的還原利率將依下列方程式計算：

設以 K 代表擬求取的還原利率、以 A 代表長期而安全的投資利潤率（公債、公營公司債、信託貸款等的利率）、以 B 代表對 A 的投資對象的個別性（作為投資時的危險性、流動性、管理上的困難性、作為資產時的安全性）時，縱使不問作為資產的安全性問題，倘若與公債比較，對不動產投資的確含有風險，讓售時需要較長時間所以流動性欠佳，加上管理方面亦較困難。所以，B 通常將成為負面因素，作為利率時，便成為負擔增加因素。於是，還原利率將可依下列方程式表示之：

$$K = A + B$$

上式的 A，通常為 3.5～8.5%、B 的計量比較困難，惟通常為 0.5～5%，是以還原利率大約為 4～12%（折舊後、課稅前）左右。[註 9] 惟此法通常乃以土地與建物為對象，實際上仍如前述，必須針對標的不動產的個別性（作為資產的安全性與有利性較穩定的不動產者，上述的 B 將成為減低因素，故利率亦可設想較 A 為低的情況）而與一般投資比較並審慎計量下式：

$$K = A \pm B$$

還原利率須針對純收益的特性求取，同時，亦須了解有折舊前純收益、折舊後純收益；稅前純收益、稅後純收益等區別。此外，亦須了解地區別純收益、用途別純收益、品級別純收益等差別。

如將建物與基地一齊出租時，則自租金扣除了所支各種費用後便可

求得其純收益，但並沒有分別計算土地部分的純收益和建物部分的純收益，而係兩者合而為一合計計算。故使用不同的還原利率以計算收益還原價格確有所不方便。故實際上，乃將土地與建物的個別利率經加權平均後求取還原利率，此稱為綜合還原利率。

設 r 代表擬求取不動產（土地、建物等的混合不動產）的綜合還原利率，r_1、r_2、r_3……r_n 代表土地與建物等個別還原利率，各個不同利率的不動產的組合比例（用收益還原法以外的方法求得者）以 w_1、w_2、w_3……w_n 表之。

$$r = w_1 r_1 + w_2 r_2 + w_3 r_3 + \cdots\cdots w_n r_n$$

例如，設土地部分的利率為 6%、建物的利率為 9%、組合比例為土地占三分之二，建物占三分之一，此際，綜合還原利率 r 為 7%，如下式：

$$r = 0.06 \times \frac{2}{3} + 0.09 \times \frac{1}{3} = 0.07$$

㈣還原純收益之方法

收益還原法目的係使用上述純收益和還原利率，將該不動產於將來可能產生的純收益，求取其估價期日的現價總和。故實施收益還原時，宜針對純收益的內容及其持續性等，從下列方法中選擇使用，或另予組合使用。

1. 設不動產為土地（永續性純收益）

將純收益依還原利率還原以求取收益價格。設以 P 表收益價格、a 表基於地租而得之純收益、r 表還原利率，便得下列方程式：

$$P = \frac{a}{r}$$

2.設不動產由基地和建物結合而形成

出租不動產或一般企業經營之不動產，可將其純收益依還原利率予以資本還原，求取收益價格，其方法有下列幾種：

⑴純收益為折舊前者

設以 P 表收益價格、a′表租金收入或一般企業經營之不動產折舊前之純收益、r′表針對折舊前純收益相對應之綜合還原利率，便得下列方程式：

$$P = \frac{a'}{r'}$$

⑵純收益為折舊後者

設以 P 表收益價格、a 表租金收入或一般企業經營之不動產折舊後之純收益、r 表針對折舊後純收益相對應之綜合還原利率，便得下列方程式：

$$P = -\frac{a}{r}$$

此法為實際上最常用者。

3.設不動產由基地和建物以及其他折舊資產結合而形成（Inwood方式）

出租不動產或一般企業經營之不動產折舊前之純收益，乘以將還原利率（不包含折舊率之還原利率）和殘餘耐用年數為基礎的複利年金現價率，以求取收益價格。此法稱為 Inwood 方式，並適用於產生有限收益（及至殘餘耐用年數止）之資產。

設以 P 表收益價格、a′表折舊前純收益、r 表針對折舊後純收益之綜合還原利率、n 表殘餘耐用年數，便得方程式：

$$P = a' \times \frac{(1+r)^n - 1}{r(1+r)^n}$$

再者，如預估於殘餘耐用年數屆滿時尚有殘材價格（包括地價）及處分整理費用等時，對此等金額乘以複利現價率求得的現價，再作增減的調整以求取收益價格。此際，設以 K 表殘材價格、S 表處分整理費等、r_2 表折扣率，便得方程式：

$$P = a' \times \frac{(1+r)^n - 1}{r(1+r)^n} + (K-S)\frac{1}{(1+r_2)^n}$$

4. 設不動產由基地和建物以及其他折舊資產結合而形成（Hoskold 方式）

出租不動產或一般企業經營之不動產折舊前之純收益，乘以將還原利率（不含折舊率之還原利率）和儲蓄利率以及殘餘耐用年數為基礎之收益現價率，以求取收益價格。此法稱為 Hoskold 方式。茲設以 P 表收益價格、a′ 表折舊前之純收益、r 表針對折舊後純收益之綜合還原利率、F_n 表依償還基金法求得之折舊率（但一般而言，常將殘價率視為零），便得下列方程式：

$$P = a' \times \frac{1}{r + F_n} \quad \left(收益現價率 \cdots\cdots \frac{1}{r + F_n} = \frac{1}{r + \dfrac{i}{(1+i)^n - 1}} \right)$$

設 i 表對折舊額之儲蓄利率、n 表殘餘耐用年數、便可依下式計算 F_n'：

$$F_n = -\frac{i}{(1+i)^n - 1}$$

此法的特徵在於，對每年準備的折舊額給予儲蓄利率。其與前述
Inwood 方式之差異在於，Inwood 方式對折舊額係給予同一個還原利率。
（如：設 i＝r 時，便與 Inwood 方式相同）Hoskold 方式常使用於礦場等
產生有限收益不動產之評估。又殘餘耐用年數屆滿時之殘材價格的處
理，可比照上述 3. 之方法處理。

　　至於求取不動產租金的方法，例如，積算法、租賃實例比較法、收
益分析法等，因篇幅關係，將不再闡述。

本章註釋

註 1　平均地權條例第 14 條規定：「規定地價後，每三年規定地價一次。但必要時得延長之，重新規定地價者亦同。」

註 2　規定於平均地權條例第 16 條。

註 3　規定於都市計畫法第 49 條。

註 4　符合國有財產法第 49、50、51、52 條之規定者。

註 5　規定於國有財產法施行細則第 52 條。

註 6　規定於國有財產法第 53 條。

註 7　內政部編印，《都市地價指數》，自民國 83 年度開始（82 年 7 月起），採平均區段地價面積加權法編製指數，分別於每年元月 15 日及 7 月 15 日定期發布。內政部另編印，房地產交易價格簡訊，（季刊）自民國 89 年 3 月陸續發行，提供全國主要都市地區商業區及住宅區之房地產買賣實例資料，提供參考。

註 8　有關土地的個別因素，主要者如下：
①位置、地基、地勢、地質、地盤等。
②寬度、深度、形狀等。
③日照、通風、乾濕等。
④高低、角地、臨接道路情況。
⑤臨接道路系統、結構等。
⑥公共設施、商業設施等之可及性。
⑦上下水道等之供給、處理設施是否完備。
⑧變電所、污水處理場等嫌惡設施之近鄰情況。
⑨法令規章方面的管制情況。

註 9　參閱武田公夫著，《不動產評價の知識》，東京，日經文庫，頁 72。

Chapter 6

農地利用

第一節　農業與農地之特性

一、農業之特徵

　　農業為初級產業（Primary Industry）的一種，即以土地為對象從事生產動、植物的產業、農業具有多種特徵，其中主要者計有下列幾項：

㈠農業為有機性生產或生物性生產的產業

　　農業乃以土地為對象，以生產動、植物為主要業務。因其生產的對象為有生命的動、植物，而動、植物的生長係靠著細胞分裂而長大，故其生產過程與管理技術等，與工業生產大不相同，即都有固定的生育時間，殊難應用科學技術予以縮短。換言之，不能以增施勞力、資本等加快生產速度與提高其生產量。除此以外，作物的種植、成長、開花、結實、收穫等時間，常受到氣候的影響與限制，殊難更改，縱令可以利用科學技術加以改變，其必須負擔的成本相當高昂，所以生產效率的提高困難，生產成本的降低也非常有限。

　　由於生產對象為動物或植物等有生命的產品，故在管理過程中很難使用高效率的機器，所需勞力的集約度較高，不僅生產效率的提升困難，生產成本亦殊難降低，故與其他產業的競爭力比較薄弱。

㈡承受自然條件的限制較多

　　由於農業為有機性生產事業，所以受到自然條件，諸如氣候、土壤、地形、地勢等的限制較多，因此經營規模的擴大，生產效率的提高，運銷業務的拓展等，比較困難，尤其在作物生產方面，自然條件的

限制較為嚴厲。

例如，氣溫、雨量、風力等，將影響作物的生產區位、作物種類、無霜期長短、期作數、生產量等；又土壤條件，諸如土壤結構、土壤酸鹼度、表土厚薄等將影響生產作物的種類、產品品質、生產量等；而地形地勢將影響耕種方式、耕種效率、產品品質、生產量等，以致收穫期及產量等無法預先確定，產品品質無法統一，作業的機械化困難，生產效率的提高非常緩慢。

㈢生產過程所需勞動力的比例較高

農業生產的對象為具有生命的動植物，故在栽培過程、管理過程中能夠實施機械化處理的範圍較小，而需要以人力細心照顧的部分較多，這樣不僅影響生產力的提升，生產成本亦必相對地偏高。其實，農業生產已實施機械化的部門不少，惟如與工業生產比較，則其機械化的比例仍然偏低，縱然可以實施機械化，大多都需要移動其工作位置，所以仍須仰賴人力的幫助。諸如耕耘機、插秧機、噴霧機、收割機等都是重要的農業機械，但作業時都須賴人力移動工作位置。所以農業生產仍須相當比例的勞動力，以致生產成本的降低，特別困難。

㈣報酬遞減律的限制迅速發生作用

工業生產屬於無機性生產，生產過程大都可以實施機械化，不僅產期及產量可以預先確定，產品品質也可以務求統一整齊、標準化，所以大規模生產的經濟利益大，生產成本的降低比較容易。反之，農業生產屬於有機性生產，承受自然條件的限制較多，不僅生產具有季節性，因為機械化的比例偏低，需要人力的部門較多，生產效率的提高困難，能夠享受規模經濟的範圍小，迅速地受到報酬遞減律的限制。因此，不能在單位面積土地上面，無限制地提高集約度。換言之，單位土地面積所能產生的收益非常有限，與其他產業的競爭力薄弱，所以農地變更為非農業用途的外在壓力，特別強大。

㈤農業生產需要廣大的土地面積

由於農業生產很容易受到報酬遞減律的限制，所以不可能在固定面積的土地上面無限制增加集約度。由於報酬遞減律的限制迅速，故單位面積的投入（input）容受力（capacity）低，能生產出來的產量有限，如欲滿足眾多國民的龐大糧食需求，勢必需要非常廣大的土地面積，提供農業生產使用。換言之，由於單位面積所需勞力較多，個別農場的經營規模不能十分巨大，但全國所需農業用地卻需要廣大的土地面積（參閱圖 6-1 及圖 6-2）。

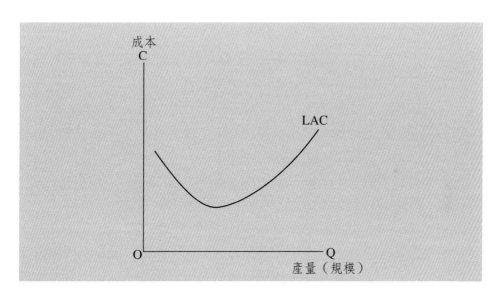

圖 6-1　農業之長期成本曲線

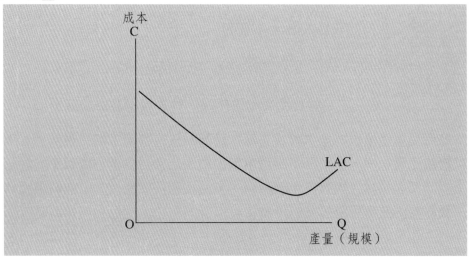

圖 6-2　工業之長期成本曲線

二、農地利用之特徵

　　土地是農業生產主要因素之一種，農業係利用土地以生產動、植物的產業，所以土地是農業生產的工具，也是農業生產的手段（means）；同時，土地亦為農業生產的對象（object）。農業如沒有土地，就失去了勞動的對象，所以土地是農業勞動的對象，同時，也是農業勞動的手段。為此，必須了解農地利用的特性，而農地利用的特性中，其主要者計有下列幾項：

㈠農地兼具長流性資源及儲存性資源兩種特性

　　所謂長流性資源（Flow Resources）係指如土地載力、空間、日光、太陽熱能、雨水、風力等。係如時間或大江的流水一般長流不息，假設不斷地加以利用，也毫不減少或損壞其供應，縱令不加以利用，也不能將其儲存累積起來，留供日後使用。換言之，此等資源如不及時加以使

用，將立即消失，永無留下來慢慢使用的機會，故又稱此為「流失性資源」或「可更新資源」（Renewable Resources）即其性質，與時間的流失頗為相似。則現在的時間一過，便完全消失，永遠不再回來。

　　與長流性資源的特性相對者，稱之為儲存性資源（Stock Resources）。屬於此類資源者有金屬類礦石、煤礦油田、天然瓦斯田、放射性礦物、砂礫等，則如不加以挖掘採收，其蘊藏量將殆不增減。但此處所說的不增減，係基於經濟學的觀點，指在短期間並無顯著的增減情況之意。如從地質學的觀點言，煤炭、石油等礦物，在長期間（幾百或幾千萬年）還是會增加的，但此種增加的情況，從經濟學的觀點來說，卻沒有多大的意義。儲存性資源如不加以挖掘採收，其蘊藏是毫不減少，但一旦大量採收，將導致其枯竭，而永無重新產生的可能，故又稱之為「非可更新資源」（Unrenewable Resources）。

　　土壤的地力、養力等，亦為儲存性資源的一種。地力、養力等係包含於土壤裡面，經作物吸收消耗後，將逐漸減少，導致作物產量降低，故必須實行施肥，藉此補充土壤裡面所包含的地力與養力，增加作物產量。

　　多期作農業係充分利用土地空間（長流性資源的一種）的土地利用型態。惟作物終年不斷地吸收土壤肥力與養力，以致土地肥力逐漸減低，單位面積作物產量亦將隨此降低。如上述，土地肥力與養力為儲存性資源的一種，經栽種的作物繼續不斷地吸收，肥沃度將逐漸減低，故必須實施施肥以資補充，以避免產量降低。農業經營必須組合合理的作物制度或輪作制度，並實施適當的施肥，以資維護地力並維持高水準的產量，這樣方能稱為充分而合理的土地利用。如不考慮合理利用地力與適當維護地力，勢必造成掠奪經營（Robber Farming），影響繼續永恆的農業生產。

㈡農地利用特別注意地力

地力係指土壤的作物生產能力，故亦稱為土地肥沃度或土地生產力

（Soil Productivity）。土地生產力有高低的差別，究其原因係各地土壤的物理及化學特性不同，或所含微生物等生物因素不同而產生；除此以外，亦因氣候條件、灌排水條件、田間管理技術等不同，而受到影響。

地力不僅受制於自然條件，同時亦必受到人類活動的影響，所以地力高低是會變動的。如就臺灣的農地而言，無論水稻或旱地作物等的單位面積產量都在逐年增加，表示農地地力並沒有降低，但有機肥料的施用量卻逐漸減少，以致土壤結構轉劣，養分供給潛力降低，土壤緩衝能力（對於土壤反應變化的抵抗力）以及作物對氣候反常及病蟲害等的抵抗力減低等，係一件嚴重的事實。

農地利用特別注重地力，而地力的維護與增進，必須增加投施堆肥、廄肥等有機肥料。蓋有機物分解後所產生的腐植質，與地力具有密切的關係，其功能計有(1)保持養分與水分，使其慢慢提供作物吸收；(2)促進土壤養分變成作物可吸收的型態；(3)腐植質本身分解後，可供作作物養分；(4)幫助對土壤有益的微生物的繁殖；(5)提高土壤的緩衝能力。故欲增進地力，即必須將農場副產品，諸如稻草、蔗尾、甘藷藤及蔬菜廢葉等和家畜糞尿等製成堆肥還原給土壤；另一方面組合有助於增進地力的輪作制度，配合豆科作物成綠肥作物（如：栽種田菁、豌豆、紫雲英、太陽蔴等），俾利增進地力。

(三)農地利用宜配合農時

各種作物都具有最適宜於其生長的氣溫，故有所謂熱帶作物、亞熱帶作物、溫帶作物、寒帶作物等。又作物的生長週期中，例如，播種、發芽、分蘗、成長、抽穗、開花、結實等，均具有其最適宜的氣溫，假如作物的生長均能配合其最適宜的氣溫，不僅產量豐碩，同時亦可提高產品品質，因而可增加生產收入。

如就水稻而言，播種、插秧時，氣溫無須偏高，宜在攝氏 15 度左右，以後溫度可慢慢升高，抽穗、開花時，氣溫可逐漸升高至 20 幾度至 30 度，至於結實時期，氣溫可逐漸下降至 20 度以下，即宜於涼爽的

氣候，如此不僅有助於產量的增加，同時亦可提高產品品質，可謂一舉兩得矣。日本的水稻生產季節，最符合上述氣溫條件，故其單位面積產量最高，稻米品質亦普遍良好。日本稻作的插秧季節大約在每年五、六月間，平均氣溫在攝氏 15 度左右，以後氣溫逐漸升高，八月氣溫最高時為其抽穗、開花季節，至九月底十月初時，平均氣溫下降至 15 度左右，正好是稻米結實成熟及收穫季節。

臺灣水稻生產的氣溫條件，因不如日本良好，故單位面積產量及稻米品質尚不及日本。臺灣的第一期稻作，其前半段的氣候條件比較合乎上述標準條件，但後半段的氣候條件，即稻米的結實成熟季節，正好遇到平均氣溫最高的七月間，故不是最好的氣溫條件。至於第二期稻作的插秧季節，卻遇到氣溫最高的七、八月間，氣候條件不佳，但後半段的成熟收穫季節為十一月間，天氣較為涼爽，比較合乎上述的標準條件。一般而言，第二期稻作的氣溫條件較之第一期稻作欠佳，所以成為第二期稻作單位面積，平均產量低於第一期稻作的原因之一。

至於蔬菜、水果等，大多都有固定的栽種季節及成熟採收季節，故農地利用亦宜配合其最適宜的時間實施，這樣不僅可以獲取最大的產量，亦可以保障較佳的品質。惟由於科技的發達，農業生產未必都固定於自然條件的農時，而可稍作調整，藉此錯開農產品的盛產季節，獲取較高的生產利益。但此等技術，大多僅限定於少數的特定經濟作物而已，大面積的普通作物的生產，仍然需要配合其最適宜的農時，謀求最大的經營利益。

㈣需要灌排水路及農路等生產補助設施

農業是有機性生產事業，所以需要大量的農業用水，而農業用水的主要來源為降雨量。但降雨量的時間分布及空間分布都很不平均，無法配合作物生長的需要，故雨量不足時必須實施灌溉，而降雨量過多時必須實施排水，以免遭受水害。所以實施農地利用時，必須具備良好的灌排水設施，方能保障生產的穩定及預期的產量。

農地是實施農業生產的場所，為此，必須讓各種農業機器進出田間方便，俾利提高生產效率。為了配合此項需要，每一坵塊均能直接臨接農路，俾利人力及農機的進出，以及生產資材與農產品的搬運。為使農地利用得以順利進行，灌排水路及農路等補助設施的完備，極為重要。

㈤土地利用與地力維護並重

農業是永久持續的生產事業，而農業經營的目的在於追求最大而持久的利潤，所以必須不斷地利用農地。然而，耕種業是消耗地力的產業，而地力是儲存性資源的一種，經不斷地栽種作物吸收地力以後，土地肥沃度將不斷地下降，最後勢必達到得不償失的地步遂而放棄該土地並遷移他處另再覓地生產，造成地力的掠奪經營，影響整體的農業生產至鉅。為了避免此種情況的產生，農地利用必須注意地力的維護及過度的消耗，並須適當加以補充，這樣方能經常維持平均水準的生產量，保障農業的持續發展。

為了維護適當的土地生產力，一方面必須設法減少地力的消耗量，一方面對減少的地力與養力必須設法予以補充。就前者而言，即組合有效維護地力的作物制度或輪作制度，在此輪作制度裡面通常都要包括豆科作物及綠肥作物，俾利維護地力。至於後者，即實施施肥，尤其多使用堆肥及廄肥等有機肥料，俾利有助於改進土壤結構，增進地力。所以農地利用與地力的維護，必須並駕同步進行。

第二節　農地利用度之衡量與最適集約度

一、農地利用度或農業經營集約度

　　農地利用，係組合幾種生產因素將其投入於土地，從事作物生產，以資獲取所需要的農產品。在單位面積的農地上，可配合不同量的其他生產因素，由此所形成的農地利用程度，自然不盡相同。在單位農地面積上，投入少量的資本與勞力，通常稱為粗放經營（Extensive Farming）或粗放耕作（Extensive Cultivation）；反之，在單位面積農地上，投入大量的資本與勞力時，即稱為集約經營（Intensive Farming）或集約耕作（Intensive Cultivation）。

　　集約經營和粗放經營為一種相對的觀念，並沒有固定的標準，係只用於農場經營情形的比較。所謂集約度（Degree of Intensity）係衡量集約或粗放程度的一種指標。即集約度大，表示粗放程度小；集約度小，表示粗放程度大。

㈠布林克曼的集約度觀念

　　布林克曼（Theodor Brinkmann, 1877～1951）為德國波昂大學（Bonn University）農業經營學教授，其農業經營集約度的觀念係以土地為基礎，即在單位面積土地上面所投入的經營費用多寡，以表示農業經營是否集約或粗放，其表達公式如下：

$$I = \frac{A+K+Z}{F}$$

I 代表集約度。

A 代表工資（包括雇工與家工及場主）。

K 代表資材消耗額。

Z 代表經營資本利息（不包括土地資本）。

F 代表經營面積。

上述集約度所表示者，係單位面積土地上所投入的經營費用數額，亦即表示土地利用的集約度。蓋德國的農業經營觀念乃以土地為基礎，土地利用度高，收益也大。雖然各地的工資水準有高低差異，勞動生產效率亦未必一致，但在同一地區裡面農業經營方式大致相同的情況下，此項集約度尚可以適用。

(二)泰勒的集約度

泰勒（Henry C.Taylor, 1873～1926）原為美國威斯康辛大學教授，於一九一九年應邀入農業部主持農業經濟司至一九二六年。其農業經營集約度的觀念與布林克曼的觀念，大為不同。布林克曼的集約度係以土地為基礎而設想，但在美國，農業經營的限制因素並不是土地，而為人力，故泰勒的集約度觀念並不以土地為基礎，而改以經營者為基礎，土地係以土地資本利息的方式處理，將其視為費用，列於投入費用裡面。蓋美國的農業大都採取農場式農業（Farm Agriculture），以農場為一個農業經營單位，所以經營者通常為場主一人。其農業經營集約度的公式，如下：

$$I = \frac{A+K+Z+R}{M}$$

I 代表集約度。

A 代表工資，但不包括場主工資。

K 代表資材消耗額。

Z 代表經營資本利息。

R 代表土地資本利息，通常為地價的 4%。

M 代表經營人數，通常為場主一人。

上述集約度所表示者為場主的經營能力或經營規模。蓋經營人數通常為場主一人，故該集約度係表示場主的經營能力，亦可以此衡量場主從事其他行業時的機會成本。藉此判斷經營農場是否有利，或作為應否轉業的指標。因為從農場總收入扣除（A＋K＋Z＋R）以後的剩餘，就是場主應得的年所得，亦即轉職從事其他行業的機會成本，故該集約度與土地利用度，並沒有直接關係。

在德國的農業經營，土地為主要的限制因素，故布林克曼的經營集約度觀念係以土地為基礎而測度，其農業經營集約度便是農地利用集約度（Farm Land Use Intensity）。而美國為土地資源豐富的國家，不但農場經營規模大，並採取農場式經營，農業經營皆以農場為一個經營單位，而經營者方是農業經營的限制因素，所以泰勒的經營集約度係以經營者或場主為基礎而測度，此項集約度乃表示場主的經營能力，故與土地利用度沒有直接關聯。至於土地在農業經營裡面的貢獻，通常以地價的 4%作為土地資本利息計入經營費用。換言之，土地因素的貢獻乃反應於地價高低，與地租率無關，故不能以泰勒的經營集約度，表示農地利用度。

㈢作物複種指數（Multiple-Cropping Index）

所謂作物複種指數係指將作物種植總面積或稱作物公頃面積（Crop Hectare）除以耕地總面積而得，以此表示農地的利用度。惟作物公頃面積將受到作物生育期間長短的影響，即多栽種短期作物，作物公頃面積便增大，而多栽種長期作物，其作物公頃面積便減少。為了避免此因素的影響，故有未包含長期作物（Long-term Crop）之複種指數。所謂長期作物係指生育期間在一年以上的作物。臺灣地區歷年來作物複種指數如表 6-1 所示。

 土地
經濟學

表 6-1　作物複種指數

單位：千公頃

年　　期	作物種植總面積	耕地總面積	長期作物種植面積	複種指數	未包含長期作物複種指數
1939	1,154	860	—	134.2	—
1940	1,162	861	—	135.0	—
1945	883	816	—	102.1	—
1950	1,435	871	—	164.8	—
1955	1,508	873	—	172.7	—
1960	1,600	869	—	184.1	—
1964	1,673	882	281	*189.7	231.6
1965	1,680	890	318	188.8	*238.1
1970	1,656	905	312	183.0	226.6
1975	1,659	917	338	180.9	228.2
1980	1,400	907	341	154.4	187.1
1985	1,257	888	303	141.6	163.1
1986	1,267	887	320	142.8	167.0
1987	1,261	886	304	142.3	168.7
1988	1,216	895	364	135.8	160.5
1989	1,184	895	366	132.3	154.6
1990	1,155	890	356	129.8	149.6
1991	1,127	884	354	127.5	145.9
1992	1,089	876	354	124.3	140.8
1993	1,077	875	363	123.1	139.5
1994	1,035	872	358	118.7	131.7
1995	1,036	873	357	118.7	131.6
1996	998	872	353	114.4	124.2
1997	995	865	345	115.0	125.0
1998	957	859	355	111.4	119.4
1999	931	855	335	108.8	114.5
2000	904	851	331	106.2	110.1
2001	877	849	321	103.3	105.4

＊符號表示歷年來複種指數最高水準。

資料來源：行政院農業委員會編印，《農業統計年報》，民國 90 年。

　　複種指數易於受到作物生育期間長短的影響，用此以測度土地利用度，卻有缺乏安定性的缺點。但於測度全國性農地利用度時，在各地區雖有長期作物及短期作物種植面積每年變動的問題，即有些地區短期作物種植面積可能有減少現象，但在其他地區短期物種植面積卻有增加的可能，故就全國農地利用情況言，各地區長短期作物種植面積增減經互為抵銷之後，每年栽種情況可能大致相同，通常不受到各地區變動情況之影響。故複種指數用於測度廣大的全國農地利用度時，仍然有效，但如用於測度小範圍的農地利用度，便不一定正確。

　　農地利用應採集約方式或粗放方式，農地利用度的高低大小應如何決定，這是一件重要的課題。決定農地利用度或集約度大小的因素，通常有下列幾項：

1. 生產因素的價格

　　經營集約度係生產因素配合的問題。當農產品價格不變時，生產者將少用價格昂貴的因素而多用價格低廉的因素。凡在地廣人稀的地區，土地廉價而人工高昂，農場經營方式理當多用土地少用人力，形成粗放的土地利用方式，加拿大與澳洲等國因地大人稀，大多採取粗放式的經營。而在人口稠密的國度裡，人地比例大，即土地昂貴而人工比較低廉，農民必須在狹小的土地面積上多投施勞力，形成勞力集約的土地利用方式。日本、臺灣的農業，大致採取此種方式。

2. 生產作物的種類

　　一般而言，園藝作物如蔬菜、花卉、水果等的生產都需要較多的人力與資本，是屬於集約作物或稱集約業務（Intensive Enterprise），其土地利用度較高；而雜糧作物如玉米、高粱、甘藷以及甘蔗等，在單位面積土地上所投施的人力及資本較少，稱為粗放作物或粗放業務（Extensive Enterprise），通常形成勞力粗放的土地利用方式。

3.農地的經濟區位

按屠能（J. H. von Thünen）的《孤立國》（*Der Isolierte Staat*）一書裡面所說，愈靠近中心都市的農地，其集約度愈高。即距離城市最近的第一圈境為自由農作圈；稍遠之第二圈境為林業圈；較遠之第三圈為輪栽農作圈；是穀類與根類作物之輪栽；更遠之第四圈為主穀農作圈，是穀類作物與牧草的輪植區；其次的第五圈為三圃農作制（Three Field System）區域，係將農地劃分為三塊，分種黑麥或大麥等作物，並且每年有一塊實施輪流休耕；最外圍的第六圈係全為放牧的草原。換言之，隨著距離城市愈遠，地價愈低廉，土地利用度亦隨之逐漸下降，直至邊際區位，土地利用度竟降為放牧地成為最粗放的利用方式。

農地的經濟區位愈靠近城市，由於其市場可及性良好，生產任何作物，都比距離城市較遠農地的生產品可以節省較多的運輸費用，收益較高，故無論選擇何種農場業務，經營集約度亦必較高。例如，大都市郊區的農地，大都從事集約作物，如花卉、蔬菜、果實等的生產，便是其典型的實例。換言之，愈靠近都市郊區，農地的利用度亦愈升高。茲擬以圖 6-3 加以說明。

圖 6-3 之縱軸表地租，橫軸表離市中心之距離。O 表中心都市，所有農產品都須運至中心都市出售。OB 表 I 作物之生產成本，各地的成本都是相等。AB 表 I 作物之地租線，△OAB 表地租額，△ATB 表運輸費額。

從圖 6-3 得知，在中心都市生產 I 作物的地租額最高，為 AO；在 K 點，因必須負擔 EF 之運輸費，故其地租只剩下 FK；及至 B 點，其應負擔的運輸費高達 TB，地租為零，亦為 I 作物的生產邊際，I 作物不可能在比 OB 更遠的地區生產。

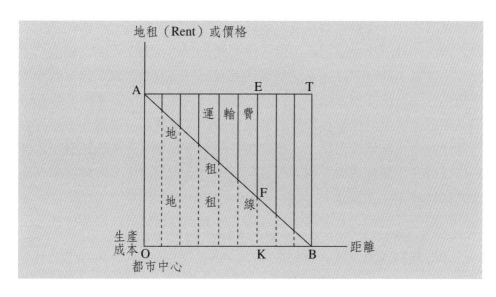

圖 6-3　區位地租與運輸費

4.農地的自然條件

所謂自然條件係包括氣候、土壤、地形、地勢等因素，亦是決定土地生產力的基本條件。農地究能生產何種作物或不能生產何種作物，概決定於農地的自然條件，因而種植的作物，其集約度也互不相同。再者，自然條件的優劣，影響生產成本，即自然條件優越的地區，作物生產成本偏低，故其土地利用度較高。反之，其土地利用度便較低。例如，臺灣的沿海地區，因風沙大，農地都屬於沙質土壤，保水力、保肥力均為薄弱，水災、旱災頻仍，自然條件欠佳，故農地的利用度，大多偏低。

5.農場規模

表示農場規模的指標有很多種，但此處所稱的農場規模係以農地面積大小所表示者，即農地面積大者為大規模農場，農地面積小者為小規模農場。再者農地利用度或農業經營集約度與農業所得之間雖沒有函數關係，但兩者之間確有密切的相關關係，亦即集約度愈高，農業所得亦

將隨此增大。一般而言,小農場的農業所得有限,農民如欲增加農業所得,即必須在單位面積土地上投入更多的勞力與資本,亦即必須提高土地利用度或集約度,以資增加農業所得。至於大規模農場,因其農地面積廣大,為了提高生產效率,故必須實施農業機械化,而不便於選擇勞力集約作物,故其土地利用度,通常低於小規模農場。例如,日本、臺灣等,由於人稠地狹,平均農場規模狹小,故通常採取集約經營,農地利用度偏高;而加拿大、澳洲等國家,由於地大人稀,平均農場規模廣大,大多採取大型機器的農業機械化生產,雖然所投入的經營資本不少,但單位面積的集約度或土地利用度不高,而農場收入卻相當龐大。

6.社會發展與進步的情況

社會發展與進步的程度,對農地利用度的高低,確有密切的關聯。例如,社會人口愈增加或人民的生活水準愈提高,對農產品的需求將隨之增大,對品質的要求亦必不斷地提升,所以農產品價格亦會跟著升高,因而促進經營集約度或土地利用度提升。除此以外,由於科技發達及工商業繁榮,對農產品的需求亦將隨之增大,此對農業生產有利,並會鼓勵農民增加生產,無形中亦可促進農民提高農地利用度。

二、最適利用度或最適集約度

農業經營的目的在於追求最大而持久的利潤。故最適的土地利用度或經營集約度,也應該以能夠達到此目的者為原則。惟此處所稱的最適利用度或最適集約度,係在某一定的農場經營規模或某一定的農場面積情況下的最適土地利用度之意。一般而言,在一定的農場規模情況下的最適土地利用度,可用邊際收入(產品價格)等於邊際成本時的產量,加以說明。茲擬以圖 6-4 表示之。

AC 表示某一農場的平均生產成本曲線,MC 表示邊際成本曲線,OP 為該產品的價格。在圖上的 B 點,價格(邊際收入)等於邊際成本

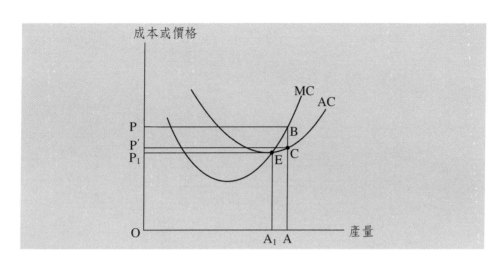

圖 6-4　最適集約度與最有利集約度（從生產成本觀察）

（OP=AB），此際的經營投入稱為最有利的集約度（The Most Profitable Intensity）。蓋此際的超額利潤（Excess Profit）最大矣（等於圖上的四邊形 P'PBC）。由於農業經營有利可圖，勢必引發新農民加入生產行列或因原有農民增加生產量，導致產品價格下降，生產者的利潤也跟著減少，直至降價至 OP_1 時，由於邊際收入（價格）等於平均成本（$OP_1 = A_1E$），生產者只能取得正常利潤（Normal Profit）而毫無超額利潤可言。在完全競爭時，OA_1 為該農場的最適集約度（Optimum Intensity）。一般而言，最適集約度通常小於最有利集約度。

　　上述，最有利集約度與最適集約度亦可用平均產值、邊際產值及邊際成本等加以說明。圖 6-5 的 VAP 曲線表示平均產值曲線（Value of Average Product），VMP 曲線表示邊際產值曲線（Value of Marginal Product），WW_1 表示工資率。當工資率為 WW_1 時，勞力的均衡投入量為 OA，此亦為當時的最有利集約度。蓋此際的平均成本為 OD，總成本（此處為勞力總成本）為四邊形 OACD，但總產值為四邊形 OABF，故其超額利潤為四邊形 DCBF 且為最大。

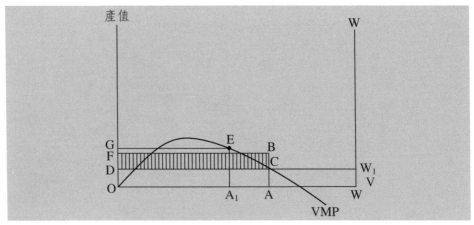

圖 6-5　最有利集約度與最適集約度（從產值面觀察）

　　假如工資率上升，集約度逐漸降低，一直到 OA_1 時而停止下來。蓋此際的總產值為四邊形 OA_1EG，總成本亦為四邊形 OA_1EG，兩者相等，生產者只能取得正常利潤而毫無超額利潤可言，此際的集約度為最適集約度（即平均成本等於平均產值也等於邊際產值）。如工資率繼續上升，對生產者將產生負利益（Negative Profit），故繼續生產不如停止生產，藉此避免產生損失。

第三節　農業經營規模與農地利用

一、農業經營規模之測度

　　衡量農業經營規模的指標非常繁多，其中有衡量農場規模（Farm Size）的指標；有衡量業務規模（Business Size）的指標；尚有測度中間

性規模之指標等等。首先介紹美國的農場管理學教授 Efferson. J. N. 所舉[1]，衡量農業經營規模的指標，計有下列各種：

1. 農場面積（Acres in the Farm）
2. 耕地面積（Acres Used For Crops）
3. 作物栽種面積（Tatal Crop Acres）
4. 主要作物栽種面積（Acres of the Most Important Crops）
5. 主要家畜頭數（Average Number of Important Livestocks）
6. 機器設施數量（Average Number of Workstocks）
7. 人工等數（Man-Receipts）
8. 總收入（Total Receipts）
9. 家畜單位（Total Animal Units）
10. 生產家畜單位（Productive Animal Units）
11. 生產勞動單位（Productive Man Work Units）

Black 教授[2]所舉測試規模的指標，與 Efferson 所舉的指標大同小異，而除了上述以外，Black 另增列了兩項，即總投資額（Total Investment）和總成本額（Total Cost）。

此等指標可分為測度從事生產經營之前的存量（Stock）大小的指標，即衡量農場規模（Farm Size）的指標及衡量經營成果大小的指標，即衡量業務規模（Business Size）的指標。總產量、總收入、總成本、農業所得、利潤等，係屬於後者的指標。不屬於上述兩種指標者，有生產勞動單位。

二、大規模經營抑或小規模經營

傳統的經營規模理論係注重探討大規模生產與小規模生產之利弊得失，藉此訂定農業經營努力的方向。著名的高茨基（Kautsky）和大衛（David）關於大小農場優劣的爭論，為其典型的代表例子。

高茨基在其著作《農業問題》一書裡面謂[3]，就農業言，原則上

亦可看出，在工業生產所見的大規模經營優越的原則。其所舉的理由如
下：

    *1.*大規模農場的坵塊之間的界線田硬少，亦可節省勞力。

    *2.*可充分利用設備及役畜等，藉此節省成本。

    *3.*可以利用大型的農業機械。

    *4.*可以利用大規模的灌溉及排水設備。

    *5.*可獲分工的利益及實施科學的輔導與訓練。

    *6.*可獲交易及信用上的利益。

但大衛在其著作《社會主義與農業》一書中謂註4，針對在資本主
義社會裡面大農經營勢必沒落的說法，乃主張小規模經營的優越性。大
衛謂，如能將工業生產稱為無機性生產，即可將農業稱為有機性生產，
並舉出其特性如下：

    *1.*在有機生產的過程裡，並不存在連續的勞動過程。

    *2.*勞動的種類經常在改變。

    *3.*勞動場所時常在移動。

    *4.*生產的速度固定不變，實施機械化也無法縮短生產期間。

    *5.*農場作業的監工困難，不能實施工業的生產線作業。

    *6.*農業本身是一種生命的共同體，是一個有生命的小宇宙。

    *7.*土地收益遞減法則的作用顯著。

目前，農場規模理論在農業經營學方面，已建立了其獨特的地位，
並在農業經營的成長及其合理化過程中，負有基本的任務。其理由有
二；一則由於個別農場經營無論在技術面及社會面均有大幅度的進步，
對土地或資本財等擴大規模的要求已成為重要的現實課題；一則由於農
業經營學的進步，亦即明確地劃分了規模與集約度的兩種概念並闡明了
兩者之間的相互關係。

總之，經營規模的擴大，畢竟是為了開拓增加所得的主要途徑之一。

三、規模與集約度的關係

農業經營規模可視為農場規模（Farm Size）而集約度似可視為業務規模（Business Size）。此種解釋的目的係擬將擴大農業經營規模與集約度的關係，希與提高農業經營的生產性與收益性兩者連結起來加以考慮。首先，擬探討下列方程式：

$$\frac{G}{K} = \frac{G}{C} \cdot \frac{C}{K} \cdots\cdots(1)$$

式中 G 代表利潤
C 代表總成本
K 代表投入資本額

如 K 代表投入資本額，G/K 即為資本利潤率；若 K 代表固定生產要素，G/K 便成為固定資本利潤率；亦可將此稱為經營的收益性。

G/C 代表總成本與利潤的比例，故可視為生產性或生產效率。

G/C＝(R－C)/C＝(R/C)－1，R 代表生產總額。R/C 代表生產效率，而效率愈大，G/C 亦必隨此愈大。

投入資本與成本兩者，意義有異。如購買 10 萬元的農業機械，該 10 萬元並不是成本，而為投入資本的增加，故可視為規模的擴大。而成本係指使用該機械的燃料費用、修理費及折舊費用等。如為可變資本，該項資本即可成為成本。

如將 C/K 中的 K 視為規模，此式乃表示在一定規模情況下的總費用投入額，亦即表示固定設備的利用度。

一般而言，資本的利用度得以R/K（生產量／資本）表示，故(1)式亦可作下列的表示：

$$\frac{G}{K} = \frac{G}{R} \cdot \frac{R}{K}$$

上式可改寫如下：

$$\frac{G}{K} = \frac{R-C}{R} \times \frac{R}{K} = (1 - \frac{C}{R}) \times \frac{R}{K}$$
$$= 生產效率 \times 資本利用度$$

由於農業經營集約度特別強調土地，故可將集約度視為土地利用度。即可以用 K 代表土地面積或土地價值，在此土地規模之下，為了實施土地利用所投入的費用總額便是其集約度。但在實際的農業經營時，K尚包括資本性設施及勞動力等，同時亦必考慮資本性設備及勞動力等的利用度。所以(1)式亦可改寫為：

$$\frac{G}{K} = (\frac{R}{C} - 1) \times \frac{C}{K}$$

亦即，

$$收益性 = 生產性 \times 固定設備（資本設備）利用度$$

如欲提高利潤率或收益率，究應如何調整生產性或固定設備利用度？

1. 欲使R/C儘量擴大，通常要使K，亦即固定設備或規模擴大方是有效的辦法。大型機器的引進勢必增加利用機器的費用，但亦可大幅減少勞動費用而降低總成本 C，有時候尚可增加 R 並藉此期待提高生產性。換言之，欲提高 R/C，必須先增大 K 為一般的途徑。

2. 但如增大K，勢必影響利潤率及利用度C/K。就工業生產言，通常將C/K當作固定不變。即同業種的同規模工場，經常都將其集約度視為相同，實際情況亦大致與此相同。工業生產所需原料，通常可隨時取得，工場亦可繼續實施生產。

　但有機性的農業生產，尤其以利用土地生產力為主的作物生產，很難將機器、勞力、土地等固定設備，如同工業生產一般，不斷地繼續實施生產。而於大規模實施生產時，勢必增加固定成本，所以此等固定設備的有效利用將成為非常必要。因此，實施農業經營時，第一必須透過增加 K 而擴大規模的途徑，設法提高生產性；第二係在此規模不變的情況下，儘量達成最適利用度，即必須從兩方面同時努力。

　利用土地生產力為主的農業經營，如欲適度提高固定設備的利用度，一則實施機器設備等的共同利用，另一則設法提高土地利用度。換言之，農場規模（Farm Size）的擴大，假如沒有適度提高其利用度，就無法達到增加所得的目的。而農業業務量的大小，便稱為業務規模（Business Size），而通常以生產量、生產價值或總成本等，作為測度業務規模的指標。換言之，業務規模係測度，將規模與集約度兩者合為一體的衡量指標。

四、最適規模

　如說集約度係在一定的規模情況下所探討的短期問題，那麼擴大規模便是基於長期觀察的問題。所有最適規模（Optimum Size）係指，在各種不同規模的情況下，除不斷地實施最適集約度外，同時也改變本身的規模，此際所實現的最高效率規模，亦即平均生產效率最高的規模。其情形如圖 6-6 所示。

　圖 6-6 係將經營規模 I 依次擴大至規模 V，在該圖，規模III便是最適規模。

　一般說來，規模的變化通常都用長期成本曲線表示之，但在此處，因以每單位固定設備所投入的成本額表示集約度，亦即當作容受力表示之，並針對隨著集約度的變化表示規模的變化，故於橫軸表示費用（或成本）。

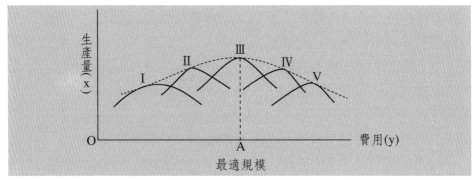

圖 6-6　最適規模圖

　　圖 6-7 乃表示，一連串的規模擴大與集約度變化的關係。如 I II III
各種不同規模的平均產量曲線係如圖所示，其最適集約度便各為 OA、
OB 與 OC 等。

　　茲假設自規模 I 擴大至規模 II，如其集約度未達 II 的最適集約度
OB 而停在 OB'，此際便沒有發揮擴大規模的效果。自規模 II 擴大至規
模 III 也是一樣，即如果集約度未達規模 III 的最適集約度 OC 而停留在
OC'，此際，擴大規模不但沒有發揮效果相反地產生負效益。所以擴大
規模係不斷實現最適集約度而改變規模，最後達到最適規模。

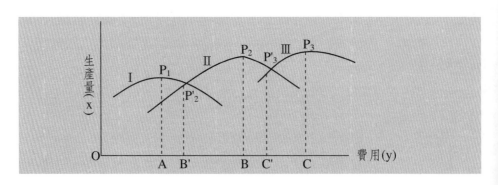

圖 6-7　規模擴大與最適集約度

第四節　租佃制度與農地利用

一、租佃之意義及其形成

自土地私有制度建立以後，欲使用他人土地者，必須支付代價，此項代價便是土地使用費，通常稱為契約地租或商業地租。出租土地者稱為地主（Landlord），承租土地者稱為租地人（Tenant）。此種出租與承租的關係稱為租賃關係。如將農地出租與他人耕作收取地租者，稱為地主或業主；而承租農地耕作而支付地租者，稱為佃農（Tenant Farmer），而兩者的關係稱為租佃關係（Tenancy System）。

土地所有人（Landowner）取得土地所有權後，於法令限制之範圍內，得自由使用、收益、處分其土地，並排除他人之干涉註 5。使用權是指土地所有人得在不妨礙他人利益的條件下，隨意利用土地；收益權是指土地所有人可以收取土地被利用後所產生的利益；處分權是指土地所有人將其土地出售、贈與、出租、抵押及遺贈與子孫等處置。

如上述，土地所有人如不想利用或不能利用其土地時，即可將其土地出租他人使用而收取地租。換言之，地主暫時放棄其土地利用權，並同時利用他的收益權向佃農收取地租，作為他放棄利用權的報償。由於土地利用權的讓出而發生地租，這種情況不僅存在於土地私有制度社會，在土地國（公）有的國家裡，政府便是大地主，人民向政府領用土地，亦須繳納地租。可見租賃或租佃係指財物或土地的所有者，將其利用權轉讓給他人的行為，租金或地租就是物主或地主讓出利用權所索取的報酬，也可以說是佃戶獲取土地利用權所付出的代價。佃農所取得的土地利用權，亦稱為用益權（Usufruct）或收益權，其涵義包括利用及

享有收穫效益兩者。

Usufruct 這個字的來源出自羅馬法律，由 Use 和 Fructus 兩字而合成。自古代的農奴制消除後，羅馬法即規定佃農擁有土地利用與享受地上產物之雙重權利。此等有關租佃雙方的權利規定，係由於租佃制度的實施而自然產生的。倘社會上一切土地和財物都歸於所有權人自己使用，即所有權與利用權均由同一人掌握而不分離，這樣便不會發生租佃行為，自然也沒有所謂地租（契約地租）。

二、契約地租之分類

地主向佃農徵收地租的方式，大致可分為三種形式，即力租、物租及錢租也。

力租（Labor Rent）是最原始型態的地租徵收法。早期由於信用經濟尚未開創，貨幣制度尚未建立，地主徵用佃農的勞役當作地租，這在古時候封建時代是非常普遍的現象。無論我國的井田制度或歐洲的采邑制度都採用了力租形式，即井田中央的所謂「公田」或領主所有的大塊私地，全賴佃農或徵用農奴勞力耕作。但自封建制度崩潰以後，力租制亦隨此逐漸沒落，至今只在少數落後的農村社會中，時而可以見到而已。

物租（Physical Rent）係用所承租土地上所生產的農產品繳納地主作為地租，這種繳租方式係在許多農業國家目前仍在通行，我國通稱為穀租。因我國農產品通常以穀類為主，在華南水田地區，納租多以稻穀為主，旱田地租則有玉米、小麥及豆類等。有些地方的物租只須繳納農產的正產品，而副產品（如：稻草、麥桿等）全歸佃農所有，無需納租。但在有些地方，無論正、副產品，地主都要求照樣納租。臺灣實施的耕地三七五租約，土地如係水田者，亦規定繳納稻穀，屬於物租，但無須繳納副產品地租。

錢租（Money Rent）係佃農以貨幣繳納地租與地主，這是當前信用經濟時代一種最普遍的地租繳納方式，不僅農地的地租採用此種方式，

其他財物的租賃，如房屋及財貨器物的租賃，通常都用貨幣繳納租金。在歐美各國貨幣信用經濟已高度發達的社會，農產品也已高度商品化，農民出售其農產品後取得貨幣，再用貨幣繳納地租，業佃雙方亦均覺得十分便利。以往在臺灣，大地主或不在鄉地主，亦有徵收貨幣地租的情形。

至於就地租的發展過程而言，最初是力租，為地租的原始型態。固在古時候，地主所需要的是農民的勞力以耕作其土地；其次方由力租轉變為物租；後來再由物租進化為錢租。這些轉變係隨著社會經濟的發展而來，凡是交通愈進步，貨幣及交換經濟愈發達的社會，則錢租制度愈能適合實施。

從地主的立場言，錢租有下列優點：

1. 收租手續簡便。
2. 不必設置倉庫等設備，也沒有儲存損耗的發生。
3. 每年租金收入固定，不受收穫豐歉的影響。
4. 對不在鄉地主的收租，更為方便。

從佃農的立場言，錢租亦有下列優點：

1. 可以自由選擇擬生產的作物種類，發揮企業能力。
2. 可以免除送繳實物的繁瑣手續。

惟錢租制度的實行，必須具備兩個條件，方容易推行：

1. 幣值必須穩定。
2. 農產品的商品化程度高。

現行的農地委託經營，已不規定受託人須以實物繳納租用土地的費用，而多以繳納貨幣地租為主。

三、自耕與佃耕之優劣比較

將土地所有權與利用權掌握在同一人手上者為自耕，而土地所有人將其土地利用權讓給他人而收取地租者為佃耕。土地所有權人不一定全

部都具有耕作能力或都願意從事耕作；而沒有土地者也有人願意從事耕種事業的，所以任何時代都是自耕與佃耕並存，所不同者，只是兩者所占的百分比未必相同而已。亦即有時候佃耕所占的比例較多，有時候自耕所占的比例較多。

一般都認為，自耕農制度優越於租佃制度，其所舉理由主要有下列幾項：

1.自耕因土地所有人與土地使用人屬同一主體，農民可完全享受耕種的成果，自然會愛惜土地，努力維持地力進而促進土地生產力。佃耕係租用他人土地從事耕種事業，因其佃權多不穩定，往往只顧及土地生產力的短期利用，所以很容易產生掠奪式的農業經營（Robber Farming），有損地力的維護及長期的農業生產。

2.自耕在農業經營上，不受他人的干涉、指揮與拘束，可以自由訂定農場業務，發揮企業能力，實施合理的經營，同時無須支付地租，收益較多；佃耕卻正好與此相反。

3.自耕因生產物的分配，或其他因土地關係所發生的糾紛較少，故可專心從事農業經營；佃耕卻不僅各種糾紛較多、且地主可隨時收回出租耕地，以致佃農的經濟條件較為不穩定。

4.自耕不僅農場經營的損益完全歸屬經營者負責，且其營運管理亦完全由耕者自己決定，故除可發揮企業能力，力求收益的增加以外，尚可培養獨立自主的精神。但佃農卻無此項優點。

5.自耕對土地利用的集約度通常都高於佃耕，故糧食及加工原料的供給也大於佃農，人口的容受力自較佃耕為大。

6.自耕是自食其力的制度，可以養成努力勤奮的勤勞國民，而佃耕制度對地主而言係坐食他人成果，容易產生賺取不勞所得的所謂「寄生地主」（Parasitic Landlord）階級。

7.自耕制的社會因沒有地主與佃農之間的剝削關係存在，所以可防止社會上的階級對立，而有助於建立與維持安和樂利的社會。

上述係自耕制度優越於租佃制度的主要理由，但租佃制度也不是只

有百害而沒有一利。其實，租佃制度也有其優點，其中主要者如下：

1.租佃制度可使缺乏資本無法取得土地，但具有農業經營能力且有志於農業生產者，租用農地以發揮其經營能力，藉此促進土地利用，發展農業。

2.佃耕因無須負擔購地費用，其自有資金可用於農業機械等設備，而有助於勞動生產效率的提高。

3.只要租佃制度公平合理，農民就可以利用承租土地的方式擴大農場經營規模，提高經營效率，而有助於農業結構的改進。

其實，租佃制度並不是如一般大眾所了解那樣，是剝削佃農利益一種不好的制度，尤其在缺乏資本的情況下欲擴大農場經營規模者，佃耕制度的確優越於自耕有效而易行。以往租佃制度之所以受人詬病，主要係由於當時的社會環境仍停留在傳統的農業社會，經濟活動尚未發達，農業以外的就業機會稀少，大多數農村人口都以務農維生，而農地大部分都掌握在少數地主手中，供給少而需求大，眾多的農民為了生活竟在少數農地上競爭租用農地，導致租率不斷地提高，佃農的負擔加重，所以縱令終年辛勞也難得溫飽，其生活十分艱苦。加上部分地主往往乘著佃農弱點，時而以撤佃為要挾，逼迫佃農提高地租，於是不僅地租負擔增至不合理的沈重程度，佃權也十分不穩定，使得大多數佃農生活都非常困苦，自然無暇於實施生產技術的改進及土地的投資改良，農業進步尤其緩慢。

但自經濟發展以後，農業外的就業機會大增，農民也不必再在狹小的農村互相競爭承租農地，租佃市場的農地需求下降，租率逐漸降低，業佃雙方的地位漸處於平等。如果地主與佃農能夠基於平等地位訂定公平互惠的租佃契約，這樣不但不損害佃農權益，且有利於農民擴大農場經營規模，改進農業結構，增進資源的有效利用，地主亦可因此增加地租收入，誠可以說是一舉兩得的辦法。

四、租佃制度與農地利用

茲假設有一塊農田，得採自耕方式耕作，亦可由繳納定額地租的佃農耕作，並擬以圖6-8說明，其土地利用度或集約度是否相等，藉此了解其對土地利用的影響。圖6-8表示，在單位面積農地上繼續投入變動要素的勞力時，其總產量（或總產值）及邊際產量（或邊際產值）的變動情形，這顯然是「兩要素投入模式的生產」（two inputs model production），與事實雖有出入，惟為了說明方便起見而採用。其實，只有土地與勞力，並不能生產出來任何糧食，但在抽象理論，假設可以生產糧食。

圖6-8之VTP表總產值，VMP表邊際產值，LW表工資率，E為均衡點，即MC＝MR（工資率＝邊際產值）。

由於E為均衡點，故最有利的投入量為OL_3，此際總產值為CL_3，

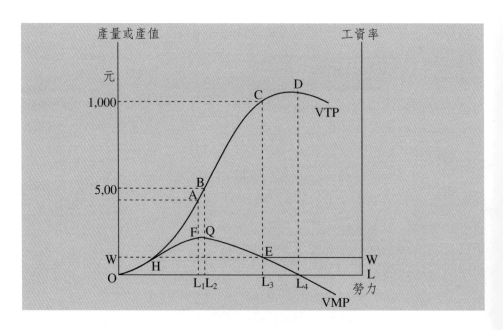

圖 6-8 自耕與定額租佃耕與土地利用

設等於 1,000 元，而勞力總成本為四邊形 OWEL$_3$（EL$_3$×OL$_3$）。不管自耕農使用自家勞力或雇工，都要負擔這麼多的勞動成本，如係佃農使用自家勞力，也要負擔這麼多的勞動成本。設此項勞動成本總額為總產值的一半，等於 500 元，如以邊際產值表示，即等於△OHFQL$_2$，而自耕農無論使用自家勞力或雇工勞力耕作，均可取得 ▱ L$_2$QEL$_3$ 的地租，即可取得 500 元的地租。據此如自耕農戶擬將此農地出租他人耕作，至少亦必要求繳納 ▱ L$_2$QEL$_3$ 的地租，亦即 500 元的定額地租。佃農繳納500 元地租以後，尚可留取 500 元的勞動所得，恰等於其勞動的代價。此際，無論自耕或佃耕，其最有利的勞動投入量（或集約度）均為 OL$_3$，產量或總產值為CL$_3$，即為 1,000 元，沒有差別，故定額租佃耕對土地利用並沒有不良的影響。

　　但上述情形係在完全競爭情況下的結果，假設農民在市場所決定的工資率，可自由選擇非農業工作，即有足夠的就業機會，所以地主縱欲提高地租額，也無法任意提高。換言之，萬一應繳的地租額侵蝕到佃農的勞動所得時，佃農即可放棄租佃經營，而改就非農業工作。

　　縱為定額租，尚可分為定額錢租及定額物租兩種，此兩種型態，對佃農收益的影響，不盡相同。如採取實物租，係按農產品數量繳納地租，故其負擔便不會受到產品價格漲落的影響，惟產品價格上升時，對地主有利，對佃農的影響就不如繳納定額錢租有利。但假如產品價格下降，此對地主、佃農都不利，但對佃農的影響卻不如按定額錢租嚴重。

　　假如改採定額錢租繳納，對佃農言，也利弊互見，但與地主的立場，剛好相反。因佃農要繳的地租係按現金繳納，故當產品價格上升時，佃農可以出售較少的糧食所得代金繳清，利益較大，但地主所收地租代金的購買力降低，比較不利。反之，如農產品價格下降，佃農為了繳租便需出售較多的糧食，其利益減少，故對佃農不利，但地主所收地租代金的購買力增大，故對地主有利。上述情形，可以用圖 6-9 表之。

　　圖 6-9 所設定的條件與圖 6-8 相同。設勞力的均衡投入量為 OL$_3$，此際的均衡產量為糧食 100 單位，如每單位糧價為 10 元，總產值（VTP）

為 1,000 元，而均衡定額租為總產量或總產值的半數，即為糧食 50 單位或錢租 500 元。假設地租採取實物租，如糧價上漲為每單位 15 元時，總產值增為 1,500 元，應繳地租為 750（15 元×50），佃農之現金收入亦為 750 元；假如糧價下降為每單位 8 元，總產值減為 800 元，應繳地租為 400 元（8 元×50），佃農之現金收入亦為 400 元。

　　如應繳地租為定額錢租且為均衡狀態時的 500 元為準，假設糧價上漲為每單位 15 元時，總產值為 1,500 元，佃農繳納 500 元地租後，尚有餘額 1,000 元，可購買 66.6 單位之糧食，故對佃農有利；但如果糧價下降為每單位 8 元時，總產量為 800 元，佃農繳納地租 500 元後，只剩下 300 元，故對佃農較為不利。地主所收地租 500 元可購買 62.5 單位糧食，故對地主有利。

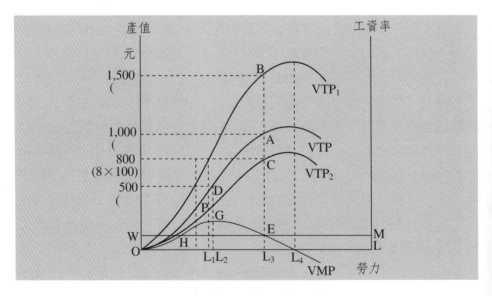

圖 6-9　實物租與現金租之比較

五、分益租與定額租之比較

所謂分益地租係佃農向業主約定，按農產品實際收穫量依一定的比率繳納地租的佃耕型態。如係五五對分，即佃農與業主雙方折半分取農產品收穫量，此為分益租中最普遍的地租比率。

圖 6-10 的 TP 表總產量曲線，MP 表邊際產量曲線也表 VMP（邊際產值曲線），WL 表工資率，I 為均衡點（VMP＝WL）。

圖上 OL_4 為最有利投入量，此際的總產量為糧食 100 單位，勞力總成本等於□$OWIL_4$，設勞力總成本剛好等於糧食 50 單位的產值，在完全競爭情況下，定額租正好等於糧食 50 單位（總產值減勞動總成本或佃農之勞動所得）。

設分益地租採五五對分產量，即租率為邊際產量的二分之一，此等於 $FJ/FL_1 = GK/GL_2 = HM/HL_3 = IN/IL_4$，故佃農繳納邊際產量的一半以後的邊際產值，可以用曲線 $OJKMNL_5$ 表之。設工資率仍然維持原先的 WL 水準，此際佃農的勞力最佳投入量為 OL_3，而不是定額租的 OL_4。蓋勞力投入為 OL_3 時，邊際成本（WL）等於邊際產值（ML_3），而 OL_3 少於 OL_4，故分益租的佃耕，其土地利用度較之定額租佃耕的土地利用度粗放，亦即沒有達到市場的最佳利用度。

至於分益租佃耕少投的勞力量（即 L_3L_4 的勞力投入）應該如何利用？就佃農的立場言，即宜另承租其他農地從事耕作，縱令地租率仍為邊際產量的二分之一，但佃農將能分取較之圖 6-10 所示□L_3MNL_4 為多的糧食，故分益租佃耕的土地利用度勢必較之定額租佃耕的土地利用度粗放，單位面積的產量也少於定額租佃耕的產量。

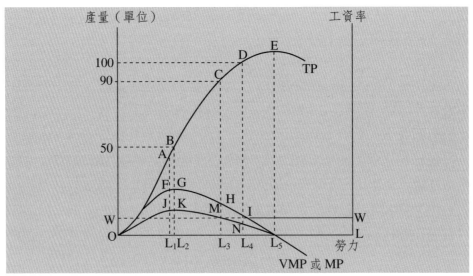

圖 6-10　分益租與定額租之比較

第五節　農地利用原則及作物制度之組合

一、農地利用原則

　　從前面所提農地利用之特徵，即可推論，農地利用應遵守的原則，計有下列幾項：

㈠充分利用地力，但不可掠奪地力

　　農業經營的目的，旨在獲取最大而持久的收益，故於利用農地從事生產時，亦須設法發揮土地的最大生產力，同時必須維持原有的地力俾利繼續維持正常的農業生產，以資獲取最大而持久的利潤。所以不可以

為了貪圖短期的暴利，過度耗用地力，降低土地生產力。亦即不允許實施掠奪地力的土地利用方式。

所謂「燒墾農業」或「燒田移耕農業」即掠奪式農業的一種，應予禁止，以免引發嚴重的後患。從前，臺灣的山地同胞與韓國的山地農民，曾均實施過燒田農業，造成不少災害。不作地力的維持而長期實施多期作農業，結果勢必大量消耗地力，降低土地生產力，亦屬於掠奪式經營的一種，為一項不合理的土地利用方式。故於組合多期作農業的作物制度時，必須考慮各種作物的生產特性及其地力消耗情況，且在作物制度中儘量配合豆科作物及綠肥作物，藉此維持原來的正常土地生產力，促使農業經營得以繼續維持原有的生產水準。

(二)加強農民之間有關土地利用業務之協調及聯繫

農業生產因比較迅速地承受報酬遞減律的限制，所以需要較大的土地面積。農業生產尤其作物生產大都在廣闊的土地空間實施，所以各個農戶的生產行為及土地利用方式往往會影響與該土地相鄰接及其周圍耕地的農業經營及土地利用。故在各個生產農戶之間，若沒有作好田間作業及農地利用計畫的聯繫，即很容易引發互相干擾的困擾，導致不良的影響及嚴重的損害，產生不少的問題與麻煩，甚至妨礙整體的農業生產，後果堪慮。

例如，位於水利系統上下游的兩塊不同農地，其相互之間的關係似可以說是息息相關，唇齒相依，故其田間作業及農地利用等在彼此之間必須作好聯繫與協調，避免互相干擾，以便維護下游農地的正常利用。一般而言，上游農地的區位條件通常概優越於下游農地的區位條件，故其取水、排水等如沒有訂定適當的節制，尤其於缺水的乾燥季節或夏季的豪雨季節，下游農地將很容易受到嚴重的不良影響，此不僅會妨礙下游農民的農地利用，同時亦必降低農業經營的收益。

此外，例如為了防治病蟲害的發生於實施農藥的噴灑時，須與其農地周圍的農地所有權人或使用人取得聯繫或協調，最好能夠統一訂定擬

栽種的作物種類，俾利實施共同防治或共同噴灑農藥。如此不僅可以節省一部分的防治及噴藥成本，同時亦能提高防治及噴藥效果，藉此增加單位面積產量，降低生產成本而有助於生產收益的增加。

(三)研擬農地利用計畫時，必須考慮農業經營之收益性

在交換經濟已十分普遍的現行經濟社會制度下，農業生產的目的也已脫離了以往在傳統社會以供應自家糧食為主的生產目的，而已轉變為以生產商品作物為目的的農業經營。農業經營目的既以追求最大而持久的利潤為依歸，故於研訂農地利用計畫時，亦須以追求利潤為最優先，亦即在自然條件允許的情況下，研擬以利潤為導向的農地利用計畫。

(四)避免過度違反自然條件之限制

農地利用計畫的編定，雖宜以追求利潤為導向，但農業生產畢竟為有機性生產事業的一種，難免承受自然條件的限制，假如過度違反自然條件的支配，遇將造成嚴重的歉收，導致得不償失的局面，故不可不加以考慮。如在一九六○年代初期，臺灣的香蕉大量外銷日本，售價偏高，蕉農獲利頗豐，是一種有利可獲的經濟作物。但香蕉的生產，對颱風吹襲的抗力最為脆弱，如真正遇到颱風的襲擊，縱令實施支柱以資保護，亦難避免大量的損害。故含有颱風季節的香蕉生產，其風險非常巨大，雖有厚利可圖，但不確定的風險亦十分嚴重，故於研擬農地利用計畫時，不能不加以考慮。

二、作物制度之組合原則

作物的生產是消耗地力的生產事業，故必須審慎考慮地力的維護，否則勢必降低土地生產力，大幅影響生產量和收益。土壤裡面含有多種元素且含量相當豐富，唯獨N、P、K（氮、磷、鉀）三種元素的含量較少，容易缺乏，而需要補充的元素，也是上述三種元素，通常將此三種

元素稱為肥料三要素。故於組合作物制度時，必須考慮此等三要素的維護與補充，俾能維持正常的土地生產力。一般而言，於組合（Combination）作物制度時，必須考慮的原則，計有下列幾項：

㈠組合消耗 NPK 三要素的數量互不相同的作物

土壤中所含有的元素中，數量比較缺乏者為 NPK 等三種，而此三種要素均為作物生長過程中所必須的，但各種作物消耗三要素的情況卻不盡相同，有者如水稻，消耗 N 元素特別多，有者如甘藷，消耗 P 元素較多，而煙草卻消耗 K 元素較多的作物。從維持地力的觀點言，於組合作物制度時，宜避免選擇，大量消耗同一種要素的作物，如能將消耗 NPK 三要素的數量不同的作物組合起來，這樣就可以避免大量消耗同一種要素，引起某種要素大量缺乏，但其他要素卻尚有剩餘的情況。如此對地力的維護幫助較大。

㈡適當組合深根作物與淺根作物

玉米、高粱、甘蔗等作物的根部，伸入土壤中的深度較大，故稱為深根作物。此等深根作物，通常都吸收土壤層中較深部分的地力與肥力，但對土壤上層的地力與肥力卻吸收較少。故於組合作物制度時，宜避免全部選擇深根作物，使得土壤深層的肥料消耗殆盡。但土壤上層的地力與肥力卻大都沒有利用，導致地力的消耗不均衡。同理，水稻、葉菜類蔬菜，多半都是根部較短的淺根作物，消耗地力也集中於土壤表層，導致表層土壤的肥力消耗過多，但深層土壤的肥力卻大多維持原狀，地力的消耗不均衡，造成資源利用的不經濟。故於組合作物制度時，宜適當配合淺根作物與深根作物，使得土壤肥力的消耗得趨於均衡，以資有效維護地力。

㈢組合易於遭受的病蟲害互不相同的作物

作物可能遭受或感染的病蟲害通常不盡相同，如能組合易於遭受的病蟲害種類不相同的作物，則前作遺留下來的病菌或蟲卵等，將不會傳染於後作，減少後作可能遭受病蟲害的機會。倘如前後作可能遭受的病蟲害種類相同，此際，前作遺留下來的病菌或蟲卵，將直接傳染於後作，使得後作遭受病蟲害的機會增多。因而降低生產量，導致生產收益大幅減少，甚至毫無收益可言。

㈣作物制度中，適度編入豆科作物或綠肥作物

空氣中，含有五分之四的氮氣，但此等氮氣，大多作物都無法直接吸收，供作作物生長所需要的養分。但豆科作物因在其根部尖端，可以長出所謂「根瘤菌」，這是一種細菌，惟此種細菌可將空氣中的氮離子固定於土壤裡面，以供作物生長之需，尚有剩餘者即遺留於土壤裡面，以供後作利用。故豆科作物的栽種，頗有助於地力的增進。

施用化學肥料，雖有助於地力的補充，但任何一種化學肥料，均含有相當比例的雜質，此等雜質在土壤裡面累積愈多，愈容易損害土壤的物理性與化學性而不利於作物的生產。故長期使用化學肥料，將導致土壤硬化及酸化，使得土壤缺乏鬆軟性而不利於根部的伸長；同時，土壤的透水性透氣性欠佳而妨礙土壤細菌的生長；保肥力降低而有損施肥效果，此等對作物的生產，均頗為不利。惟能補救上述各種缺失者，只係多使用堆肥、廄肥等有機肥料。但此等有機肥料的提供，隨著農家勞力缺乏以及生活方式的改進，卻愈來愈困難，而比較容易採取的方式，即栽種綠肥作物（Green Manure Crop），以此增進土壤中的有機質，藉以改進土壤結構。在臺灣地區常用的綠肥作物，有田菁、豌豆、大豆、大菜及紫雲英等。

㈤適當組合勞力集約作物及勞力粗放作物

花卉、蔬菜、煙草等於栽植收穫或調製時需要較多的勞力，稱為勞力集約作物（labor intensive crop）；而玉米、高粱、甘藷、甘蔗等所需勞力較少，稱為勞力粗放作物（labor extensive crop）。一般說來，作物的生育期間，所需勞力量每一段期間不盡相同，通常在栽種時與收穫時所需勞力量較多，成為農忙時期，其餘時期所需勞力較少，稱為農閒時期。此兩種作物如不加以適當的調整，農家的勞力分配將非常不平均，對農業經營及土地利用，均有不良影響。但如能將農忙季節設法予以錯開，不僅可以有效利用家庭勞力，同時亦可少雇用雇工，節省支出，降低農業生產成本。蓋於農忙季節，不僅農業勞力的雇用困難，工資率亦頗高於經常的平均工資率，工資支出較大。

欲使農場勞力的需求平均化，通常可以將農場耕地劃為兩大區，於一區栽種勞力集約作物，另一區栽種勞力粗放作的；如係多期作農業，其作物制度的組合，宜設計在一區內勞力需求為農忙時期者，於另一區則組合為農閒時期，亦即將兩區的農忙時期錯開，以資減低勞力需求量的峯頂（Peak），俾利有效利用家庭勞力。其情形如圖6-11及6-12所示。

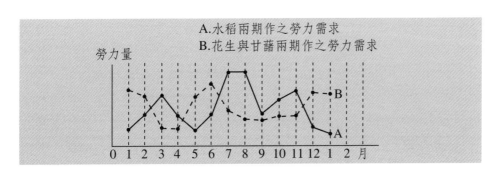

圖 6-11　農場勞力需求之調節

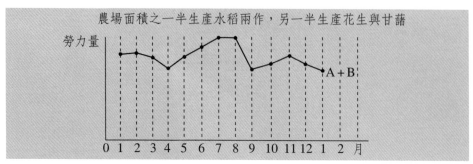

圖 6-12　農場之勞力需求

第六節　農地轉用之分析

一、土地用途變更之必要性

　　人類的生存離不開土地，而為了正常生活的維持，需要各種不同用途的土地。故於研訂土地利用計畫或都市計畫時，通常都須編定住宅用地、商業用地、工業用地、農業用地、文教用地，公共設施用地、機關用地、交通用地等等各種使用地，並實施使用管制，以維護良好的生活與工作環境。經編定的各種使用地，非經許可，理當不得任意變更使用。

　　惟現實的社會為動態的社會，人口的數量時時刻刻在增加，經濟活動也不斷地在發展，所以原來編定的用地面積不夠使用時，勢必從其他用途的土地編入，以應需要。換言之，在成長中的社會裡，用地的變更使用為一件必然的現象。但對用地變更之認定及變更程序必須訂定完備的法令規章，以資遵循；對變更面積亦須視實際需要嚴格規範，而不可由土地使用人任意變更，避免妨礙土地利用及破壞土地使用編定與管制秩序。

例如，當人口增加時，對住宅用地的需求勢必隨之增大，原來編定的宅地面積如不夠需要時，勢必將其他用地轉編為住宅用地，以應需要。又當工商業發達時，工業用地及商業用地的需求隨之增大，如原編定的工商業區用地不夠需要時，當須增編新的工商業用地，因而引起其他用地的變更使用。再者，當經濟活動活絡，國民所得水準提高時，對交通用地及公共設施用地的需求勢必增大，為了增編此等用地，勢必引發其他用地的變更使用。

換言之，隨著人口增加、國民所得水準提高，以及工商業發達，對住宅用地、商業用地、工業用地、交通用地以及公共設施用地的需求勢必增大，為了因應此項需要的增大，當將促使其他用地的變更使用，增加用地的供給。惟土地用途的變更，其認定及變更程序等，須訂定一套完整的法令規章暨作業規則，俾利遵循，防止濫用及違規使用，藉此維護土地利用之計畫性及有效性，以增進土地利用效益。

土地用途之變更，通常都由低密度使用之用地，轉變為較高密度使用之土地。而低密度用途之土地能產生的地租，通常都低於高密度用途之土地所能產生的地租。故土地用途之變更，通常都會為土地所有權人帶來或多或少的土地轉用利益。則由於土地用途變更，變更後的地價高於變更前的地價，形成所謂用途變更的漲價利益。此項增值屬於實質開發利益（material development revenue）的一種，以往在英國將其視為土地處分（deem disposal）而曾被課徵土地開發稅（development land tax）。註6

由於土地轉用不僅與土地有效利用有關，同時亦與土地增值密切相關，所以很容易引發部分土地所有權人冒險違規轉用，破壞完整的土地利用計畫。雖然，土地變更用途為發展中社會的必然現象之一，但土地轉用問題之處理，必須審慎為之，嚴格執行，並有效防止不法地主之任意變更使用，貫徹有秩序的土地利用計畫，俾利增進地利。

二、農地之轉用趨勢

　　農牧用地集中的農業區，通常面積廣大，地形平坦，地上障礙物少，清理簡單，故只要區位合適，最適合於開發為工業區，改為工業生產使用。事實上，臺灣的許多工業區，都是由農業區開發而成的。一般而言，一公頃農地作為農業使用時，頂多只能創造一個人的就業機會，其農業產值偏低，用於維持一家人口的生活，仍然十分勉強。但一公頃農地改變為工業使用興建工廠時，也許可創造一百個人的就業機會，維持一百家人口的生活，其利用效益大增，土地價值隨之升高，地主的獲益特別巨大。

　　通常，農地的分布廣泛，到處可以取得，地形多平坦且整齊，地上物或障礙物少，轉用時的整地簡單，加上地價較低，所以很容易改變為宅地以興建住宅。如上述，農地的收益能力偏低，用途的轉用成本低，但一旦變更為宅地使用時收益大增，身價百倍，如缺乏嚴格的用途管制，很容易引發違規轉用，損害有秩序的土地利用計畫。

　　如上述，由於農地的轉用成本偏低，所以很容易改變為其他用途使用。農地的改變用途，除了上述的工業用地與住宅用地以外，尚有倉儲用地（如：貨櫃場）、物流中心、工商綜合區、高爾夫球練習場、加油站等，不勝枚舉。由於農地的轉用利益偏高，所以很容易引發一部分農地所有權人的違規變更使用，破壞有秩序的土地利用計畫，形成土地使用管理上的困擾。故農地轉用，通常可分為合法的轉用與違法的轉用兩種。

　　由於農地轉用獲利頗豐，所以很容易引發農地所有權人的違規轉用行為。此際，如果土地使用管制及違規轉用的處罰稍為不嚴，農地違規轉用的情況勢必更多。就以往的情況言，實施都市計畫範圍內的土地使用管制比較嚴格，而非都市土地的使用管制情況卻不如都市計畫區域內的土地使用管制嚴格，所以非都市土地的農地違規轉用的情況較多。常見的農地違規轉用情況有如，實施區域計畫前的搶建違規住宅、廢料堆置場、公路休息站、路邊小商店等。因此，今後必須加強非都市土地的

使用管制，防止農地的違規使用。

　　助長農地違規轉用的另一個原因，係由於經濟快速發展以後，農業逐漸失去以往的有利性，農家收入菲薄，政府為了減輕農民負擔，增加農業收益，遂於 1987 年停徵田賦，迄今仍然繼續停徵，為耕種的農民減輕了不少負擔，成為一種頗得稱讚的政策，對農民助益不少。

　　惟田賦的停徵也產生了不少負面的影響，其中主要者，計有下列幾項：

　　1. 田賦為地方稅，田賦停徵以後地方政府的稅收減少，對鄉鎮財政的影響較大。

　　2. 除公有公用土地以外，其餘土地都須依法納稅，而只對農地免徵田賦。的確有違賦稅平等原則，有失公平。[註7]

　　3. 農地一律免徵田賦以後，原以免徵田賦為手段所作的獎勵措施，都失去其效力。諸如，農地一子繼承可免徵田賦 10 年；又為擴大農場規模新購農地其新增部分可免徵田賦 5 年等。[註8]

　　4. 農地閒置不用，經通知限期使用，逾期仍未使用，便按應納田賦加徵一倍至三倍之荒地稅。惟母稅的田賦既已停徵，荒地稅亦跟著停徵，因而有損土地利用之增進。[註9]

　　由於田賦停徵，使得以田賦為母稅之荒地稅也跟著停徵，是以農地即使廢耕或閒置不用甚至違規轉用，亦不必承受稅賦上的懲罰，如此，勢必助長農地之投機性購買以及農地之違規變更使用。

　　一般而言，政府實施某種特定措施時，受惠人民起先都對政府十分感激。但此種感念之情，將隨著時間的經過，逐漸淡化，如時間愈久，受惠人漸失去感覺，最後變成自然，以為此等優惠措施是應該的，變成毫無感覺。此際，如欲取消此等優惠措施，反會引發受惠人的抗爭，使得取消優惠的政策，更難執行。如此一來，當初政府的美意完全消失，不但不能發揮正面效益，反而成為推行其他政策的阻礙。停徵田賦的政策，正好與上述情況相似，不但受惠的農民不再感念政府的美意，反而助長農地的廢耕以及違規轉用等，妨礙農地利用政策，實在值得重新檢討，謀求改進辦法。

歷年來,耕地(水田與旱田)的減少面積及其減少原因和用途轉變的情形,如表 6-2 及表 6-3 所示。

表 6-2 臺灣地區水田減少面積

單位:公頃

年次	減少面積	減 少 原 因 及 其 面 積							
		住宅及農舍用地	公共設施用地	工 商用 地	養魚池用 地	重劃及測量校正	造林及廢耕地	流 失埋 沒	其 他
1978	6,714.93	1,372.24	563.75	531.46	1,592.36	—	588.13	56.26	2,010.73
1979	5,878.32	1,459.94	536.90	650.53	1,575.68	671.09	416.31	130.79	437.08
1980	7,065.84	1,594.51	936.77	937.92	873.73	1,201.65	691.15	91.20	915.91
1981	9,682.37	1,531.66	703.91	309.69	516.81	5,811.17	360.62	340.89	107.67
1982	3,824.50	818.12	492.44	668.82	547.32	796.18	179.46	229.65	92.51
1983	6,077.28	823.36	776.21	181.97	1,190.14	1,565.60	1,053.11	44.79	442.10
1984	7,103.19	1,163.80	760.68	366.81	750.11	1,964.47	681.86	158.21	1,257.15
1985	8,085.96	556.75	575.03	168.99	1,722.46	2,046.00	1,437.61	222.57	1,356.55
1986	4,757.68	471.03	406.48	152.59	709.03	1,724.82	607.12	118.02	568.59
1987	8,990.13	824.03	491.08	557.89	1,672.96	1,543.19	418.94	264.46	3,217.58
1988	6,686.66	1,154.99	693.09	639.36	1,089.22	636.49	679.68	72.93	1,720.90
1989	6,772.39	1,139.28	886.03	354.85	1,051.07	2,171.92	559.01	415.83	194.40
1990	4,566.00	1,002.69	751.74	287.47	715.25	837.04	198.46	226.97	817.03
1991	6,280.31	1,002.69	729.54	204.27	474.86	2,087.19	539.64	58.54	1,183.58
1992	10,011.89	1,909.28	1,407.56	527.30	1,692.00	1,788.26	1,491.00	104.01	1,092.48
1993	3,816.58	1,366.26	707.74	273.37	292.27	673.59	257.11	9.19	239.05
1994	5,985.63	1,479.06	667.57	506.96	697.40	1,097.09	779.53	265.23	492.89
1995	5,322.70	972.56	901.17	374.81	321.87	1,497.68	251.12	59.42	944.07
1996	4,989.67	1,107.05	798.71	224.22	178.46	1,520.49	526.04	208.47	426.23
1997	4,951.56	1,238.96	849.16	362.79	285.28	823.66	314.09	15.13	1,062.49
1998	5,996.20	1,015.68	1,151.21	490.64	344.44	1,471.10	673.67	32.55	816.91
1999	8,760.73	1,769.48	1,610.67	418.60	877.22	1,041.68	721.95	166.85	2,154.28
2000	3,760.70	691.82	1,454.96	111.84	357.37	304.09	333.46	195.62	311.54
2001	4,121.97	794.66	1,231.65	225.98	141.23	528.40	302.45	661.70	235.90
2002	5,134.52	455.59	1,206.15	400.66	170.35	2,159.51	348.07	49.17	305.02

資料來源:行政院農業委員會編印,《農業統計年報》,民國 91 年。

表 6-3　臺灣地區水田減少面積

單位：公頃

年次	減少面積	減少原因及其面積							
		住宅及農舍用地	公共設施用地	工商用地	養魚池用地	重劃及測量校正	造林及廢耕地	流失埋沒	其他
1978	13,037.05	1,186.64	459.76	722.02	182.33	—	7,095.49	111.61	3,279.20
1979	8,398.68	938.41	926.72	667.85	272.68	936.00	3,672.24	586.49	398.29
1980	6,438.03	1,268.36	718.88	308.18	135.28	1,581.41	3,515.36	98.34	12.22
1981	7,887.71	663.90	515.62	208.82	151.41	2,225.16	3,669.82	339.80	113.64
1982	11,034.57	849.15	1,056.10	585.53	408.00	3,203.71	4,125.08	316.00	486.00
1983	6,190.02	631.05	522.60	147.01	829.02	690.36	2,609.72	52.53	707.73
1984	10,802.76	369.85	778.88	325.70	217.55	2,981.89	4,016.40	154.57	1,357.92
1985	12,994.53	229.18	479.51	150.81	544.82	1,932.06	7,862.65	361.21	1,364.29
1986	11,951.85	369.13	495.65	206.29	473.28	1,902.91	7,462.77	476.73	565.09
1987	7,388.92	667.68	722.53	513.98	965.26	1,389.51	2,299.31	327.57	503.08
1988	10,361.48	685.43	1,027.83	506.51	762.73	1,739.73	3,689.23	276.99	1,673.03
1989	6,377.43	589.80	384.91	163.61	502.36	1,429.93	1,740.77	571.00	995.05
1990	6,746.30	385.33	1,491.94	175.07	572.39	679.05	2,085.04	517.72	839.76
1991	5,618.59	799.64	426.74	828.92	566.32	481.00	1,831.34	216.33	468.30
1992	7,651.20	1,175.44	1,299.54	677.88	328.24	607.37	1,842.26	239.70	1,480.77
1993	5,761.85	802.40	1,020.04	354.94	338.68	1,509.55	1,359.69	34.15	342.40
1994	5,972.90	652.61	402.54	187.19	999.88	718.19	1,907.44	203.23	901.82
1995	6,727.84	665.90	500.90	189.20	210.26	1,703.43	1,248.84	27.43	2,181.88
1996	4,595.25	686.21	585.07	129.23	130.10	245.38	1,332.23	641.76	845.27
1997	8,634.21	739.40	1,631.63	342.40	141.40	2,674.33	1,823.60	94.55	1,186.90
1998	7,326.26	998.46	1,477.77	891.26	95.85	1,105.09	1,543.05	108.65	1,106.13
1999	6,961.90	362.74	845.11	308.27	120.94	2,005.79	1,443.12	663.53	1,212.40
2000	2,760.30	212.09	703.15	128.96	103.44	403.34	860.46	166.94	181.92
2001	2,835.39	291.00	232.68	115.12	62.40	787.53	1,134.87	832.68	378.71
2002	3,990.85	365.98	485.11	59.43	98.51	1,695.40	1,017.24	48.20	220.98

資料來源：行政院農業委員會編印，《農業統計年報》，民國 91 年。

三、實施有計畫的農地釋放

　　民國八十四年四月，行政院核定實施「農地釋出方案」，所揭示之政策目標為：促進國土資源之合理分配與有效利用、維持農業生產環境之完整性、符合社會公平原則以達到地利共享。循此目標，農地變更用途需謹守規劃配置適當公共設施、環保設施、隔離綠帶及繳交回饋金等基本原則，並實施總量管制，而可分釋出 48,000 公頃及 160,000 公頃之農地。

　　土地利用本來就具有多樣化特性。惟土地數量固定不變，各種用途應各分派多少土地，將隨著人口變動及社會進步，競爭的情況亦愈劇烈。就理論言，分派於各種不同用途的土地，務使其邊際利益能夠趨於均等註 10，這樣，其整體的利益最大，亦為最佳的土地分派。但就個人（土地所有權人）的立場言，大多都希望，自己的土地能夠自低密度用途核准改變為高密度用途，藉此獲取更大的土地利益。蓋這樣一變更，地價立刻升漲，土地所有權人將可取得鉅額的土地漲價利益。

　　我國應該保持多少農地，當須決定於我國應該自行生產多少農產品自給，據此計算我國必須保留的農地面積。假設我國所需的農產品均可仰賴國外進口，那麼我國便無須從事農業生產，亦無須保留農地，目前所用的農地，全部可供釋放，供作農業以外的用途。註 11惟進口全體國民生活所需的農產品，需要龐大的外匯準備，故將全國所需的農產品全部仰賴國外進口，實際上不可能，也不必要，也非常不安全。蓋將全體國民的廚房，完全掌握在國外廠商的手裡，不但十分地危險，也非常不理智的作法。何況，我國的土地資源並沒有缺乏到絲毫不能提供農業使用的程度，而尚有不少土地可供農業的使用的能力。

　　農業的功能，除了上述提供國民糧食、保障國民生活的安全以外，尚有保護自然生態、改善自然環境的功能。例如，在人口密集的都市裡，到處可見到單調的人工硬體設施，缺乏植生花草等綠色的自然景

觀。為了增加都市的自然景色,必須投入鉅額經費以興建公園、培植路樹、花草、美化環境。而農業生產的對象多為植生作物,農地宛如一片綠色的開放空間,田園的景色宜人,環境優美,形成一個美好的生活空間,是都市居民嚮往的渡假好去處。我們不可以忽略農業及農村所創造此等無形的效益及其對整個社會的貢獻。是以不能只以農業經營無利可圖,而輕言農地自由化並任意釋放農地。

除此以外,全體國民當中願以務農為職志者,亦非絕無。他們亦可在農業部門發揮優秀的企業能力,實施現代化的農業經營,促進農業發展,且可就近為國民提供新鮮與品質良好的農產品,而有助於國民健康的增進。如此,對整個國民經濟的發展亦必有貢獻。同時,尚有一部分的人,很可能除了從事農業生產以外,或許沒有其他謀生的能力。對這些人,政府也有責任輔導他們從事農業生產,在農業部門裡面謀求發展。就此而言,從整個國民經濟的均衡發展來說,也有必要維持某一定比例的農業生產及其所需的農地。

一個國家應該保持多少農地以供農業生產之用,理應以其農產品自給率為依歸,而農產品自給率之高低,便可由其農業政策或糧食政策的觀點決定。如基於糧食安全的觀點,自給率的目標通常會採取高標準;反之,如基於經濟或貿易的觀點,自給率的目標很可能採取低標準。是以,如欲釋放農地,必須預先確定我國農產品自給率或主要糧食自給率,究竟設定於何種標準,據此計算所需農地面積,爾後就現有農地總面積扣除為維持所訂自給率所需農地的餘額,便是可供釋放的農地面積。

如以日本的情況言,據其「全國基本計畫」訂定^{註 12},西元 2010 年之糧食自給率的目標為 45%,為之,應確保的農地面積共計 470 萬公頃。日本為世界工業先進國家之一,標榜貿易立國,目前擁有外匯存底將達五千億美元^{註 13},約等於臺灣現有外匯存底之三倍,而其未來糧食自給率的目標仍訂定 45%,高於目前的 30%,其用意值得我們深思。目前,日本的總人口約為一億二千六百萬人,約為臺灣總人口的 5 倍多一點,而日本預定保留 470 萬公頃農地,如不考慮土地生產力的差異,則

按日本的標準，臺灣理當保留 80 萬公頃農地。果真如此，臺灣似沒有多餘的農地可供釋放。

所謂總量管制，並不完全符合土地利用的規劃原則。蓋於辦理農地釋放時，不僅須預先決定應保留的農地面積，然後再計算可供釋放的農地面積。除此以外，尚須研訂應保留者究為何種農地？是水田還是旱田？各種農地應保留多少？又應保留者究為高等則農田抑或低等則農田？其地理位置的分布情況如何等等。此等問題均須預作有系統和有制度的規劃，並作對農業部門與非農業部門都有利的安排。

如從農業部門的立場言，預定釋放的農地當以低生產力者為宜，而儘量保留高生產力的農田，俾利農業生產得以發展。但從有意購買經釋放農地的購地人的立場言，通常都偏好交通及區位條件良好的土地為多。但此種農地，往往都屬於生產力較高的優良農地。所以農業部門與非農業部門的需求，時有互相衝突的可能。再者，預定釋放的農地不宜為零星農地或分散於四處，又其面積宜較大並為整體規劃者，藉此避免妨礙其周圍被保留農地的生產環境和農業生產設施。換言之，不可因為農地的釋放，而引起新的困擾或破壞原有的生產環境，更不可因此而損害鄰近的農業生產環境。

 第七節　法人承受農地及其面積之限制

近年修正之農業發展條例已於民國 89 年 1 月 26 日公布施行。惟於立法當時，考量加入 WTO 後[註 14]，諸多農業施政措施可能需要配合修正，乃於該條例第 77 條規定，該條例修正施行滿兩年，由中央主管機關檢討之。

該條例的修正要點中，有關農地修正之主要者，係由「農地農有農用」調整為「放棄農地農有，落實農地農用」。則自然人皆可承受耕

地，而農企業法人經由許可，得有條件地承受耕地，但私法人不得承受耕地。

臺灣業於西元 2002 年成為 WTO 的會員國，又時值農業發展條例修正施行屆滿兩年之際，當須檢討該條例之有關規定，儘速建立合宜的農地利用、管理與釋出機制，以確保我國的農業發展。茲擬針對法人承受農地及其面積上限問題，探討如下。

一、農民團體及銀行業得否承受耕地

依農業發展條例第 33 條規定，私法人不得承受耕地。[註 15] 但農民團體、農業企業機構或農業試驗研究機構經取得許可者，得以承受耕地。惟其許可條件，需符合該條例第 34 條規定及農業委員會訂頒之「農業技術密集或資本密集之類目及標準」暨「農民團體、農業企業機構及農業試驗研究機構申請承受耕地移轉許可準則」等規定。頃有部分農民團體（農會）及銀行業者為解決其逾期放款問題，要求放寬讓渠等可無條件承受其客戶抵押之耕地，另有信託業者亦要求得無條件移轉其委託人之財產，均須斟酌探討的問題。

一般而言，土地雖為私有財產的一種，但因土地所具固有特性，使得它也具備深厚的公共特性。故與一般的資本財比較時，土地的持有、移轉、使用等，常受到一些法令限制，藉此俾利增進人民的公共利益。就此而言，農地的公共特性通常都高於一般土地。因此，各國對農地的取得、移轉、使用等都訂有一些管制及保護措施，同時對農地的稅賦及農業生產等，亦常賦與一些優惠措施，以資補償。

但所有的農民都不喜歡農地受到管制，他們希望所有的農地最好都能夠自由地買賣、移轉、使用，不必加上任何限制與管制。此種意圖雖可以了解，但對於增進人民的公共利益卻毫無幫助，亦無助於農業的正常發展。農會及銀行業者要求准其承受客戶抵押的耕地，民意代表亦多表示贊成，惟此等要求並不符合法理與邏輯，甚至很可能危害整個國家

體制。

　　蓋農會或銀行業者事先均已充分了解，他們依法都不能承受客戶抵押的農地，故於收受抵押品時便須考慮，客戶不能償還貸款時抵押品的處理問題。如今，客戶的貸款變成呆帳，農會及銀行的經營發生困境時，便想賴政府或運用民意代表要求政府准予承受客戶抵押的農地。這顯然意圖將其本身應該承擔的經營責任轉嫁給政府承擔，甚至有意以可能引發金融風暴危險要挾政府接受要求的企圖，頗不合乎法理，妨礙制度，理當不能贊同。

　　其次，果真能由此等金融機構承受客戶抵押的農地，那麼此等農會及銀行機構便均有機會成為農地的大地主。蓋此等金融機構均可以運用貸款的途徑以替代購買取得農地，並可以有計畫地大量搜購農地及至達到某一定規模時，再依法申請變更用途，而只要支付規定的回饋金，便可以轉變用途，達到抄地皮目的。換言之，此等金融機關依法雖不能購買農地，但可運用轉一個彎的方式改採抵押貸款融通資金與地主，只要客戶不還款，此等金融機關便可以承受客戶抵押的農地成為地主。蓋金融機關如按市價融通資金，此等抵押貨款大多會變成呆帳。故金融機關如欲取得農地，實在易如反掌，根本沒有什麼困難。如此，豈不是破壞了整體的農地制度乎？

　　再者，農地的承受人理當以能利用農地者為原則，這樣方有助於土地利用，發揮地盡其利、共享地利的理想。然農會及銀行機構承受農地目的都不在於有效利用農地。蓋他們的經營業務項目中，通常都沒有農業經營項目，當然也沒有從事農場經營人才，故承受了農地以後將無法有效利用農地，也無助於農業生產。農會及銀行機構就其業務言，並不需要持有農地，故不必准予承受客戶抵押的農地為宜。

二、承受耕地面積設定上限的問題

　　限制私有農地面積上限的規定，首見於土地法。按土地法施行法第七條：「依土地法第二十八條限制土地面積最高額之標準，應分別宅地、農地、興辦事業用地。宅地以十畝為限，農地以其純收益足供一家十口之生活為限，興辦事業用地視其事業規模之大小定其限制」。上述對農地面積之限制，極為籠統且甚為不清楚。蓋農地純收益的計算，因農地種類（如：田、旱）及品質（如：等則）頗有差異，殊難統一規定。又一家十口之生活，究竟為何種方式的生活，殊難規定客觀標準，在執行上，困難特別多，故從來未曾明文規定，私有農地面積的最高額。

　　另據農業發展條例第十一條第一項規定：「私人取得農地之面積，合計不得超過二十公頃。但因繼承或其他法律另有規定者，不在此限」。所謂「私人」係指自然人或農企業法人；又依該條例施行細則第六條第二項規定，所稱「農地」係指耕地而言。故有些農企業法人便稱，農業發展條例對面積的限制，無異阻其擬以購地方式擴大農場經營規模的途徑，希望能予取消。

　　此外，部分專家學者亦謂，農地利用的適當經營規模，因其栽種作物類別而有所差異。通常可區分為粗放利用型（如：甘蔗、甘藷、雜糧等）、集約利用型（如：蔬菜、花卉等），其土地利用型態不同，如不考慮此特性，而實施齊頭式一律規定以二十公頃為上限者，便有不妥適的疑慮。又謂，此項上限的規定，對自然人尚稱合適，但對農企業法人似有過小的顧慮，不能發揮大規模高效率的經營。

　　上述對私人農地面積設定上限的反對意見，雖然可以了解其想法，但在理論上卻尚有檢討的必要。如眾所周知，大規模經營具有一些優點，通常都優越於小規模經營，但經營規模卻未必為愈大愈好。則任何業種都具有其最適規模（optimum size），如超過此規模，在經營上未必有利。換言之，長期平均成本曲線的形狀，總是呈現 U 字形，只是

在各業種之間，具有一些差異。則有些業種的最適規模比較大，有些則小一點，其情形如圖 6-1 及圖 6-2 所示。故對私人農地面積設定上限，在理論上並沒有不妥。

　　例如，臺糖公司雖然擁有數萬公頃農地以種植甘蔗，供應製糖原料，但該公司的製糖部門年年虧損（年虧二‧三十億元），整個公司的經營仍以出售土地，以資維持業績。就臺糖公司言，並沒有發揮大規模經營的優越性。是以，該公司已計畫逐年縮小製糖部分，陸續關廠，最後擬只保留四個糖廠。故自理論上及實際上言，對農地面積設定上限，並沒有不妥之處。當然，對自然人及農企業法人，一律設限二十公頃，是否合理？又對不同地目（田、旱）的農地亦一律設限二十公頃的現行規定，是否合理？雖有檢討的必要，但設定上限的規定，確有實際上的必要。

　　雖然農業經營利益菲薄，非富有魅力的產業，但農業生產因具有經營與生活雙重特性。尤其於不景氣時，經濟的韌性特別強，雖然收益性不高，但生活卻具有充分的保障。故仍有不少人對農業經營具有信心，有志於農業生產者尚不在少數。加上，除了從事農業生產以外，並不具備其他生產技能者，即使農業生產利益菲薄也不會轉業，而畢生選擇務農維生，農業成為他們的天職。為了此等人，政府與社會均有提供農地幫助生產的責任。故對私人農地面積規定上限的問題，就整個經濟社會言，仍有其必要。

　　其次，為了減輕農民負擔，增加農業收益，政府已自民國七十六年第二期起停徵農地稅的田賦，目前仍在繼續停徵，為農民創造了不少福利。同時，由於母稅的田賦停徵，使得子稅的荒地稅也跟著停徵。停徵田賦可謂為政府德政措施之一，惟此項美意竟受到一部分有心人惡用，卻助長了農地的投機，實在不勝遺憾。蓋資本雄厚者可大量購置農地，縱令任其荒廢不用，亦無須負擔田賦及荒地稅，其土地保有成本幾乎等於零。故購地者便可大放其心地待價而沽，等待土地的漲價利益。然農地經長期廢耕後，勢必導致水利設施及灌、排水系統荒廢，甚至造成農

地復耕困難。土地所有權人便可藉此機會申請變更使用，達到變更用途的目的，獲取鉅額的農地轉用利益。果真如此，勢必嚴重損害農地生產資源，阻礙農業部門今後的正常發展。

 本章註釋

註 1　Efferson, J.N. "Principle of Farm Management" 1953, Mc-Grow, Hill.

註 2　Black, J.D. and Others "Farm Management" 1948, Macmillan.

註 3　Kautsky "Die Agrar Frage" 1899.

註 4　David "Sozialismus und Landwirtschaft" 1903.

註 5　民法第 765 條：所有權人，於法令限制之範圍內，得自由使用、收益、處分其所有物，並排除他人之干涉。

註 6　英國於工黨執政時，1975 年公布 community land act。據此自 1976 年起開徵土地開發稅（development land tax）。凡土地處分（disposal）或實質開發（material development）時，將課土地開發稅。而土地實施建築或用途變更者，視為實質開發，成為課徵土地開發稅的對象。惟此項土地開發稅，已於 1985 年公布廢止。

註 7　平等原則為亞當史密斯（Adam Smith）所提賦稅四原則之一。其四原則為平等原則、確實原則、方便原則及經濟原則。

註 8　分別規定於農業發展條例第三十八條暨第四十一條。

註 9　參閱平均地權條例第二十六條之一。

註 10　合乎邊際報酬均等原則（equal marginal return principle）。

註 11　新加坡因國土狹窄，沒有可供農業使用之土地，其所需農產全部仰賴國外進口，是一種特殊的例子。

註 12　全國基本計畫係於西元 2000 年 3 月 15 日經日本國會認可。

註 13　據民國 92 年 6 月 6 日自由時報，西元 2003 年 4 月份外匯存底為 4,994 億美元，同年 5 月份臺灣的外匯存底為 1,752 億美元。

註 14　世界貿易組織（World Trading Organization）簡稱 WTO。

註 15　依農業發展條列第三條第十一款規定，耕地指下列規定之土地：⑴依區域計畫法劃定為特定農業區、一般農業區、山坡地保育區、森林區之農牧用地，或依都市計畫法劃定為農業區、保護區之田、旱地目土地，或非都市土地暫未依法編定之田、旱地目土地；⑵國家公園區內，依國家公園法劃定之分區及使用性質，經該法主管機關會同有關機關認定屬於前目規定之土地。

Chapter 7

市地利用

第一節　土地利用競爭

一、土地利用競爭為地租的競爭

　　土地是自然的產物，以人力難以創造，故其數量有限，且因位置固定，殊難有無互通運用，致其供給頗缺乏彈性。惟土地為人類生存的基礎，國民生活所賴，亦為主要生產要素之一，即人們的食衣住行等各種需要，均賴土地以資供應，惟因其數量有限而無法增加，土地遂成為眾人爭取的對象。隨著人口增加，工商業發達，社會繁榮，經濟活動活絡，人們對土地的需求與日俱增，土地不但逐漸成為稀少要素，亦導致其使用競爭日趨劇烈，因而形成嚴重的土地問題。

　　土地使用的目的通常有很多種，惟為討論方便起見，茲設有商業、工業、住宅等三種，並在有限的土地資源中，經常互相競爭使用。假設沒有法律上的使用管制時，決定每一塊土地的使用種類者，係基於各種產業所能產生的地租多寡，即產生的地租愈多者，其能負擔的地價愈高，占用土地的機會也愈大。在自由競爭市場裡，出價最高者，將占用該土地的使用權，而能產生地租最多者，方有能力出價最高矣。故土地使用競爭係地租的競爭也。

　　單位土地面積所能產生的地租，如按大小次序排列，通常依次為商業、住宅、工業、農業，故商業常占用區位條件最佳，地價最高的土地。商業或服務業特別注重區位，即人車來往頻仍，經濟活動熱絡的地點，為商業及服務業最愛的地方。由於交易行為繁盛，形成利潤的機會多，當然能夠產生較多的地租，所以有能力支出較高的地價，占用區位較佳的土地。

　　宅地的利用特別注重位置或區位,除了尋求舒適、寧靜、安全的居住環境以外,亦要求交通便捷或可及性(Accessbility)良好的地點。故其地租的負擔能力,常介於商業用地與工業用地之間。如就單核心的都市而言,商業用地、住宅用地、工業用地以及農業用地的區位分布,在單純理論上將如圖7-1所示。

　　圖7-1的O點表示單核心都市的市中心,並以距離市中心的距離大小代表區位的優劣。即距離市中心愈近,表示區位愈佳,所要負擔的地租或地價也愈高。圖上的R_1、R_2、R_3、R_4等斜線各代表商業、住宅、工業、農業等土地的地租線,其中,商業對創造地租的能力最高,所以占用了區位最好的土地;住宅所能創造的地租能力次之,所以占用了區位次佳的土地;接著為工業,而農業所能創造的地租額最小,故占用了區位最差的土地。

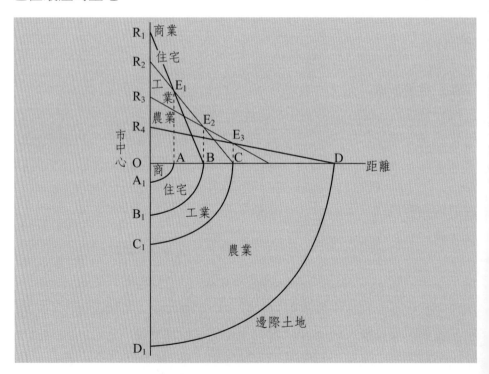

圖 7-1　土地使用競爭之情況

　　當商業地租增大時，地租線 R_1 將朝向右上方移動而成為 R'_1，由而擴大該商業圈並侵占了住宅圈，使得住宅圈相對地縮小。於是宅地的供給量減少，勢必帶動宅地的地價上升。故其地租線 R_2 將向右上方移動，成為 R'_2，此際宅地將向兩側擴張，一部分把先前擴張的商業圈推回去，一部分便向外側的工業圈擴張。由於宅地圈面積擴張，使得工業圈的面積縮小，於是工業的地租線 R_3 勢必朝右上方移動，設成為 R'_3，導致工業圈朝內外兩側擴張，其情況如同上述宅地圈的擴張情形一樣。

　　假設其他條件不變，只有圖 7-2 中的地租線 R_1 向上移動而成為 R'_1，則商業圈的外側將自 CC 擴張至 C'C'，使得宅地圈的圈距由原來的 HC 縮小至HC'。由於宅地圈的面積縮小，假如需求仍保持原狀不變，勢必促使宅地的地租線 R_2 向上移動而形成新的地租線 R'_2，於是宅地圈將向內外兩側擴張，其圈距由HC'擴大為H'H"。如此一來，工業圈的圈距便自原來的 IH 縮上為IH'，使得工業用地的供給量減少。假如工業用地的需求仍保持原狀不變，勢必使其地租線 R_3 向上移動而形成新的地租線 R'_3，導致工業圈的範圍朝內外兩側擴張，而其圈距便自IH'擴大為I'I'。

　　但上述的變動並不很快便停止，而勢必繼續互相影響，互相衝擊，然後逐漸縮小互動的幅度，最後達到均衡。但假如某一種因素發生變動時，將再引發上述的調整步驟，如此循環變動不已。假設地租線 R_2 向上移動成為 R'_2，勢必將商業圈之圈距自 OC'推回至 OH"，於是地租線 R'_1 勢必再往上方移動，將宅地圈之內側 H"H"向右側推回去。如此將不斷地互相影響與互相衝擊，經無數次之互相變動以後，將逐漸縮小其變動的幅度，最後終於達到均衡。宅地圈與工業圈的消長，亦必作類似上述的互相變動以後，方能達到均衡。換言之，各種用地之間地租的競爭正如牽一髮動全身的情況，其互動的情形極為錯綜複雜，而在動態的市場裡，除非其他條件固定不變，否則真正能夠達到均衡的狀態，的確很少，幾乎為可遇不可求矣。

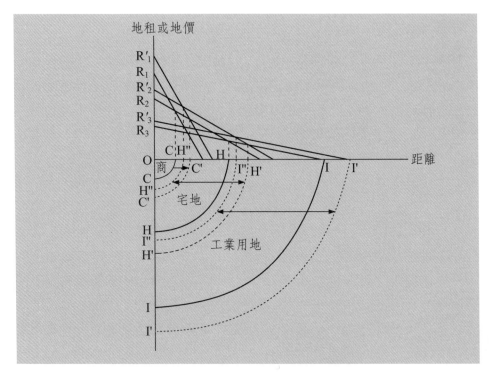

圖 7-2　地租（地價）變動與土地使用競爭

二、部分均衡分析之應用

　　影響土地利用競爭的因素很多，其中主要者有，人口、所得水準、土地制度、經濟活動、交通情況、政治情勢等，其影響程度，因時因地，各有差異。為了分析的方便起見，在討論過程中常常假設其他條件不變（other things being equal），而只分析影響因素當中的一項或兩項，觀察其變動，分析其影響，並判斷可能引發的結果。這種方法稱為部分均衡分析（partial equilibrium analysis），雖可做精細的分析，探討的過程也頗為有條有理，但因可掌握的變數極為少數，而與實際的情況差距

仍大，故其分析結果殊難直接應用於實際問題的解決，為其最大的缺點。

就現實的社會而言，人口、所得、經濟活動、交通條件、社會情勢等因素，都是時時刻刻在變動，可以說沒有一項因素是靜態不變的。換言之，我們的社會是動態的社會，影響土地利用的因素也時時刻刻在變動，故於討論現實的土地利用問題時，假設其他條件不變是不現實的。縱然如此，我們還是可以藉此尋求土地利用競爭的均衡點，只是該均衡點也時時刻刻在移動，永遠掌握不到真正的均衡點。這是一個必然的結果，並不意外。其實只要能夠掌握儘量接近於真實狀態，便是一件可喜的成就。縱然如此，一般均衡分析（general equilibrium analysis）的方法實際上還是困難重重，通常仍然只能做到部分均衡分析，據此推測實際的變化情況，不斷地實施比較分析較為常用。

三、宅地利用的特性

據阿隆索（William Alonso）謂，在美國的主要都市中，宅地面積占民間開發的土地面積中的五分之四，而居住已成為市地利用的主要型態之一註1，故本章的市地利用乃以探討宅地利用為主。

據世界保健組織（World Health Organization，簡稱WHO）所認定良好的居住場所係應具備，健康、舒適、方便、安全等四個條件。註2 假如具備良好居住條件的宅地數量非常豐富，且足夠於人們的需要，將可廉價提供給大家建築使用。但實際上，良好條件的宅地面積並不多，在僧多粥少的情況下，上述的宅地價格勢必特別昂貴，且隨著需求的增大，其地價亦必不斷地上漲，使得房地產價格升高，甚至造成多數市民一屋難求的局面，影響國民生活的安全與健康至鉅。

上述世界保健組織所提理想的住宅條件非常切實，只是有點抽象，不但量化困難，也很容易受到主觀判斷的影響，很難實施客觀的比較。一般而言，宅地的需求注重區位及可及性（accessibility），此與農地之注重自然生產條件之特性截然不同，所需每單位利用面積也不如農業生

產那麼廣大，只要足夠於興建一住戶基地面積即可。如再考慮公寓式住宅或集居式住宅等建築型態，則每一住戶所需基地面積，將可以更小，且可朝向土地的立體化利用方向發展，藉此降低宅地的需求壓力。雖然土地面積並非宅地利用的最大限制因素，但至少必須達到一個建築單位所需最小面積，這樣方能發揮宅地利用的效果。

如上述，宅地利用特別注意區位及環境條件，而區位及環境條件良好的宅地並非到處可得。故在數量稀少的情況下，宅地價格通常都高於工業用地價格及農地價格，此乃一種普遍常見的現象。

由於宅地面積比較稀少，加上其地價水準偏高，通常為了克服其稀少性並節省宅地的使用成本，便可考慮宅地的立體利用。換言之，宅地利用不僅只考慮土地表面的平面利用，同時亦可考慮向天空發展的高樓化利用，也可以考慮向地下發展而利用地下部分的空間，提高土地利用效率，節省土地利用成本，誠可謂之為一舉兩得的辦法。

如圖 7-3 所示，每單位樓地板面積所分攤的地價額將隨著建築樓高的提升而逐漸降低。設樓高一層的建物其每建坪建物應負擔的地價為 10,000 元；但如改建二層樓建物，其每建坪建物應負擔的地價額便降為 5,000 元；如興建三層樓，每建坪建物應負擔的地價額便降為 3,333 元；以下類推。假如興建十層樓高的住宅，而建蔽率也沒有減少時，其每建坪建物應負擔的地價額便減低為 1,000 元，可知隨著建築樓層的增大，每建坪建物應負擔的地價額將逐漸降低，由而增進宅地的集約利用。

住宅區為居民密集居住的地方，故必須配置生活及居住方面所必要的公共設施，使其居住環境能夠達到舒適、健康、方便、安全的基本條件。一般而言，住宅區所需要的基本設施（infrastructure）計有道路、排水路、上、下水道、供電設施、小學、公園、綠地、廣場等，此外尚須配置體育場所、社教機構、兒童遊樂場、市場、醫療衛生機構、郵政、電信等公共設施。此等公共設施種類愈多，配置愈普遍，服務品質愈好，則愈能提供良好的服務，並能提升居住環境品質，成為良好的住宅區，宅地的價格亦將隨之提高。換言之，宅地品質的好壞優劣及其價

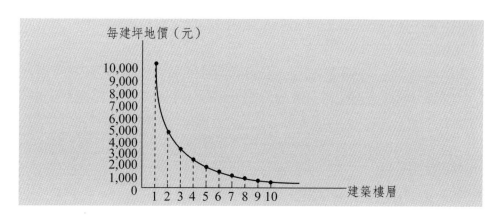

圖 7-3　樓層別每建坪地價負擔情況

格的高低，除了區位因素以外，便與此等公共設施配置的數量與品質優劣息息相關。即此等公共設施所能提供的服務水準愈高，該宅地的需求愈大，其價格亦必愈趨升高。

第二節　宅地最適利用度之決定

一、等產量曲線分析

㈠地價變動時土地與樓層數之最適組合

　　宅地的利用強度乃指在宅地的上下所興建建物的樓層數多寡，如果興建建物的樓層數愈多，表示其利用強度愈高。按現行法令規定，基地的利用，必須受到都市計畫法及建築法等法令的約束，則各種使用分區都訂有明確的建蔽率及容積率或建築高度等限制，而不可任意超出此等

限制規定。此乃制度面的限制，固有其必要性。惟此處擬探討的土地利用強度係純粹基於經濟理論方面的分析，而不涉及制度方面及法令規章方面的限制。現實的基地利用，理當受到制度及法律面的限制，但在純粹的理論分析時，當可將制度及法律方面的限制排除，暫不加以考慮俾利分析。

　　茲假設土地利用者只採用土地與資本兩種同質的生產要素，興建不同樓層數的建物。惟不同樓層數建物的單位樓地板面積的造價也假設沒有差別，所以必須考慮的問題係在成本與預算固定的情況，探討最適度的要素使用量，究應該如何決定？

　　為了分析的方便起見，假設沒有容積率及建築高度的限制，也不考慮可能引發的外部性問題，故該土地利用者所要決定的土地使用量與建物樓層數的最適組合（optimum conbination），應為等樓地板面積曲線（isofloor space curve）與等成本線或預算線（budget line）相切之點。

　　如圖 7-4 所示，橫軸係表建地之數量；縱軸乃表建築物樓層數；I、I_1、I_2 為等產量曲線，分別代表不同的樓地板面積，且 $I_1 < I < I_2$；AB 表該土地使用人之預算線，其斜率代表地價對建物造價的比率。其中，等量曲線 I_2 所示樓地板面積最大，惟其所需建築成本，超過該土地使用者的預算額，顯非其能力所及者，故為無效的等量曲線，該土地使用者無法興建其樓地板面積，當不加以考慮。等量曲線 I_1 的樓地板面積所需興建費用雖然在該土地使用者之預算範圍之內，但並非最有利的樓地板面積，而尚有較之有利的組合，故非為最適解。以預算線 AB 可以達成興建的最大樓地板面積應為 I。蓋等量曲線 I 與預算線 AB 於 E 點相切，此為該預算線可以達成興建的最大樓地板面積，此際樓層數為 OH，土地使用量為 OL，此為該土地使用者的最適解（optimum solution）。

　　上述係假設地價與建物造價不變時的均衡解。茲假設建物造價仍然不變而地價變動時，探討其均衡解的變動情況。假設地價水準上升，則以原來預算能夠購買的土地數量減少，該土地使用者必須少用土地致可興建的樓地板面積亦將隨之減少。如圖 7-5 所示，當地價水準上漲時，

預算線由 AB 移至 AB₁，並與等量曲線 I₁ 於 E₁ 點相切，故其土地使用量將由原來的 OL 減少至 OL₁，而樓層數縱令維持原來的 OH 水準（或高於 OH 水準），但樓地板面積便由 I 減至 I₁，則其效用或福利情況，理當低於原來的水準。

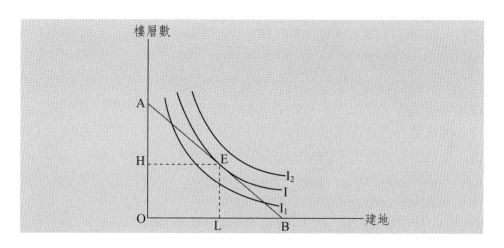

圖 7-4　土地面積與樓高之最適組合

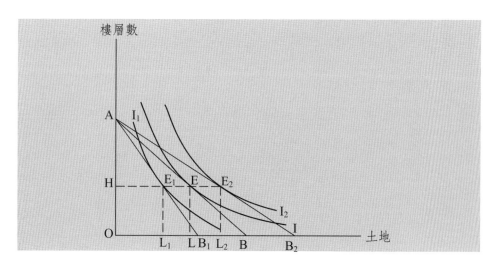

圖 7-5　地價變動時，土地與樓層數之最適組合

　　又假設建物造價依舊不變而地價水準下降時，其情形正好與上述情況相反，則該土地使用人得以原來的預算額購買較大的土地面積，故可興建的樓地板面積，可能隨此稍為增大。如圖 7-5 所示，當地價水準下降時，預算線將由 AB 移至 AB_2，並與等量曲線 I_2 於 E_2 點相切，故其土地使用量便由原來的 OL 增至 OL_2，而樓層數或許維持原來的 OH 水準或略低於 OH 水準，惟可興建的樓地板面積將由 I 增至 I_2，則其效用或福利情況，因地價下降而勢必高於原來的水準。

　　假設其他條件不變而地價上漲時，建物樓層數是否維持原來水準或較之原來水準提高，將作下列的說明。如圖 7-6 所示，當地價水準上漲時，預算線將自 AB 移至 AB_1，均衡點便由 E 移至 E_1，樓層數將由 OH 提高至 OH_1，計增加了 HH_1，此係地價上升所產生的價格效果（price effect）。惟地價上漲時，等於土地使用者的購地負擔加重，該土地使用者如欲維持原來的效用水準（或樓層數面積），其均衡點將自 E 移至 E'。E' 係與新的預算線 AB_1 平行之補助線 MN，和等量曲線 I 相切之點。註3 此際的土地使用量將由 OL 減至 OL'，樓層數將由 OH 增至 OH'，計增加了 HH'，此係地價上漲所引起之替代效果（substitution effect）。

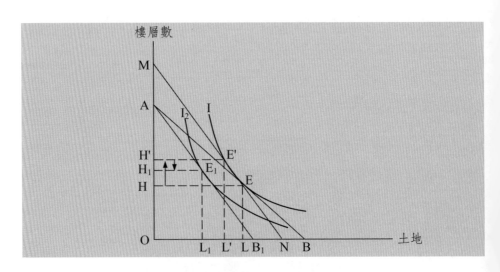

圖 7-6　地價上漲時之價格效果

但地價上漲係表示土地使用者之購地負擔增加，亦可表示其實質所得減少，致其效用水準或等產量曲線由原來的 I 減至 I_1，其與新的預算線 AB_1 相切之點 E_1 為此際的均衡點。則土地使用量自 OL'減至 OL_1，樓層數由 OH'降至 OH_1，計下降了 H'H₁，此係地價上漲所引發的所得效果（income effect）或產量效果（output effect）。假設上述的替代效果大於產量效果，樓層數將大於原來水準；如果替代效果小於產量效果，樓層數將較之原來水準下降；假如替代效果與產量效果相等，樓層數將維持原來水準而不變。惟一般說來，當地價上漲時，新建建物的樓層數通常都有提高的趨勢。

茲再假設其他條件不變而地價下降時，建物樓層數將作何種變動？如圖 7-7 所示，當地價水準下降時，預算線將自 AB 移至 AB_2，均衡點便自 E 移至 E_2，樓層數將自 OH 下降至 OH_2，計減少了 HH₂，此係地價下降所產生的價格效果。惟地價下降時，等於土地使用者的購地負擔減輕，該土地使用者如欲維持原來的效用水準（或樓地板面積），其均衡點將自 E 移至 E'。E'係與新的預算線 AB_2 平行之補助線 MN，和等產量線 I 相切之點。此際的土地使用量係自原來的OL增至OL'，樓層數將自原來的 OH 降至 OH'，計減低了 HH'，此係地價下降所引發的替代效果。

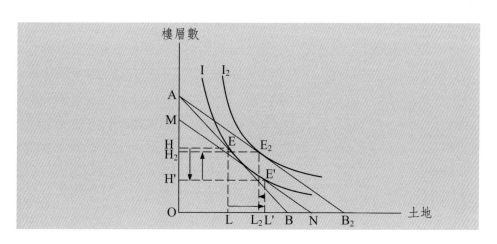

圖 7-7　地價下降時之價格效果

地價下降乃表示土地使用者之購地負擔減輕，也是表示其實質所得增大，致其效用水準或等產量曲線由原來的 I 增至 I_2，其與新的預算線 AB_2 相切之點 E_2 為新的均衡點。則土地使用量由 OL'減至 OL_2，樓層數自 OH'增至 OH_2，計增加了 $H'H_2$，此係地價下降所引發的所得效果或產量效果。假設上述的替代效果大於產量效果，樓層數將小於原來水準；如果替代效果小於產量效果，樓層數將大於原來水準；假如替代效果與產量效果相等，樓層數將維持原來水準不變。惟一般說來，當地價水準下降時，新建建物的樓層數通常都有降低趨勢。

㈡建物造價變動時之土地與樓層數之最適組合

其次假設地價水準不變，而建物造價發生變動時，土地使用人將作何種的因應對策。設建材價格或工資率等生產要素的價格下降，導致建物造價下降，此等於土地使用者的每建坪興建成本下降，負擔減輕，以同量的預算可以興建較多的建物。如圖 7-8 所示，當建物造價降低時，預算線將自 AB 移至 A_1B，均衡點自 E 移至 E_1，樓層數自 OH 增至 OH_1，計增加了 HH_1；此係建物造價降低所產生的價格效果。

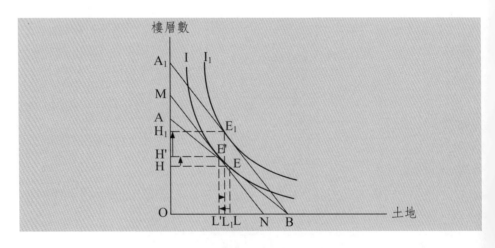

圖 7-8　建物造價下降時之價格效果

　　建物造價下降時，等於土地使用者的建物興建成本減輕，該土地使用者如欲維持原來的效用水準或樓地板面積，其均衡點將自圖上的 E 移至 E'。E'係與新的預算線 A_1B 平行之補助線 MN，和等產量曲線 I 相切之點。此際的土地使用量係由原來的 OL 減至 OL'，樓層數將由原來的 OH 增至 OH'，計增加了 HH'，此係建物造價下降所引發的替代效果。

　　建物造價下降表示土地使用者的興建負擔減輕，也是表示其實質所得增大，致其效用水準或等產量曲線由原來的 I 增至 I_1，其與新的預算線 A_1B 相切之點 E_1 為新的均衡點。即土地使用量自 OL'增至 OL_1；樓層數自 OH'再增至 OH_1。計增加了 $H'H_1$，此係造價下降所引發的所得效果或產量效果。建物造價降低時對樓層數均產生正的替代效果或產量效果，結果將使樓層數較之原來水準提高。但就土地使用量而言，建物造價下降等於地價相對地昂貴，土地使用者理當少用土地，是以產生負的替代效果。如圖 7-8 所示，造價下降便產生替代效果，則土地使用量減少了 LL'。惟由於興建成本下降，建造負擔減輕而產生 $L'L_1$ 正的所得效果或產量效果，故實際上之土地使用量卻只減少了 L_1L 而已。（L_1L＝LL'－$L'L_1$）

　　茲假設地價水準不變，建物造價上漲時，表示每建坪建物之建造成本上升，土地使用者之負擔加重，以同量的預算可以興建的樓地板面積減少。如圖 7-9 所示，當建物造價上漲時，土地使用者之建物興建負擔加重，該土地使用者如欲維持原來的效用水準或樓地板面積，其均衡點自圖上的 E 移至 E'。E'係與新的預算線 A_2B 平行之補助線 MN，和等產量曲線 I 相切之點。此際的土地使用量將自原來的 OL 增至 OL'，樓層數由原來的 OH 降至 OH'，計降低了 HH'，此係建物造價上漲所引發的替代效果。

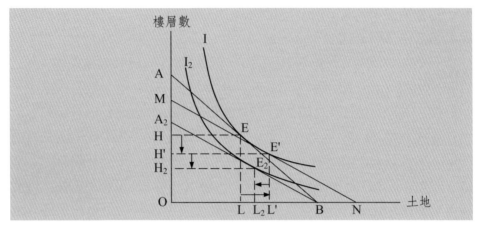

圖 7-9 建物造價上漲時之價格效果

建物造價上漲係表示建物興建負擔加重，也表示土地使用者的實質所得減少，致其效用水準或等產量曲線自原來的 I 降至 I_2，其與新的預算線 A_2B 相切之點 E_2 成為新的均衡點。則樓層數由 OH'再降至 OH_2，計下降了 $H'H_2$；土地使用量由 OL'減至 OL_2，計減少了 $L'L_2$，此係造價上漲所引發的所得效果或產量效果。當建物造價上漲時，對樓層數均產生負的替代效果與產量效果，結果將使樓層數較之原來水準下降。但就土地使用量而言，建物造價上升等於地價相對地低廉，故將酌為增加土地使用量，因而產生了 LL'正的替代效果與 $L'L_2$ 負的產量效果，兩者相抵之後，土地使用量便只增加了 LL_2 而已。（$LL_2 = LL' - L_2L'$）

一般而言，建物造價下降時，土地使用量可能減少，而樓層數將有提高趨勢；反之，當建物造價上升時，土地使用量將增加，而樓層數將有下降趨勢。

二、平均成本分析

前面分析係假設建物造價與樓層高度無關，則只考慮造價變動時的價格效果。其實，建物造價與樓層數高度具有密切的關聯。一般而言，

建物造價將隨著樓層數的提高而上升，而土地使用成本即每建坪建物所應分攤的地價將隨著樓層數的提高而減輕（如圖 7-3 所示）。換言之，建物造價與每建坪建物所應分攤的地價成本，係隨著樓層數的提高而朝著相反方向變動。

圖 7-10 係表示，假設沒有容積率及建築高度等限制，而地價及造價都維持在某一固定水準時，其最適度的樓高（economic optimum storey）。圖中 LL 曲線表每建坪建物的地價負擔額，CC 曲線表每建坪建物之造價。如圖示，LL 曲線與 CC 曲線於 E 點相交成為均衡點。此際八層樓成為成本上的最適度樓高。

其次觀察地價變動時最適度樓層數之變動情況。茲假設建物造價不變，僅地價上漲，則如圖 7-11 所示，每建坪建物之地價曲線將自 LL 移至 L_1L_1，其與 CC 曲線相交之均衡點亦自 E 點移至 E_1 點，故其最適度樓高係如圖示，自八層樓提高至十三層。此際整個房地產之成本價格（即地價加造價）亦必隨著地價上漲而提高。換言之，地價上漲，顯有

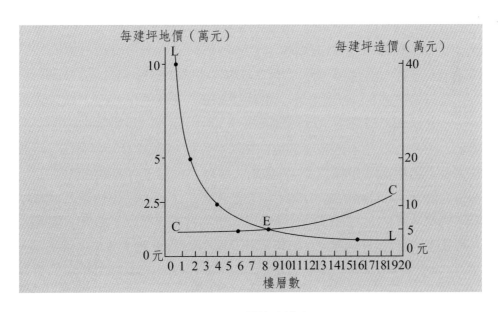

圖 7-10　最適度樓高

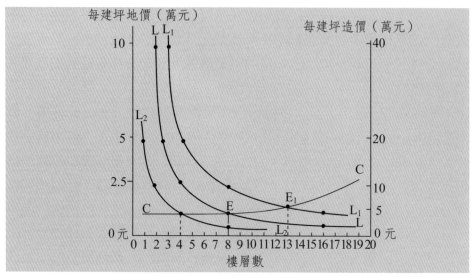

圖 7-11 地價上漲時最適度樓高之變動

加強土地利用強度之作用,同時亦有抬高房地產價格之壓力。

假設地價下降時,每建坪建物之地價曲線將自 LL 移至 L_2L_2,其與 CC 相交之均衡點亦將自 E 點移至 E_2,故最適度樓高係如圖示,將八層 樓降至四層樓,其情形正好與地價上漲時的情況相反。

茲擬再考慮另外一種情況,則假設地價水準不變,而僅建物造價變 動時,其最適度樓層數之變動情況究竟如何?如圖 7-12 所示,當建物 造價上漲時,每建坪建物之造價曲線將自 CC 移至 C_1C_1,此際其與 LL 曲線相交之均衡點亦自 E 點移至 E_1,所以其最適度樓層數係如圖示, 將自八樓降至四樓。而整個房地產之成本價格(即地價加造價),亦必 隨著建物造價之上漲而提高。換言之,建物造價上漲時,顯有降低土地 利用強度之作用,同時亦很可能促使房地產價格上漲。

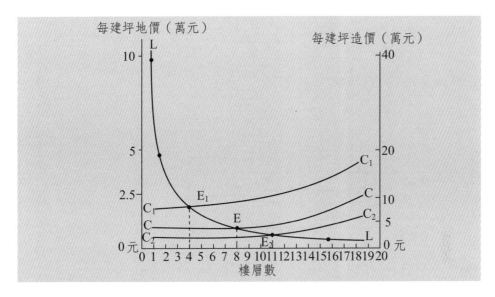

圖 7-12　造價上漲時最適度樓高之變動

　　假設建物造價下降，每建坪造價曲線將自 CC 移至 C_2C_2，其與 LL
相交之均衡點亦自 E 點降至 E_2，所以其最適度樓高係如圖示，將自八
層樓提高至十一層樓，其情形正好與建物造價上漲時之情況相反。

　　建物之利用可以朝向地上空間發展，也可以朝向地下空間發展，只
是朝向地下空間發展時，由於必須開挖土方、搬運棄土、增加排水設
施、加強建築結構等，故隨著地下樓層增加，其每建坪造價將增加地非
常迅速，故不能如地上空間一般地易於增加建築樓層。如圖 7-13 所示，
地下建物之每建坪造價將如 C_0C_0 曲線那樣，隨著樓層數之加深，增加
地非常迅速。而地上建物之每建坪造價雖亦隨著樓層數之提高而增加，
但其增加速度係如CC曲線所示較為緩慢，其與每建坪建物之地價曲線
相交之E點為均衡點。此際的地上最適度樓層為四層樓，而地下之最適
度樓層為一層樓。茲假設地價上漲，而每建坪地價將由LL移至 L_1L_1，
此際的均衡點亦自 E 移至 E_1，而地上部分的最適度樓層數將增至七層
樓，地下部分的最適度樓層數亦增至地下二層樓。

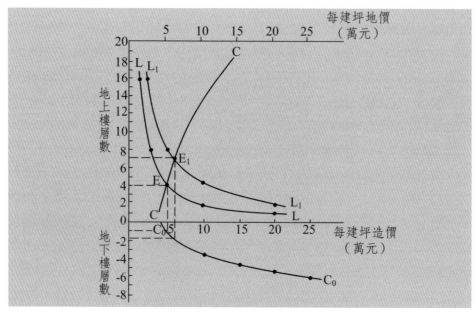

圖 7-13　地價變動時地上及地下適度樓高之變動

　　當地價下降時，其情形正好與上述情況相反，茲將不再詳述。

　　上述宅地利用的分析，均假設沒有建築法令上之建蔽率、容積率及建築高度等之限制。如有此等限制時，便必須在此等限制之容許範圍內尋求最適度的樓層數，在理論上仍然不影響上述的均衡分析。

 第三節　商圈結構及其變化

一、商圈之形成

　　茲將探討形成商圈（market area）的經濟因素。此種經濟因素可分

為聚集因素與分散因素兩種，前者包括聚集利益及大規模生產之利益；後者有運輸費之節省利益及地價之節省或公害防治費之節省等利益。

下面的分析係假設有一均質的平原，其他生產因素都平均分布而沒有地點的差異性。所有的居民的消費型態相同，所以某一個人的需求曲線也是代表所有居民的需求曲線。圖 7-14 的 dd 曲線表此等居民的啤酒需求曲線，OP 表設於 P 點啤酒工場的啤酒產地價格，此際居住於 P 點的消費者將購買 PQ 量的啤酒。住所離開 P 點愈遠的消費者，因其價格勢必增加運輸費的部分，故其消費量亦必隨此減少，直至 F 點時，其運輸費亦將增至 PF，使得啤酒將完全銷售不了。故 PF 便成為啤酒的最大銷售半徑。該地區的啤酒銷售量總額將等於，以 PQ 作為旋轉軸並將三角形 PQF 旋轉一圈所形成圓錐體的體積。圖 7-15 係表示此項圓錐體。對此圓錐體的體積尚須乘以人口密度的常數，此項乘積乃表示啤酒的產地價格 OP 時的需求總量 D。如以數式表示係如下式：

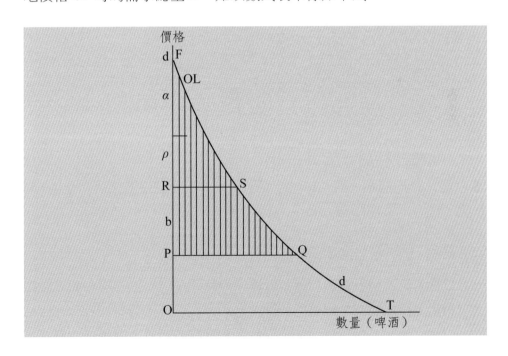

圖 7-14　需求圓錐

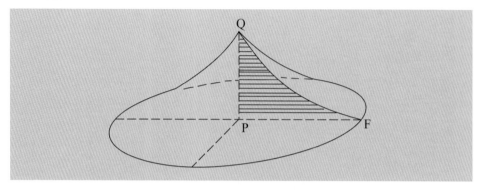

圖 7-15　需求圓錐體

$$D=b \cdot \pi \int_{O}^{R} f(p+t)t \cdot dt$$

D 表需求總量即產地價格（fob）p 的函數。

b 表沿著一方，為運輸一單位需要一元的正方形裡面的人口之兩倍數值。

π 表 3.14（圓周率）。

d 為 f(p+t)，亦即於消費地當作價格函數之個別需求。

p 為產地價格。

t 表自工廠至消費者之間的每單位運輸費。

R 表最大銷售距離的運輸費（圖 7-15 之 PF）。

　　旋轉體的體積等於旋轉面乘以至軸心的長度的乘積。將圖的 PQF 面的面積以 F 代表，其至軸心的距離（自原點 P 起算）以 y_o 代表。旋轉時，重心所經過距離的長度為 $2\pi y_o$，所以旋轉平面的體積為 $2\pi y_o \cdot F$，亦即 $2\pi \int_{O}^{R} f(p+t)t - dt$。因為 $y_o F = \int_{O}^{R} f(p+t)t \cdot dt$。又因為人口密度為 b/2，所以可得產地價格 P 的函數的 D 之數式如前述。

　　但實際上，產地價格並不如此處所作假定那樣可以預設，而應由總需求決定，所以需求圓錐體的體積應分別按各個產地價格加以計算。結果將如圖 7-16 的Δ曲線所示，此乃以產地價格的函數所表示的總需求。圖上的 π 曲線為計畫曲線（planning curve），並表示為生產某一定產量

的最小平均成本。供給曲線 π 與需要曲線 Δ 相交時，依本案例言，生產者方能開始生產。如上述兩曲線互不相交時，將表示運輸費用過大，或者大規模生產的利益過小，導致該啤酒無法成為可供販賣的商品。若該兩條曲線在N點相交，MN便是本案例得以銷售的啤酒總數量。此際，其最大銷售半徑係等於具 2MN ÷ B 體積的需求圓錐體的底邊的半徑，亦即等於 MF。所有的商品，都與上述啤酒的情況一樣，都各具有固定的最大銷售距離。註4

　　如商圈形成圓形時，上述的推論應沒有任何問題，但實際上，未必成為圓形。按上述案例，在等質的平原上設有多數啤酒工廠且互為鄰接時，有些農民也很可能想自己釀造啤酒供自家飲用者。蓋圓圈與圓圈之間的空隙部分仍未作充分的考慮；加上各個工廠的規模如自圖 7-16 的 MN 縮小至 M'N'時，該工廠仍然可以維持下去矣。

　　例如，圓圈互為緊接而形成蜂巢狀時，圓圈與圓圈之間的空隙便可

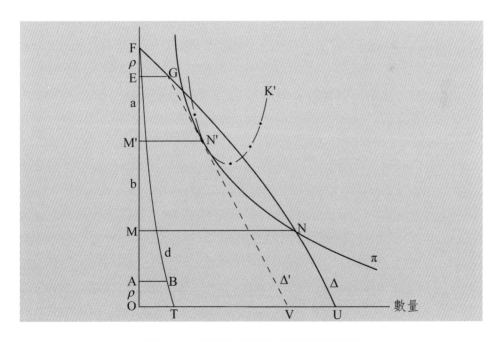

圖 7-16　啤酒之供給曲線與需求曲線

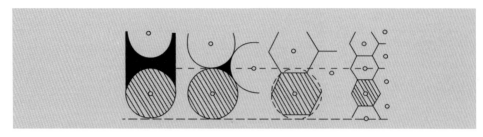

圖 7-17　商圈大小之演變過程

充分加以利用。惟由於商圈縮小必使需求曲線△向下方移動。但如成為六角形，便可縮小至需要曲線△'與供給曲線 π 相切時為止。若再有新設的啤酒工廠，將導致商圈不夠大，使得該兩曲線無法相切。假如，最長的銷售半徑 R 係符合總銷售量 MN 的條件，所需最短銷售半徑 P 則應符合總銷售量 M'N'的條件。不同的商品各有不同的 P。圖 7-17 係表示同一商品之商圈自最大圈向最小圈演變的過程。

二、商圈的型態

　　三角形或正方形的商圈，亦可充分利用商圈與商圈（圓形）之間的空隙。但六邊形的商圈係最接近於圓形的商圈，而且其單位面積的需求可以達到最大。

　　如需求曲線為直線時，便可作更詳盡的證明。假設圖 7-15 的圓錐斜線 QF 為直線，高 PQ 等於 H，底面的半徑 PF 等於 R。如果圓錐體被與旋轉軸平行且距離 P 的平面切斷時，被切斷部分圓錐體的體積便如下式所示。

$$V = \frac{H}{3}\left(R^2 \arccos\frac{P}{R} - 2P\sqrt{R^2 - P^2} + 2.302632\frac{P^3}{R}\log\frac{R + \sqrt{R^2 - P^2}}{R}\right)$$ 註5

此際，與旋轉軸平行之平面將圓錐體切斷，使其底面能夠形成同面

積之正三角形、正方形或六邊形。如此，位於此等多邊形上面部分的圓錐形體積，將與此處討論的商圈總需求成立比例關係。依據上述數式計算出來的體積列如表 7-1 所示。為了便於比較，此表亦表示，以底邊的面積均與上述多邊形之底邊面積相等之垂直圓筒切斷該圓錐體時之情況。

　　商圈全體的需求係於其區域沒有被縮小時達到最大。商圈被縮小時之需求係形成圓形時達到最大。如就商圈之每單位面積言，小圓的需求將為最大。蓋為大圓時，單位面積的平均值將被靠近於運輸邊際之小型需求拉下來。小圓的單位面積之平均需求顯然大於同一面積的任何多邊形之平均需求。但如為圓形時，由於圓與圓相切部分將產生空隙，故就全地區的單位面積之需求而言，六角形不僅大於正方形或三角形，亦必大於圓形之需求。換言之，為了實現同一數量的需求總額時，三角形所需面積最大，六角形所需面積最小。所以蜂巢型的商圈為最有利的型態。此項利益將施惠於所有的消費者，惟對個別生產者言，卻沒有被縮小的大圓為最有利。惟經自由競爭的結果，超額利潤勢必被消除，故對生產者言，不管商圈如何地被縮小，卻不影響其利益（即正常利潤）。但蜂巢型的商圈，因可容納最多的獨立生產單位，故就整體而言，仍對生產者有利。

　　從表 7-1 得知，六角形帶來的利益究竟多大。與其他的多邊形比較時，利益的大小將隨著 r 之大小而變化。即於 r＝R 時為最大，而 r＝0，利益全部消失。如與小圓比較時，卻與 r 幾乎沒有關係。差距最大時，當六角形與四邊形之需求相同時，六角形係大了 2.4%。如考慮圓形與圓形之間的空隙時，六角形經常大於圓形約 10%。如與正三角形比較，最大的差距將達到 12%。六角形對正方形之優越特性最小，其對三角形及圓形之優越性較大。至少於個別的需求曲線為直線型時，的確如此。註6

表 7-1 為商圈型態之函數之需求

商圈之型態	需要之大小[1]		
	全　　體	單位面積之平均	
		對全地區	對利用地區
大　圓[2]	$R^2H1.04720^{[4]}$	0.302H	0.333H
小圓[2] 六角形 正方形 三角形 (同一面積)	$r^2H\left(2.598 - \dfrac{r}{R}1.575\right)$	$0.907H - 0.550H\dfrac{r}{R}^{[3]}$	$H - 0.606H\dfrac{r}{R}^{[4]}$
	$r^2H\left(2.598 - \dfrac{r}{R}1.580\right)$	$H - 0.608H\dfrac{r}{R}^{[4]}$	$H - 0.608H\dfrac{r}{R}$
	$r^2H\left(2.598 - \dfrac{r}{R}1.602\right)$	$H - 0.617H\dfrac{r}{R}$	$H - 0.617H\dfrac{r}{R}$
	$r^2H\left(2.598 - \dfrac{r}{R}1.690\right)$	$H - 0.651H\dfrac{r}{R}$	$H - 0.651H\dfrac{r}{R}$

註(1)：R— 原來的需求圓錐體底面之半徑（最大可能之運輸費，圖 7-15 之 PF）。

　　　r— 被切斷之六角面體底邊之外接圓之半徑（r＜R）。

　　　H— 需求圓錐體之高度（工廠所在地之個別需求，圖 7-15 之 PQ）為了簡化，假設人口密度 b／2 為 1。

註(2)：大圓，半徑 R；小圓，半徑 0.909r。

註(3)：此面積係小於屬於六角形之地區。蓋將 r 代入邊際值 R 及 O 便可以得知。

註(4)：粗體字表示各欄裡面的最大值。

資料來源：Von August Lösch, *Die Räumliche Ordnung der Wirtschaft.* 之第 10 章 A 之 2。

　　　總之，整個地區的面積愈大，且其形狀愈接近圓形時，六角形商圈的利益將愈大；又於商圈邊界的需求彈性愈大，或必要的運輸距離愈接近於可能運輸距離時，六角形商圈的利益亦將愈增大。

第四節　商圈之界線及其擴大

一、商圈之界線

　　設有兩個市場 X 和 Y，其區位已經固定，同時假設該兩市場出售的商品是同質的，售價也相同並沒有差別。該兩個市場外圍共有 n 個消費者且平均分布於其周圍，其區位稱為消費點，為 C_1、C_2、C_3……C_n。運費等於直線距離乘以市場至任何消費 C 之每單位距離之運輸費率。X 市場與 Y 市場之該產品價格為 P_x 和 P_y；X 與 C 之間之運輸費率為 t_{xc}；Y 與 C 之間的運輸費率為 t_{yc}，並令其相對應之距離分別為 d_{xc} 和 d_{yc}。如 C 之消費者擬向 X 市場購買，其應支付的每單位商品價格為 $P_x + t_{xc}d_{xc}$，若他改向 Y 市場購買，其應支付的價格為 $P_y + t_{yc}d_{yc}$。假如 $P_x + t_{xc}d_{xc} = P_y + t_{yc}d_{yc}$，則消費者 C 向 X 市場或 Y 市場購買，都沒有任何差別。此際 X 市場與 Y 市場之界線方程式為：

$$P_x + t_{xc}d_{xc} = P_y + t_{yc}d_{yc} \cdots\cdots (1)$$
或
$$d_{xc} - \frac{t_{yc}}{t_{xc}}d_{yc} = \frac{P_y - P_x}{t_{xc}} \cdots\cdots (2)$$

　　上述表示一組無異曲線，稱為超圓（hypercircle），其特性係任何這樣的超圓都表示所有與兩個固定之圓形的距離的比率不變的各點的軌跡。(2)式表示，市場的大小不僅由此兩個市場的相對價格決定，且須由運輸費率的比率及價差對運輸費率之比率所決定。

　　等質商品在空間競爭的兩個市場之間的界線為一個超圓。在此超圓

上的任何一點，該兩個市場的運輸費率的差額，剛好等於其市價的差額。價差對運輸費率的比率及自該兩個市場至該點的運輸費率的比率，將共同決定此一界線的區位。則相對價格愈低且相對運輸費率愈低，則顧客的光顧區域（tributary area）愈大。

圖 7-18 表示，設兩個市場的售價相同，其運輸費率也相同，X 市場與 Y 市場的界線將成為一直線。圖 7-19 表示，X 市場與 Y 市場的售價不同，則 X 市場低 Y 市場高，但其運輸費率相同，兩市場的界線將成為雙曲線（hyperbola）。圖 7-20 表示，X 市場與 Y 市場的售價相同，但 Y 市場的運輸費率高於 X 市場的運輸費率，其界線將成為圓形。

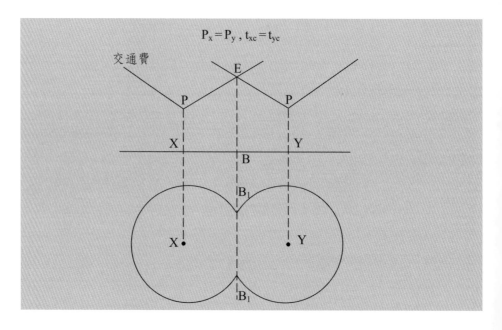

圖 7-18　商圈界線為直線

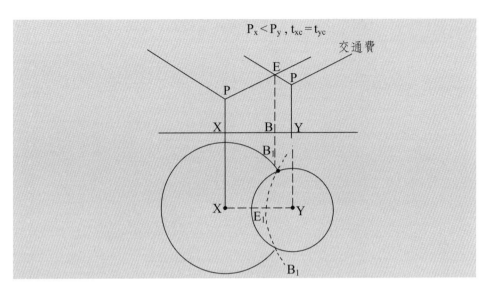

圖 7-19　商圈界線為雙曲線

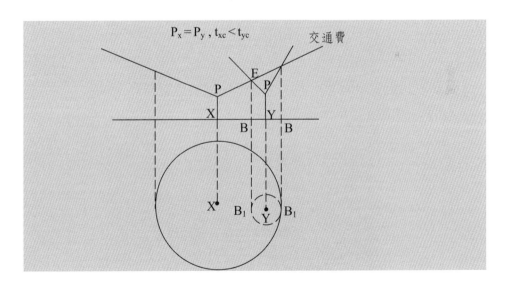

圖 7-20　商圈界線為圓形

就圖 7-19 之 X 市場與 Y 市場的境界線 $B_1E_1B_1$ 而言，其形狀應為雙曲線（hyperbola）。其理由如下：

$$
\begin{aligned}
&\text{依假設，} P_x - t_{xc}d_{xc} = P_y - t_{yc}d_{yc}\\
&P_x - P_y = t_{xc}d_{xc} - t_{yc}d_{yc}\\
&\because t_{xc} = t_{yc}\\
&P_x - P_y = t_{xc}(d_{xc} - d_{yc})\\
&d_{xc} - d_{yc} = \frac{P_x - P_y}{t_{xc}}
\end{aligned}
$$

惟 $\dfrac{P_x - P_y}{t_{xc}}$ 為固定不變，故 $d_{xc} - d_{yc} = \dfrac{P_x - P_y}{t_{xc}}$ 為雙曲線方程式。

二、交通改善與商圈之擴大

設有一單核之 X 市場，其圓狀商圈係如圖 7-21 所示，圓圈的外圍因運輸費大於地租，成為負地租地區，當不能成為 X 市場的範圍。商圈內的交通均賴馬車通行，運輸費率在商圈內一律相同，因此形成圓形商圈。茲假設，在商圈之東側，A 的方向新建一條鐵路，而鐵路的運輸費率小於馬車的運輸費率，並假設在鐵路沿線均可隨意上下車。此際，商圈將向東側擴張，並增加了 $\triangle CAC_1$ 之商圈。其理由如下：

> f 表馬車之運輸費率。
>
> f' 表鐵路之運輸費率。
>
> k 表 BX 或 CX 之距離，用馬車運輸之距離。
>
> k' 表 AX 之距離，用鐵路運輸之距離。
>
> 則 fk = f'k'
>
> 而 k < k'
>
>   f > f'
>
> l_1 代表用馬車運輸之距離

$$fl_1 = (k' - l_2)f'$$

$$\frac{l_1}{k' - l_2} = \frac{f'}{f}$$

$$\therefore f k = f'k'$$

$$\therefore \frac{l_1}{k' - l_2} = \frac{k}{k'} = \frac{f'}{f}$$

$$\frac{BX}{AX} = \frac{CX}{AX} = \frac{k}{k'} = \frac{l_1}{k' - l_2}$$

則在 C 與 C_1 時，鐵路與馬車均可使用。則使用馬車的範圍為 $\circlearrowright$ XCB $A_1B_1C_1$，而 $\triangle CXC_1E$ 的範圍可使用馬車亦可使用鐵路，$\triangle CEC_1A$ 的範圍係因興建鐵路而增加的商圈。故只要交通運輸設備改進，商圈的範圍將朝此方向突出，而可擴大商圈的區域。都市的發展，通常都朝交通運輸設施的改進方向突出，使得整個都市範圍的擴張，一般都形成非常不規則的形狀。註 7

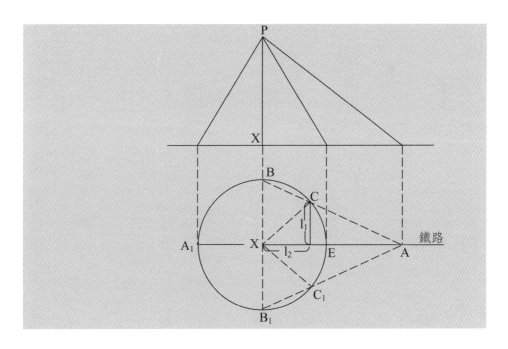

圖 7-21　商圈之擴大

 本章註釋

註 1　William Alonso, "*Location and Land Use*" Harvard University Press, Fourth Printing, 1970, p.2.

註 2　World Health Organization，簡稱 WHO，譯稱世界衛生組織或世界保健組織。健康 Health，舒適 Amenity，方便 Convenience，安全 Security。

註 3　AB_1 與輔助線 MN 之間的間距（AM）稱為補償變量（conpensatory variation）。

註 4　August Lösch, Die Raumliche Ordnung der Wirtschaft, 1962，日 譯，《Lösch 經濟立地論》，篠原泰三譯，大明堂，1968, p.128。

註 5　同註 4 之 p.132。

註 6　同註 4 之 p.134。

註 7　參閱神崎博愛著，《農業立地論》，富民協會出版部，大阪，1970 年。

Chapter 8

資源利用

第一節　等量曲線分析

一、生產資源之配合關係

生產某一定量的產品，生產要素間互相配合的關係，係由等量曲線（iso-products curve）的型態決定。生產要素間的配合關係或等量曲線的型態，通常可歸納為下列三種型態：(1)要素之配合保持一固定的比例；(2)要素的互相替代成為一固定的比例；(3)要素的替代率視施用量的不同而異。

㈠固定比例之要素配合

有些物品的生產，對其生產要素的配合量係維持一固定比例不變者。即生產一定量的產品，必須有一定量的生產要素的配合。其實，此種產品的種類不多。例如，生產一分子的水時（H_2O），須用兩原子的氫（H）和一原子的氧（O）相配合，而此一配合比例為固定不變的。今如以三原子的氫和一原子的氧相互配合，結果仍只能生產一分子的水。

設以 Y 表水之產量

　　X₁ 表氫之使用量

　　X₂ 表氧之使用量

此際的生產函數係如下式所示

$$\begin{cases} X_1 = 2Y \\ X_2 = 1Y \end{cases} \quad (8\text{-}1)$$

X_1 與 X_2 的配合比率為

$$\frac{X_1}{X_2} = 2 \quad (8\text{-}2)$$

固定比例的要素配合，其等量曲線係如圖 8-1 所示。圖中通過原點的直線 RO 表該產品應有的要素配合比例。I_1S_1 和 I_2S_2 兩曲線係分別表示產品產量為 100 單位及 200 單位時的等產量曲線。當 X_1 的使用量為 OA（200 單位），而 X_2 的使用量 OM（100 單位）時，生產量等於 100 單位。假設 X_1 的使用量 OA 不變仍為 200 單位，而 X_2 的使用量增為 ON（200 單位）或大於 ON 時，則其產量仍然為 100 單位。如 X_1 與 X_2 的使用量同時增加，設 X_1 的使用量 OB 為 400 單位，而 X_2 的使用量 ON 為 200 單位時，產品將增加為 200 單位。

產品依固定比例之要素組合而生產者，此等要素均稱為限制因素（limitational factor）。故要素使用量之比例為固定不變者，如只增加某一要素的使用量，產品數量仍然無法增加，除非所需生產要素同時按固定比例增加，否則將無法增加產品數量。

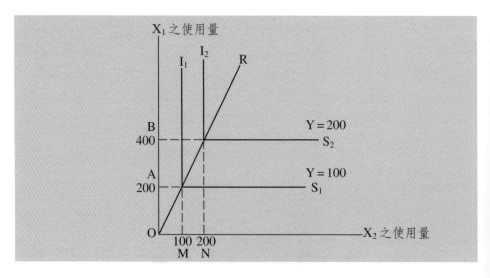

圖 8-1　固定比例之要素配合

㈡固定邊際替代率

上述按固定比例的要素配合生產為一極端的情形。另一極端的情形係要素之間的相互替代率為固定不變者；例如，勞力的投施，一個家工常可以替代一個雇工的勞動力；自有耕耘機亦可替代同等馬力的租賃耕耘機；製造麵粉的原料小麥，無論進口小麥或國產小麥，通常都可以互相替代（假設品質沒有差別）。表 8-1 表生產一定量設 30 單位的某產品時，所需X_1與X_2兩種生產要素之各種可能的配合比例。其實，只用兩種要素欲生產某種產品，在技能上頗為困難，至少尚須使用勞力矣。惟為說明方便起見，假設可以生產。此法稱為兩要素生產模式（two-factor production model, two-factor production function）。

則每生產 1 單位產品時，需要 3 單位之 X_1 要素和 2 單位之 X_2 要素。如使用某一定量的X_1時，產品的生產量為$\frac{X_1}{3}$；如使用某一定量的X_2時，產品的生產量為$\frac{X_2}{2}$。今以該兩種要素相互配合施用，其生產函數如下：

表 8-1　等產量之固定邊際替代率之要素組合

生產 30 單位產品之要素施用量		邊際替代率	
X_1	X_2	$\dfrac{\Delta X_1}{\Delta X_2}$	$\dfrac{\Delta X_2}{\Delta X_1}$
90	0	$\dfrac{3}{2}$	$\dfrac{2}{3}$
75	10	$\dfrac{3}{2}$	$\dfrac{2}{3}$
60	20	$\dfrac{3}{2}$	$\dfrac{2}{3}$
45	30	$\dfrac{3}{2}$	$\dfrac{2}{3}$
30	40	$\dfrac{3}{2}$	$\dfrac{2}{3}$
15	50	$\dfrac{3}{2}$	$\dfrac{2}{3}$
0	60	$\dfrac{3}{2}$	$\dfrac{2}{3}$

$$Y = \frac{X_1}{3} + \frac{X_2}{2} \quad （8\text{-}3）$$

設產量 Y 為固定不變，則 $Y = Y_0$ 時，產量曲線將如下式之直線方程式所示：

$$X_1 = 3Y_0 - \frac{3}{2}X_2 \quad （8\text{-}4）$$

由（8-4）式得，

$$\frac{\Delta X_1}{\Delta X_2} = -\frac{3}{2}$$

故 X_1 對 X_2 之邊際替代率為 3：2，即每增加 1 單位要素 X_2，將可少用 $\frac{3}{2}$ 單位之 X_1 要素，或每減少 1 單位 X_1 要素之使用量，將須增用 $\frac{2}{3}$ 單位之 X_2 要素，以維持產品產量不變。圖 8-2 表示表 8-1 所列資料之等量曲線，在不同的產品產量時，要素的使用量亦有所不同。

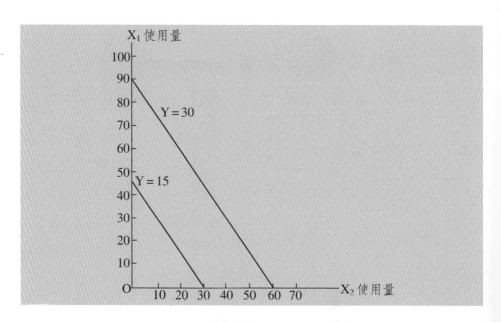

圖 8-2　固定邊際替代率與等量曲線

(三)變動邊際替代率

生產一定量的產品時,生產要素最普遍的配合關係為邊際替代率因要素施用量不同而變動者。變動替代率的等產量曲線,其一般型態係如圖 8-3 所示,係對原點成為凸狀的曲線。X_1 對 X_2 的邊際替代率為等產量曲線上各點的斜率,而線上各點的斜率互不相同。換言之,要素之間的邊際替代率係視該兩要素施用量配合的不同而異。一般而言,X_2 替代 X_1 的邊際替代率（$MRS_{X_1 X_2} = \dfrac{\Delta X_1}{\Delta X_2}$）將隨著 X_2 施用量的增加而逐漸下降,此稱為邊際替代率遞減法則（principle of diminishing marginal rate of substitution）。如圖 8-3 所示,欲維持一定量的產品,不斷增加施用 X_2 要素時,可以減少之 X_1 要素的施用量,將不斷地減少。

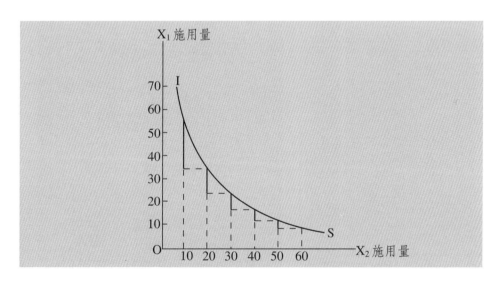

圖 8-3 變動邊際替代率之等量曲線

二、互競資源與互補資源

資源或要素之間的互相配合關係，依其性質區分，大致可分為互競資源（competitive resources）和互補資源（complementary resources）兩種。**註1** 互競資源具有互競特性（competitiveness），此特性亦稱為替代特性（substitutability）。而互補資源具有互補特性（complementarity）。前述依固定比例配合的資源，即稱為互補資源。因為欲生產某一產品時，當一種資源的施用量增加時另一種資源的施用量亦必須比例增加，方能增加其產品數量。換言之，只由任何一種資源單獨增加其施用量，其產品數量是無法增加的。

互競資源的互競性質或替代性質，係指維持某特定產品的數量不變，當減少其中某一種資源的施用量，則必須增加另外一種資源的施用量。換言之，兩種資源之間具有互相替代的關係，亦即互相競爭參加生產之意也。

完全互補的資源（perfect complement resources）有如圖 8-1 所示者；而完全替代的資源（perfect substitute resources）則有如圖 8-2 所示者。完全替代的情形，在農業生產方面比較不重要。就農業生產而言，大部分資源屬於不完全替代或變動邊際替代率的資源。當欲生產某一定量的產品時，資源之間的互相替代比率並非固定不變，則當某一種資源的施用量增加以替代另一種資源的施用時，起初所需增加的資源量較少，惟由於邊際報酬遞減的緣故，後來所需增加的資源量將逐漸增大。

惟資源之間的互相配合關係，常因資源的施用量或產品生產量的水準而改變其性質。一般而言，資源之間的互相替代特性達到某一限度後，多將變成互補特性。則當某一種資源的施用量增至某一限度後，縱令再增加其施用量，也不能再替代另一種資源施用量的減少。如圖 8-4 所示，當生產某一定量的某產品時，X_1 和 X_2 兩種資源係在等產量曲線上的 A 和 B 之間方具有互相替代特性。若 X_1 的施用量大於 ON 時，再

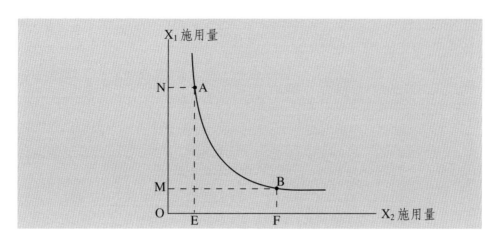

圖 8-4　資源（要素）之間的替代範圍

怎樣增加 X_1 的施用量，亦無法替代 X_2 施用量的減少。此際，增加施用的 X_1 資源則毫無效用，等於一種浪費。

　　農業生產資源，在某一限度內大都可以互相替代施用。例如，土地和資本，在某一個限度內是可以互相替代的，則使用大量資本於較小面積的土地上，和使用小量資本於較大面積的土地上，均可生產同量的同一種產品。但資本與土地的替代率若超過某一個限度時，即使再增加資本的使用量也無從替代土地的使用。換言之，就農業生產言，資本並不完全替代土地的使用。

　　總之，資源之間的配合性質，係視其施用量的配合情形而定。則在某一限度內，某兩種資源或可視為具有互補特性，但在另一範圍或限度內，同樣的兩種資源卻可能具有互競特性矣。

三、資源之替代範圍

　　一般而言，在不同的產品產量時，等產量曲線的形狀亦有差異。如圖 8-5 所示，I_1、I_2、I_3、I_4 各代表不同產量的等產量曲線，且 $I_1 < I_2 < I_3$

$<I_4$。在各種不同產量水準時，X_1 和 X_2 的互相替代性質係僅在 OA 和 OB 的兩曲線範圍內方能存在，而在此範圍內，欲生產某一定量的產品時，任何一種資源，如 X_1 的施用量減少時，X_2 的施用量必須增加。假如X_1 或 X_2 的施用量超出此範圍，則等產量曲線便與兩軸平行。故在此兩界線的外側（即 OA 線與縱軸之間及 OB 線與橫軸之間），該兩種資源便成為互補性質。則 OA 和 OB 兩線為資源由替代特性轉變為互補特性的界線，將此稱為資源之替代界線（border or ridge line）。

替代界線的間隔相距較大者，表示資源之間的替代範圍較大；反之，其間隔相距較小者，表示其替代範圍較小，亦即資源之間的配合比例可能變動的範圍較小也。一般而言，當產品數量較少時，資源之間的替代範圍較大；而當產品數量增大時，資源之間的替代範圍常有變小之趨勢。因為當產量水準較大時，各種資源的配合比例必須較為精確。例如，單位土地面積的作物產量不大時，肥料與勞力的配合比例的伸縮性較大，但當產量增大時，肥料與勞力配合比例的伸縮性變小。因為此兩種資源（或生產要素）在產量水準較高時，均為必須的生產因素，因此配合比例可以變動的範圍較小。如 I_4 的配合比例可變動範圍小於 I_1。

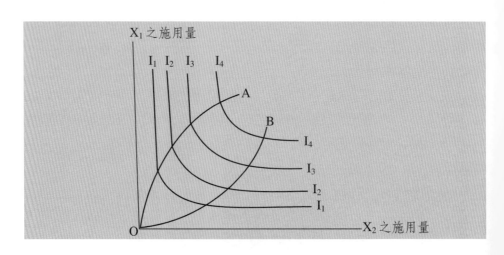

圖 8-5　資源之替代界線

又在某一產量水準時,由兩種資源的某一邊際替代率便可決定該兩種資源施用量的配合比例。但在不同的產量水準時,同一邊際替代率並不一定表示,兩種資源的施用量的配合比例也一定相同。圖 8-6 中之 I_1、I_2、I_3、I_4 曲線各表示不同產量水準的等產量曲線,各等產量曲線上斜率相等之點(如:A、B、C、D 各點)表示資源之間的邊際替代率相同,而將這些點連結起來的曲線,如圖中的 OL 及 OM,即稱為等斜線(isoslope line)。

等斜線上各點之邊際替代率雖然相等,但 X_1 和 X_2 兩種資源的施用量比例卻各不相同。因此,當農場規模不相同時,由於生產量也各不相同,故即使資源的邊際替代率相等,但資源施用量的配合比例未必相同。但假如等斜線係一條通過原點的直線,此際,如資源之間的邊際替代率相等,卻不論其產量水準為何,其資源間的施用量配合比例亦必相同。其情形係如圖 8-7 所示,其 OL 直線表示邊際替代率相等的等斜線,因該等斜線為一條通過原點的直線,故線上任何一點的 X_1 和 X_2 的施用量比例都是相同。例如,圖中 A、B、C 各點的邊際替代率相等,各點的資源施用量配合比例也相同,即:

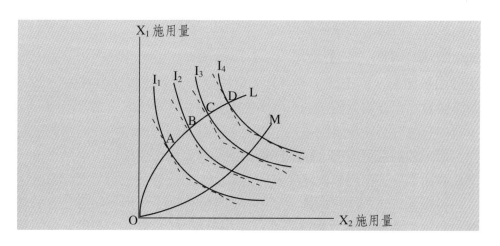

圖 8-6　等斜線

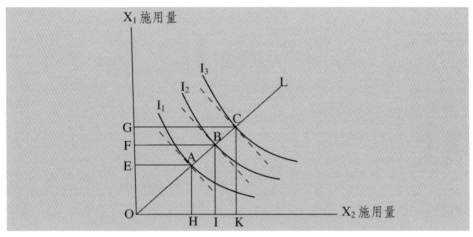

圖 8-7　資源配合比例固定之等斜線

$$\frac{OE}{OH} = \frac{OF}{OI} = \frac{OG}{OK}$$

　　換言之，在此情況下，無論農場規模大或小，邊際替代率相等即表示資源施用量的配合比例相同。

 第二節　生產型態與資源利用

一、影響農業生產型態之因素

　　影響農業生產型態或農業經營方式的因素頗多，惟概略言之，可以歸納為自然條件和經濟條件兩大類。

　　自然條件影響農作物之生產與分布的情形係經常可以見到的現象。所謂自然條件主要包括氣候、地勢、土壤、水利等，影響農作物之生產

種類及其分布以及產量等，關係至深。

　　經濟條件對於一個地區農業生產型態的影響，通常以產品或資源（要素）價格的變動比率加以表示。影響農業生產型態的經濟因素非常複雜，諸如工資率、勞力的供應及勞力的品質等均屬經濟條件。此等因素常受到人口密度、教育水準、產業結構、經濟景氣、就業機會等因素的影響。

　　形成自然條件和經濟條件各種因素互相交叉影響的結果，決定了農作物之生產分布並形成特質不同的農業區域和農業生產型態。農業區域和農業生產型態並非一形成便永存不變。則自然條件與經濟條件如有所變化，亦將影響農業區域及農業生產型態的改變。一般而言，經濟因素的變化較之自然因素的變化更為迅速，而隨著科技的進步，自然條件的限制亦將逐漸降低其作用。

二、生產型態與資源利用

㈠單一產品型態及其集約度

　　地區之間某一產品的適當生產集約度，通常都互不相同。其差異的原因可歸納於地區之間的資源生產力、產品價格、資源（要素）價格不同等所使然。茲為說明方便起見，假設各地區均只生產一種農產品，並依據各地區資源生產力和價格比率關係，說明該產品在不同情況下的最適度生產量。

1. 地區之間的生產函數不同，但產品和資源價格相同

　　圖 8-8（甲）表三個地區生產同一種產品的生產函數。即在單位土地面積上投施固定配合比率的勞力和資本時的總產量曲線。由於資源生產力不同，所以總產量曲線的位置亦各有差異，如OA、OB及OC等曲線。圖8-8之（乙）、（丙）、（丁）則分別表示各地區的單位成本曲線。

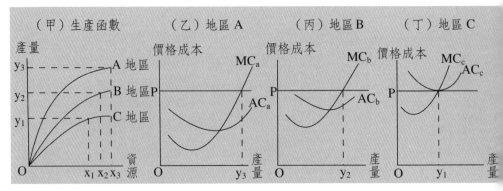

圖 8-8　地區間生產力之差異及其資源施用集約度

　　圖（乙）之平均成本曲線AC_a係由圖（甲）中的生產函數OA而求得，因 A 地區的資源生產力最高，故產品的平均成本最低。MC_a表 A 地區的產品邊際成本曲線。圖（丙）及圖（丁）分別表 B 地區和 C 地區的平均成本曲線和邊際成本曲線。B地區之資源生產力中等，故其產品平均成本略高於 A 地區，而 C 地區的資源生產力最低，故其產品平均成本最高。假定各地區的資源價格相同，則各地區成本曲線的差異係純由生產函數的差異所致。

　　如果各地區的產品價格相同，如圖中 OP 所示，則各地區資源施用的最佳集約度係由各地區的邊際成本與產品價格相等時的產量決定，則在 A、B、C 地區分別為 OY_3、OY_2 和 OY_1。在資源生產力最高之 A 地區，其資源利用集約度也最大，為OX_3，反之在資源生產力最低之C地區，其資源利用集約度也最小，為OX_1，B地區之資源利用集約度係中等，為 OX_2。

2.地區之間的產品價格不同，生產函數和資源價格相同

　　圖 8-9（甲）表A、B、C等三個地區的生產函數相同，故以總產量曲線OCBA表示其投入產出關係。同時也假設三地區的資源價格相同，故各地區的成本曲線也完全相同，則如圖（乙）、（丙）、（丁）等所

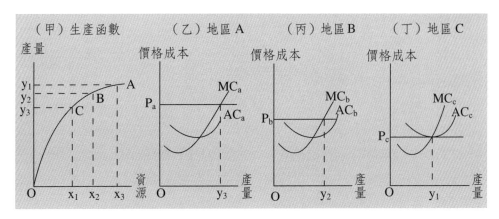

圖 8-9　地區間產品價格之差異與資源施用集約度

示。此設各地區與中心市場之間的距離遠近不同，故同一產品在各地區的產地價格也互不相同。如圖（乙）、（丙）、（丁）等所示A地區的產品價格為OP_a最高，B地區為OP_b次之，C地區為OP_c最低。如前述，邊際成本與產品價格相等時的生產量為收益最大生產規模，則如圖示，在 A 地區為 OY_3，其單位面積資源施用量（集約度）為 OX_3；在 B 地區為 OY_2，單位面積資源集約度為 OX_2；在 C 地區為 OY_1，資源集約度為 OX_1。故各地區的資源生產力及其價格即使完全相同，假如各地區的產品價格高低不等時，則單位面積資源施用量（單位面積產量亦同）將隨之不同。即在產品價格較高的地區，經常增投變動資源以增加單位面積產量，但在產品價格較低的地區，便少投變動資源，故單位面積產量較少。

　　各地區的資源生產力或資源的邊際產量雖然相同，但由於各地區的產品價格各不相同，所以資源的邊際產值亦各有差異。

　　圖 8-10 的橫軸表示單位面積上變動資源的施用量，縱軸表示變動資源的邊際產值。由於各地區的產品價格不同，故各地區的變動資源邊際產值亦各不相同，如圖中 MVP 曲線所示。假如各地區變動資源的單價完全相同，如圖中的OC所示，則各地區最有利資源施用量應為最後

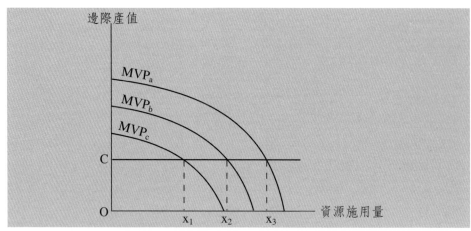

圖 8-10　資源邊際產值與資源施用集約度

施用的 1 單位資源的邊際產值等於資源的單價（OC），故此際各地區最有利的資源集約度分別為 OX_1、OX_2 和 OX_3。故圖 8-9 和圖 8-10 的說明結果，完全相同。

　　綜之，各地區單位面積產量不同，未必表示其資源生產力大小不同，而由於各地區產品價格不同，生產者為謀求最大生產利益，以致資源施用集約度發生差異，導致各地區的單位面積產量互有差異。這種產量的差異，可藉價格的調整，令其消失。

3.地區之間的生產函數相同，但產品與資源之價格比率不同

　　若產品和資源價格在各地區並不依同一比例變動時，則各地區的產品和資源的價格比率亦必不相同。但產品價格和資源價格在各地區如按同一比例變動，則在各地區該兩者的價格比率相同，而在各地區的生產函數相同的假定下，各地區最有利資源集約度亦必相同，故各地區的單位面積資源施用量及其產量亦必相同。

　　但假如各地區的產品價格和資源價格變動比例不相同時，則各地區的資源施用集約度勢必因之發生差異。圖 8-11（甲）和（乙）分別表示

兩地區單位面積的生產函數相同，係如曲線OY所示，但A地區的資源
與產品的價格比率（P_x/P_y）較之 B 地區之價格比率小，係兩圖中的斜
線 P_x/P_y 所示。故由投入產出關係與價格比率得知，A 地區的最有利資
源集約度為OX_2，而 B 地區的最有利資源集約度為OX_1。蓋該兩地區的
資源邊際生產力雖然相同，但 A 地區的資源價格較之產品價格相對低
廉，故當單位面積資源施用量增多時，將可提高收益。而在B地區，因
資源價格較之產品價格相對偏高，所以單位面積產量因而減少。由於資
源與產品之間相對價格比率不同，所以各地區的收益最大時的單位面積
產量亦必不相等。

一般而言，靠近都市中心的生產地區，由於交通運輸比較方便，產
品價格常較之偏遠地區為高，故都市近郊的農業生產常比較集約。反
之，偏遠地區的農業生產通常比較粗放，單位面積產量也較低。

但影響最有利集約度的因素除了產品價格以外，尚有資源的價格，
諸如，農藥、肥料、工資率等，實際的情況，錯綜複雜。惟最重要者，
還是產品價格和資源價格兩種因素。

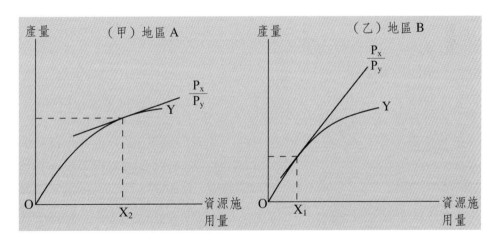

圖 8-11　產品與資源之價格比率與資源施用集約度

第三節　地區分工

一、土地利用與地區分工

　　亞當史密斯（Adam Smith, 1723～1790）曾以生產鐵釘為例，說明分工（division of labour）能以提高勞動生產效率，為促進產業發達的基本原則之一。土地利用亦可實施地區分工制，使每一塊土地在利用上都分配適宜，各能充分地發揮其特徵，庶可達到地盡其利的目標，更無浪費土地資源的遺憾。

　　地區分工是依據比較利益原則（the principle of comparative advantage）而實施。就農地利用而言，農業生產原來乃以利用自然力為主，以人力為輔助的生產事業。此與工業製造業或商業服務業等以利用人力為主的生產活動是截然不同的。所謂自然力係指土地生產力（land productivity），所以農業生產也可稱為利用土地生產力為主的產業。於是任何一種農作物的生產均須選擇自然環境適宜的地區栽培，則自然力方能充分發揮其功能，提高單位面積產量，降低生產成本，增加收益。假如農作物的生產條件與當地的自然環境不配合，則自然力的功能將大幅降低，結果該作物或根本不能生產於該地區，即使勉強可以生長，亦必大量耗費人力與資本，導致生產成本偏高但產量卻不多，收益減低，甚至毫無收益可言。

　　農地在利用上的分工，可依比較利益的程度不同，而可分為三種原則：即(1)絕對有利的分區生產；(2)相對有利的分區生產；(3)按優勢最大與劣勢最小的分區生產。茲擬將此三種原則，分別說明如下：

㈠絕對有利的分區生產

有些農作物對自然環境的適應程度比較狹小，在某些自然條件下方能生產，在另一種環境中卻很難生長，甚至不能生長。例如，橡膠樹只能生長於熱帶地區，甘蔗與香蕉等亦只生長於熱帶或亞熱帶，寒冷地區則幾乎不能種植。反之，甜菜與蘋果等作物則不利於在熱帶地區生產，又如高麗蔘的適種範圍更為狹小，主要可生產於韓國及日本的一部分地區，由而產生鉅額的獨占地租，已如前述。

但如將熱帶作物勉強栽植於寒冷地區，或將寒帶作物強制栽植於熱帶或亞熱帶的田地上，以目前十分進步的科技水準而言，雖非絕對不可能，諸如採用溫定栽培，或在室內裝置冷氣設備或暖氣設備調整溫度，並以人工控制濕度、水分、照明等，就理論上言，任何種作物的生長都沒有問題，但這樣的栽培法並不能稱為利用土地的自然生產力，尤其違反適地適作的原則，徒然浪費寶貴的人力與資本，徒增生產成本，頗不符合經濟原則，當不能成為實際的農業生產型態。

當然，農民也知道選擇絕對有利的農作物，以配合其土地利用，而放棄絕對不利的作物。這樣的地區分工是很自然的，也非常清楚，毫無疑慮的，故縱令知識不高的農民亦了解作如何的選擇與取捨，實施適地適作。蓋其中的利弊優劣十分分明矣。

㈡相對有利的分區生產

有一個地區，能夠生產的農作物種類可能不止於一種，而在數種生產有利的農作物中，如互相比較其生產利益時，亦當有大小之別，生產者必須慎思明辨，權衡比較利益的輕重，善為選擇，使得土地資源的利用更趨合理，俾利追求最大的經營利潤。惟這些生產利益的大小高低差距，只是相對的，而非如上述絕對有利的分區生產那般絕對不同，其中的利弊優劣並非十分清楚，生產者對此類的分工原則，必須詳加研討。

茲假設於甲地區每畝地上投入 1 單位的複合資源（勞力和資本依一

定的配合而成的資源）可生產稻米 100 公斤，但生產棉花可得棉花 50 公斤。於乙地每畝土地投入 1 單位複合資源時可生產稻米 70 公斤，但如生產棉花可得棉花 80 公斤。由此可知，甲地區每公斤棉花的價值相當於 2 公斤的稻米，而在乙地區每公斤棉花的價值相當於 0.875 公斤稻米。換言之，在甲地區稻米與棉花的價值比例為 1 比 2，而在乙地區稻米與棉花的價值比例為 1 比 0.875。如就生產成本加以比較，甲地區的稻米生產成本低，每生產 1 公斤稻米只需要 0.01 單位的複合資源，價值比較低廉；而在乙地區每生產 1 公斤稻米便需要 0.0143 單位的複合資源，價值比較高昂。又在甲地區每生產 1 公斤的棉花必須花費 0.02 單位的複合資源，價值較高；而在乙地區每生產 1 公斤棉花只須花費 0.0125 單位的複合資源，價值比較低廉。

設稻米與棉花的生產季節大致在同一時期，兩者屬於互競作物，兩者之間只能選擇一種從事生產。此際，甲地區以生產稻米的利益較大，應放棄生產棉花，將擬用於生產棉花之資源集中於生產稻米。而乙地區則以生產棉花的利益較大，宜放棄生產稻米，並將擬用於生產稻米之資源集中於生產棉花。如此兩地區實施分工生產，便是最經濟的資源利用法。但上述係基於總體經濟的立場而言。蓋甲地區如將全部資源用於生產稻米，其所需要的棉花，須以其生產之稻米與乙地區的棉花交換；而乙地區因將全部資源用於生產棉花，故其所需要的稻米，則須以其生產的棉花與甲地區的稻米交換，此種交換比率，必須對兩地區的生產者都一樣有利，上述的分區生產的措施，方得成立。

茲設甲乙兩地區均實施稻米與棉花的自給自足式生產制度，甲乙兩地區的農民每次各使用 2 畝地和各使用 2 單位複合資源於生產稻米與棉花，並共得稻米 170 公斤和棉花 130 公斤。如採取分區生產制，由甲地區農民每投入 2 畝土地和 2 單位複合資源則可得稻米 200 公斤，而乙地區農民每投入 2 畝土地和 2 單位複合資源便可得 160 公斤棉花。兩地區合計，所投入的土地仍為 4 畝，複合資源亦為 4 單位，惟稻米與棉花均各多得 30 公斤。此表示實施地區分工生產，可使整個社會的總生產量

增加，對總體經濟而言，的確有利。

如就甲乙兩地區農民的私經濟立場言，實施分區生產時，必須實施產品的交換，而此交換比例，必須對兩地區的生產者都一樣有利，這樣地區分工生產的制度，方得成立。如上述，甲地區的米棉價值的比例為1比2，故甲地區內的農民每換取1公斤的棉花，至多只願意付出2公斤的稻米，如果多過2公斤稻米，他們寧可用自己的土地以生產棉花，而不願意用稻米以換取棉花。而乙地區的米棉價值的比例為1比0.875，則乙地區的農民用棉花以交換稻米時，每付出1公斤棉花至少要換回0.875公斤的稻米，如果少於此數量，他們寧可實施米棉的自給自足生產，而不願意實施交換。

在甲乙兩地區所要求的最低交換比率之間，如有雙方互利的交換比例，他們當樂於實施交換。假如該互惠比例為1公斤棉花交換1.5公斤稻米，兩地區的農民自然都樂於實施分工生產與互相交換，因甲地區農民每投入2畝土地與2單位複合資源，可生產200公斤稻米，如留100公斤自用，以另100公斤稻米與乙地區交換棉花，將可以換回66.6公斤棉花，這樣較之實施自給自足式的生產可多得16.6公斤棉花，顯然有利。乙地區的農民每投入2畝土地和2單位複合資源，可生產160公斤棉花，如留80公斤供自用，以另80公斤棉花與甲地區交換稻米，將可以換回120公斤稻米，這樣較此實施自給自足式的生產，可多得50公斤稻米，也顯然有利。茲擬將上述情形，列表如下（見表8-2，表8-3）。

表8-2 未實施地區分工之單位產量

單位：公斤／畝

產量　　　　地區	甲	乙	合　計
稻　米	100	70	170
棉　花	50	80	130
米棉之成本比	1：2	1：0.875	

表 8-3　實施地區分工生產之合計產量

單位：公斤

產量 地區	甲	乙	合 計
稻　米	200	—	200
棉　花	—	160	160

　　茲再以圖 8-12 說明，上述甲乙兩地區的分工生產情況。圖之縱軸表稻米（y）的產量，橫軸表棉花（x）的產量。在甲地區棉花（y）替代稻米（x）的邊際替代率（marginal rate of substitution，即$\Delta y / \Delta x$）大於乙地區棉花替代稻米的邊際替代率（即$\Delta y / \Delta x$），故甲地區應該專於生產稻米，而乙地區則應該專於生產棉花，然後再實施交換，這樣雙方皆得其利。

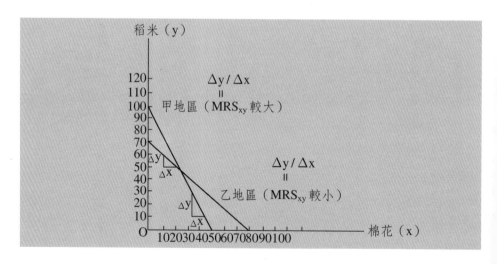

圖 8-12　相對有利之地區分工生產

㈢優勢最大與劣勢最小之分區生產

設有甲乙兩個地區，而甲地區的自然條件較之乙地區的自然條件優越，對於農作物的生產成本，均較之乙地區低廉。但這並不表示，甲地區應該生產一切可能生產的農作物，而乙地區卻該放棄一切的農業生產，任讓農地廢耕。茲假設在甲乙兩地區每畝農地上皆投入 1 單位複合資源時，可得到稻米和棉花的產出係如表 8-4 所示。

可知，在甲地區無論生產稻米或棉花，均較之乙地區優勢，而乙地區對生產稻米和棉花均居於劣勢的地位。如從生產成本的絕對數額言，甲地區的稻米和棉花的生產成本均低於乙地區，但如從生產成本的比例言，甲地區米棉的生產成本比為 1：2，而乙地區米棉的生產成本比為 1.5：2，則在甲地區 1 公斤棉花的價值等於 2 公斤稻米的價值；而乙地區 1 公斤棉花則只等於 1.33 公斤稻米的價值。換言之，甲地區的棉花較之乙地區為貴，乙地區的稻米卻較之甲地區的稻米為貴。

為了謀求資源的經濟利用計，在甲地區宜多利用其資源於生產稻米，而乙地區卻宜多利用其資源於生產棉花。在甲地區無論生產稻米或棉花，其自然條件都優越於乙地區，但以生產稻米的優勢最大；而乙地區無論生產稻米或棉花，其自然條件皆居於劣勢地位，但以生產棉花的劣勢最小。為了謀求整體經濟的最大合計利益計，甲地區應該選擇生產優勢最大的稻米，乙地區卻應該選擇生產劣勢最小的棉花。

表 8-4　未實施地區分工之每畝產量

單位：公斤／畝

產量＼地區	甲	乙	合　計
稻　米	100	60	160
棉　花	50	45	95
米棉之成本比	1：2	1.5：2	

表 8-5　採優勢最大劣勢最小之分工後合計產量

單位：公斤

地區 產量	甲	乙	合　計
稻　米	200	－	200
棉　花	－	90	90

　　甲乙兩地區實施分工生產以後，合計 4 畝土地的稻米產量為 200 公斤（2 畝），棉花的產量為 90 公斤（2 畝），較之不實施分工生產時，稻米的產量多出了 40 公斤，而棉花的產量卻減少了 5 公斤。惟稻米 40 公斤的價值遠大於棉花 5 公斤的價值，故實施分工生產，還是對整個社會經濟有利。

　　從圖 8-13 得知，甲地區棉花替代稻米的的邊際替代率（即 $\Delta y / \Delta x$）大於乙地區棉花替代稻米的邊際替代率（即 $\Delta y / \Delta x$）。在甲地區無論生產稻米或棉花其條件都較之乙地區優越，但就乙地區本身言，其棉花之生產卻較之稻米生產有利。

　　假設兩地區的農民實施米棉互相交換，其公平互惠的交換比例假定為 2 公斤稻米交換 1.2 公斤棉花（即互惠比 2：1.2 係介在 2：1 和 2：1.5 之間，這樣對兩地區的農民都有利益。），即甲地區的農民用 2 畝土地可生產 200 公斤稻米，留下 100 公斤自用，另 100 公斤稻米提出交換棉花，便可換回 60 公斤棉花，較之自行生產時的單位產量 50 公斤多出了 10 公斤，當然有利；而乙地區的農民用 2 畝土地可生產 90 公斤棉花，留下 45 公斤自用，另 45 公斤棉花提出交換稻米，此際將可換回 75 公斤稻米，較之自行生產時的單位產量 60 公斤多出了 15 公斤，顯然有利。故甲地區的自然條件無論生產何種作物皆優越於乙地區，但如依據優勢最大劣勢最小的原則實施分區生產，無論基於公經濟的立場或私經濟的立場，都是有利的。

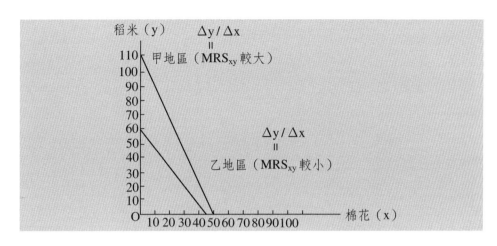

圖 8-13　採優勢最大、劣勢最小之分區生產

二、選擇指標（Choice Indicator）

　　應用比較利益原則時，必須考慮各地區的生產可能曲線的型態及其與選擇指標之間的關係。農產品之間的邊際替代率（即生產可能曲線的斜率），係於考慮運用比較利益原則時的產量與資源之間的關係，和資源分派利用的數量關係。圖 8-14 表示，依比較利益原則，於 A 地區實施 X 產品之專業生產，而 B 地區則實施 Y 產品的專業生產。蓋在 A 地區，Y 產品對於 X 產品的平均替代率（y／x）較小，而在 B 地區，Y 產品對於 X 產品的平均替代率（y／x）較大，所以在 A 地區對於 X 產品的生產，其比較利益較大，而在 B 地區，卻生產 Y 產品的比較利益較大。

　　但如依邊際替代率說明，則須考慮及生產可能曲線上各點的產品替代率的大小。例如，就 B 地區生產可能曲線上的a點言，Y 產品對於 X 產品的邊際替代率（$\Delta y／\Delta x$），顯然較之 A 地區生產可能曲線上 b 點的 Y 產品對 X 產品的邊際替代率（$\Delta y／\Delta x$）為小。故如就此兩點的邊際替代率加以比較，則 A 地區應該生產 Y 產品，而 B 地區應該生產 X

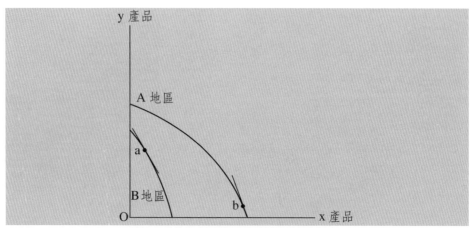

圖 8-14　邊際替代率與比較利益原則

產品。所以比較利益原則，不能單就產品的平均替代率或邊際替代率的大小決定。

　　設各地區的最佳生產型態係在追求資源利用的最大收益為目標，此際產品的價格比率將可成為達成此目的的選擇指標。故如將產品價格及其替代關係同時加以考慮，則某一產品的比較利益在通常的意義上縱令較小，但在該地區仍可從事該產品的專業生產。此擬以圖 8-15 加以說明。C地區在比較利益原則下，Y產品對於X產品的平均替代率（y/x）小於 D 地區該兩產品的平均替代率（y/x），所以就一般情況言，C 地區應該實施 X 產品的專業生產，而在 D 地區便應該實施 Y 產品的專業生產。但產品之間的替代率應以其邊際替代率加以比較，同時也須考慮產品之間的價格比率。如果CD兩地區的產品價格係如圖中的I_1和I_2的等收益線所示，則 C 地區的最佳生產型態係將大部分資源投入於 Y 產品的生產，則如 E_2 點所示；而 D 地區的最佳生產型態係將資源分派投入於 X 與 Y 產品的生產。

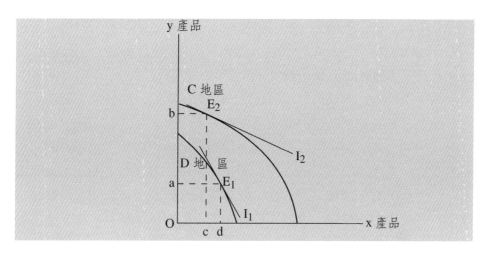

圖 8-15　邊際替代率與比較利益原則

　　換言之，於 C 地區經考慮其生產可能曲線的型態和產品價格比例後，宜生產 O_b 數量的 Y 產品和 O_c 數量的 X 產品；而在 D 地區則宜生產 O_a 數量的 Y 產品和 O_d 數量的 X 產品。此際，CD 兩地區的資源邊際產值在該兩種產品上均為相等，則符合資源分派的最大經濟原則。由於地區內的價格關係，常可彌補各該地區內生產替代關係的不利情況，致使地區的生產型態也發生變動。

三、實施地區分工的條件及其引伸利益

　　農業生產係以利用自然力為主，利用人力為輔的生產事業，故與工業、製造業及服務業等，以利用人力為主的產業，其特性截然不同。所以任何一種農作物的生產均須選擇自然環境適宜的地區栽培，即採取適地適作，自然力方可以協助生產，而人力和資本便可以節省很多。

　　但人類的生活，需要很多種農產品配合消耗，而不能單靠一兩種農產品以維持生活。故實施分區生產後，對其需要但並沒有自行生產的農產品，則須以自行生產而有剩餘的農產品提出交換，又其換回來的農產

品，必須較之自行生產者有利，這樣地區分工生產的制度，方得成立。即地區之間互能得到分工的利益，分區生產方得成立矣。

　　為此，實施地區之間的農產品交換時，兩者之間必須沒有任何阻礙或限制，否則，此項交換制度將無法成立矣。所謂沒有任何障礙或限制者，係指在地區與地區之間的交通運輸方便，農產品之進出自由，沒有設置任何關卡或限制，故除應負擔必須的運輸費用以外，並不再收取任何規費或賦捐，也沒有其他任何非關稅的阻礙。換言之，如在國家與國家之間農產品交換或貿易言，其中間並沒有任何關稅及非關稅的壁壘，也沒有任何管制與障礙，亦即可以實施完全的自由貿易為前提。這是實施地區分工生產的基本原則。

　　通常在同一個國家的內部，地區與地區之間的貿易障礙較少，比較符合實施地區分工的前提條件。但如在國家與國家之間的貿易關係，則有關的阻礙或管制較多，很難實現完全的自由貿易環境，則縱令沒有關稅壁壘，亦常設有非關稅壁壘的障礙，諸如實施過度嚴格的商品檢驗制度或繁瑣的通關手續或非現代化的運銷制度等，在在都有礙自由貿易的進行。

　　但近幾年來，由於自由經濟思潮的抬頭，國際之間的關稅壁壘或非關稅障礙等已逐漸被撤除，代之興起者為推動自由貿易圈或自由貿易制度。例如，歐洲聯盟的設立（European Union，簡稱EU）或北美洲自由貿易協定（North American Free Trade Agreement，簡稱NAFTA）等註2，在一定的地區內部採取沒有關稅壁壘的自由貿易。至於世界性的組織則有關貿總協定（General Agreement on Tariffs and Trade，簡稱 GATT），以及於一九九五年成立之世界貿易組織（World Trade Organization，簡稱 WTO）等，大勢都在朝向自由貿易的潮流，國際貿易之間的障礙將愈來愈少。亦即實施地區分工生產的條件愈來愈成熟，此不僅對國際貿易的發展有幫助，同時亦有助於各國以及整個世界經濟的發展。

　　實施地區分工不僅有利於生產量的提升，增加國民生產毛額（Gross National Products，簡稱GNP），同時由於必須實施產品的交換，互通有

無，所以需要交通運輸業、倉儲業、運銷業、保險業、金融業等行業的服務，故分工必定帶動此等行業以及有關產業的形成與發展，同時亦必增加不少的就業機會，活絡整個經濟活動。由於就業機會大幅增加，所得隨之增大，消費者的需求大增，因而擴大投資生產規模，促進整個社會經濟的繁榮與發展。

換言之，自給自足的生產型態，將生產規模侷限於小型的固定規模裡面，鮮有交換經濟，無法創造交通服務業及商業的形成與成長，不利於社會經濟的發展。實施地區分工生產不僅有助於 GNP 的增大，同時也可以帶動交通運輸業以及其他三級產業的發展，增加就業機會，促進整個社會的進步與繁榮。故分工的利益是多層面的，且大部分都屬於正面效益，只要不影響國家安全與保障，理當鼎力獎勵推行。

第四節　區域計畫與開發許可制

一、區域計畫之意義與目的

一般而言，資源的空間分布，不可能於各地區平均分布。實際上，有些地區的自然資源的分布非常豐富，有些地區的分布情況卻非常貧乏，且非常不平均。就前者言，其產業發展的潛力巨大，而在後者，其情況恰好與此相反。在資源分布豐富的地區，產業的形成條件比較優越，對資本與勞力的牽引力強，就業機會多，人口集中速度快速，所得水準較高，很容易成為開發地區或發展地區。而於資源分布貧乏地區，因缺乏產業發展的潛力，工商業發展困難，就業機會鮮少，所得水準偏低，常常成為落後地區，時而反成為整體發展的負擔。

在一個國家裡面，資源之空間分布確有豐缺厚薄之別，雖為事實但

無可厚非，但就一個國家的整體發展言，各地區如能配合其他資源的分派情況，各自發揮其特徵，各盡所能，謀求地區之間的均衡發展，這是總體經濟發展中的一種理想型態，也是推行地區分工生產的主要目標之一項。

按我國區域計畫法第三條規定：「本法所稱區域計畫，係指基於地理、人口、資源、經濟活動等相互依賴及共同利益關係，而制定之區域發展計畫。」則本法之目的在於制定區域發展計畫，其原則係基於地理、人口、資源及經濟活動等互相依賴關係及共同的利益關係而制定者。至於制定區域發展計畫的目的係規定於該區域計畫法第一條：「為促進土地及天然資源之保育利用，人口及產業活動之合理分布，以加速並健全經濟發展，改善生活環境，增進公共福利，特制定本法。」換言之，制定區域發展計畫的目的係對區域建設作全盤性之設計規劃，使社會發展與經濟發展相互配合，並探求區域之間的均衡發展，作為進一步實施國內綜合開發計畫之基礎。至於其功能，計有下列幾項註3：

1. 合理分配土地使用，使農業、工業各得所需土地，增加生產。

2. 防止或減少公害之發生，確保民眾生活暨工作、休憩之空間。

3. 促使都市與鄉村均衡發展。

4. 幫助自然資源之開發，與保育。

5. 使經濟建設與國家資源之關係利用相互配合，結成一體。

簡言之，區域計畫所追求之目標在於謀求資源在產業之間的合理分派及有效利用，採取開發與保育並重原則，以縮短區域之間的發展差距，促進各地區之均衡發展，提高全國人民之生活環境及所得水準。

如在完全競爭的社會裡，資源可以透過市場機能作最有效的分派，土地資源亦可按其付租能力高低，分派於適當用途，使得其經濟效益達到最大。但當人們利用土地時，經常產生外部性（externalties），故不可任由私人或自由市場實施土地資源之分派。蓋實施土地利用時，通常會產生聚集利益（agglomeration gain）帶動經濟繁榮，但亦必引發一些外部不經濟（external diseconomies）的負效益。例如，土地所有權人如

將其所有的建築基地 100%使用（即建蔽率為 100%），同時儘量提高其建物樓層以增加樓地板面積，這樣對其本人因可增加很大的建築物空間，帶來不少利益與方便，達到土地充分利用的目的。但假如每一位基地所有權人都這樣作土地利用時，勢必帶來大家都沒有通路可行走與出入的不便與困擾，同時各建築物的通風採光亦必發生問題。除此以外，尚可引起電波干擾以及噪音公害等無數的困擾與負效益。

同時，在一個社區或里鄰市鎮等生活空間裡，亦有必要配置公園、廣場、運動場所、兒童樂園等開放空間（open space），故土地利用不宜透過自由市場按價格機能實施分派，否則很容易形成市場失靈（market failure）現象，無法達成所謂「柏拉圖最適境界」（Pareto Optimality），徒然降低經濟效率與環境品質。

故每一塊土地的充分利用，未必能達成全地區的總計淨效益（aggregate net gain）達到最大。為此，土地利用必須預先作好土地使用計畫（land use planning），諸如規定各種不同的使用分區及各種使用分區的使用強度，則如規定建蔽率、容積率、建築高度等，劃設各種必須的公共設施，如劃設公園、廣場、運動場所等，在此等開放空間縱令不建築使用，亦不違反土地的合理有效利用原則。蓋此等公共設施因可產生公共安全及休閒活動等正面的經濟效益，對提高總計淨效益仍然有積極的貢獻。

設在尚未實施土地使用分區與管制情況下，某地區內的同質農地總量為圖 8-16 中所示的 OL，且均供作農業用途使用，其農地價格為 OP，PP 可視為農地的供給曲線。此際，該地區沒有任何空氣污染或水污染等公害。今為因應工業發展之需要，須由農地轉用為工業用途，並設工業用地的需求曲線為 D_i。D_i 與 PP 相交於 E_1，為農地價格與工業用地價格的均衡點。故 OL_1 的農地將可轉變為工業用地，而農業用地將減少為 LL_1。惟農業用地轉變為工業用地以後，很可能產生空氣污染、水污染、噪音等公害的負效益，有害環境品質，形成社會成本。惟為了維護原有的環境品質，政府必須設法實施空氣污染或水污染等的防治措施，而這

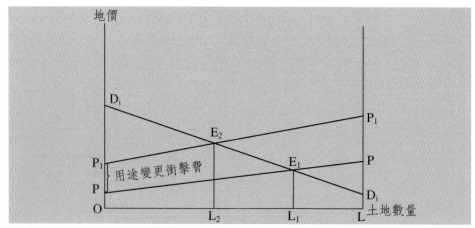

圖 8-16　土地用途變更衝擊費

些費用須由變更土地用途的工業興辦人負擔。設擬將農地轉用為工廠用地者，必須負擔PP_1的環境維護費或徵收環境衝擊費，俾利實施空氣污染或水污染等的防治措施。故農地的供給價格將升高為OP_1，而P_1P_1將可視為新的農地供給曲線。故徵收用地變更衝擊費或用地變更使用費以後，工業用地需求曲線與農地供給曲線將相交於 E_2，為新的農地價格與工業用地價格的均衡點。故實際變更為工業用地的土地數量為OL_2，而保留為農業用地的數量為LL_2。此乃表示，實施土地使用規劃與管制的用意在於限制發展密度，使之達到土地利用的最適水準。**註4**

二、土地使用分區管制與開發許可制

　　傳統的土地使用分區管制（Zoning）係依據土地可使用性質並預計未來發展情況，劃分各種土地使用區，分別規定人口密度、建蔽率、容積率、各種公共設施之配置等項，以求地盡其利，期能獲取最大的土地利用總計淨收益，俾利增進整體的社會利益。但此種制度經實施多年以後，本身亦已產生不少的限制，其主要者，有下列數端：

　　1. 是一種靜態的管制方式，規定過於僵化，未能顧及土地開發與使用之間的交互影響。

　　2. 未考慮土地開發規模的大小對周邊環境之影響與衝擊，削弱了土地使用計畫的功能。

　　3. 劃定不同的土地使用分區時所引起的權益價值的升跌漲落，缺乏公平合理的衡平解決途徑。

　　蓋實際的社會為動態的，土地使用的環境條件也時時刻刻在變動，故只賴既定的土地使用計畫並藉此實施管制，依然無法達成土地使用的總計淨效益達到最大的計畫目標。

　　為了匡正上述缺失，於英國的規劃體制中，有採開發許可制或規劃許可制（Planning Permission System），予以管制土地使用與開發發展密度。則凡任何公、私機構的土地開發行為皆須經過政府主管機關的許可，方得為之。而決定開發許可的授予與否，均須考慮建物的興建對四周環境可能產生的正負面的影響，並責令開發者必須負擔社區公共設施的提供等義務。至於此等開發申請案件的審查結果通常可分為：(1)准許開發；(2)附條件准許開發；(3)不准開發，等三種情形。期藉此種先審查後開發的管制方式，達到防止都市範圍蔓延，確保環境品質，促進土地有效利用等目標。

　　此等制度的設計，目的在提升經濟效率，促進社會公平。就前者言，該制度可(1)順應動態社會發展之需求，採取彈性調整的管制方式，藉此落實地盡其利的目的；(2)採先審查，後開發的管制方式，以資避免不妥當的土地開發行為。而對於後者而言，(a)土地開發所獲致的用途變更利益，應課徵土地開發稅（Development Land Tax）註5，以還原社會；(b)經由規劃與協議，藉此管制土地開發並由開發者提供必要的公共設施，實施外部成本內部化，以舒緩其對周邊環境的負面效益；(c)經取得的開發許可如遭受更改或撤銷導致既得利益損失時，亦得請求損失的補償，以資彌補。

　　如上述，開發許可制得以動態及彈性的管制方式，順應多元化的社

經發展情況的需求，並彌補傳統式土地使用分區管制的不一。故在英國已實施多年，運作情況也大致良好。但尚有一些問題等待改進，諸如，公共參與和機關諮詢過煩，區與郡之間的權責不明，導致開發許可核發遲延等缺點。近於一九九○年英國修訂「城鄉計畫法」（Town and Country Planning Act），已就此等問題略加改進。我國於近些年來，也已參考英國開發許可制的精髓，規範各類用地的開發或變更使用應予遵循的原則。至於其效益如何？有待日後詳細評估。

蓋我國都市計畫係預計 25 年內之發展情形而訂定。同時，規定每 5 年至少辦理通盤檢討一次，而至下一次通盤檢討以前，已訂定的計畫不得任意變更。註 6 惟實際的社會環境及經濟發展情形，變化迅速，既定的都市計畫未必皆能配合動態的實際發展需要。但在下次通盤檢討以前，因不能任意變更既定計畫，故勢必阻礙社會及經濟的正常發展。為了補救此種缺陷的發生，乃有開發許可制度的引進。

開發許可制係指土地規劃、開發與建築，均須經由申請，獲得許可以後，方得以為之。開發許可制的內容，乃視其規模大小及機能，可分為下列三個階段，如表 8-6 所示。

土地利用計畫之目的，在於追求整體土地利用的總計淨收益的極大化。開發許可制的引進，因為配合動態的社會經濟情況的實際需要，但其終究目的仍然在於謀求土地利用的總計淨收益極大化。

蓋對原已研訂妥當的土地利用計畫，無論實行何種開發許可案，勢必引發牽一髮動全身的互動影響。因為任何一種開發案的放行，都將影響原來的規劃設計，對整體地區的正負面的影響尤其錯綜複雜，故非具有專精知識與科技的專業人才，殊難精確地評估其正負面的效益。當然，能增進整體地區土地利用的總計淨收益的開發案，方可予以核准。所以開發案的審查者，除應具備高度的專業知識及評估能力以外，尚須具備客觀超然及公正無私的品德，並具有為民服務及增進社會福利的使命感，方得勝任。此說來容易，實行起來卻極為困難。故於審查開發申請案時，務必審慎，避免為增進私利而妨害大多數市民的利益。

表 8-6　開發許可制之內容

許可類別	適用對象	審核重點	審核機關	許可結果
規劃許可	凡需要變更土地使用分區之發展行為	・區位 ・外部設施 ・對社、經與自然環境之影響 ・目的事業基本條件	地方政府區域計畫委員會核定（目的事業機關）	分區變更（可以取得農地）
開發許可	凡需要配置發展所需之公共設施及劃分基地	・規劃許可附加之條件 ・開發區內部必要設施 ・開發對自然環境之衝擊	地方政府	・公共設施開闢與興建 ・用地變更
建築許可	建築基地之建築	現行建築管理已可辦理	地方政府	建築使用

備註：　1.規劃許可：指凡需要變更土地使用分區或使用強度者。
　　　　2.開發許可：對已符合土地使用分區之開發而為配置建築所需之公共設施、挖填土石、設計區劃街廓及整理地界者。
　　　　3.建築許可：對已符合規劃及開發用地，其建築使用應申請建築許可。

綜上論述，土地利用計畫當以土地使用分區管制（zoning）為基礎作為骨幹，然後配合開發許可制輔助之，兩者配合運用發揮互利互補功能，俾利因應動態社會及經濟活動的實際需求為宜。

三、臺灣之區域發展計畫

臺灣現行的區域規劃與管制體系，大致可分為四個層次：(1)臺灣地區綜合開發計畫，係以整個臺灣地區為計畫對象，性質類似國土計畫，因沒有法律規定，故非為法定計畫；(2)承接綜開計畫者為北部、中部、

南部、東部等四個區域的區域計畫（Regional Planning）；(3)在前款兩種計畫指導之下，各縣（市）得研擬縣（市）綜合發展計畫，惟非屬法定計畫，並非每個縣（市）皆已擬妥；(4)在各縣（市）轄區內，都市土地有都市計畫（Urban Planning）的制定，按不同使用分區、容許用途、基地規模、密度限制等方式施行管制；而非都市土地則需依從區域計畫或非都市土地使用計畫，劃分十項土地使用區，編定十八種使用地。除國家公園區暨河川區區內土地，由國家公園主管機關及水利主管機關分別依法管制外，餘按編定類別施行使用管制，而於審核用地變更編定時，則參採開發許可制的精髓辦理。（見圖 8-17）

　　此外，於山坡地、海埔地、工商綜合區的開發等，有關法令列有專章規定開發許可制，餘則如高爾夫球場、森林遊樂區、工業區、公墓等的設置，皆需有關當局的許可或核准，方可設立。（見表 8-7）由此可見，開發許可制已在臺灣地區萌芽且漸趨茁壯的趨勢。註 7

表 8-7　臺灣規範開發許可制之主要規章與內容

法令名稱	立法目的或法源依據	主管機構	開發管理要項
山坡地開發建築管理辦法	建築法，第97-1 規定。	中央：內政部 省（市）：省（市）政府建設廳 縣（市）：縣（市）政府建管單位	開發建築計畫書、圖，環境影響評估、居住密度控制，基地最小面積規範，水土保持設施及公共設施之提供審查作業等。
海埔地開發管理辦法	開發及管理海埔地，促進土地及天然資源之保育利用。	中央：內政部 省（市）：省（市）政府 縣（市）：縣（市）政府	1.造地許可：造地開發計畫書、圖，環境影響評估，審查作業等。 2.使用許可：完工認可，公共設施用地劃撥其餘土地處理產權登記、管理維護。

工商綜合區開發設置管理辦法	輔導民間企業投資工商綜合區，促進產業升級，推動振興經濟方案。	中央：經濟部 市：直轄市 縣（市）：縣（市）政府	開發許可之審查程序、都市計畫與非都市土地變更分區之審議、逾期效果、變更許可。
非都市土地使用管制規則	區域計畫法，第15條第1項規定。	中央：內政部 省（市）：省（市）政府 縣（市）：縣（市）政府	土地使用變更編定： 1. 10公頃以上：應先徵得區域計畫原擬定機關同意，但經行政院核定之重大計畫，不在此限。 2. 10公頃以下：應經變更前後目的事業主管機關之核准。
高爾夫球場管理規則	規範高爾夫球場之申請設立及管理。	中央：教育部 省（市）：省（市）政府教育廳（局） 縣（市）：縣（市）政府	1. 籌置許可： (1)區位選擇應重視對環境影響，以整體開發為原則。 (2)球場設置之最低與最高面積之規定。 2. 開放使用許可：球場興建完成後，應向教育部申請之。
森林遊樂區設置管理辦法	森林法，第17條規定。	中央：行政院農委會 省（市）：省（市）政府 縣（市）：縣（市）政府	1. 設置許可：森林遊樂區之設置地點及範圍，核定公告後，公、私申請人應擬定計畫，報經省（市）主管機關會同有關機關核准後實施。 2. 營業許可：興建竣工，勘檢合格後，始得申請營業登記，完成登記後，始可營業。

殯葬管理條例	殯葬設施之設置及管理。	中央：內政部 直轄市：直轄市政府 縣（市）：縣（市）政府 鄉（鎮、市）：鄉（鎮、市）公所	1. 設置許可：公墓設置或墓地擴充，應選擇不影響水土保持、不破壞自然景觀、不妨礙耕作、軍事設施、公共衛生或其他公共利益之適當地點。 2. 收葬許可：經當地主管機關核發埋（火）葬許可證，方得收葬。
促進產業升級條例	促進產業升級、健全經濟發展。	中央：經濟部工業局 省（市）：省（市）政府建設廳 縣（市）：縣（市）政府	工業區之勘選，應按工業區設置方針，擬具可行性規劃報告，及環境影響評估報告，經區域計畫或都市計畫中央主管機關同意，編定為工業區
大眾捷運系統土地聯合開發辦法	大眾捷運系統場、站與路線土地及其毗鄰地區之土地聯合開發。	中央：交通部 直轄市：直轄市政府 縣（市）：縣（市）政府	地方主管機關依執行機關所訂之計畫，與私人或團體合作開發大眾捷運系統場、站與路線土地及其毗鄰地區之土地，以及場、站鄰近建築物，實施聯合開發。
獎勵民間參與交通建設條例	獎勵民間參與交通建設提升交通服務水準，加速社會經濟發展。	中央：交通部 直轄市：直轄市政府 縣（市）：縣（市）政府	獎勵建設之對象為下列重大交通建設之興建、營運：鐵路、公路、大眾捷運系統、航空站、港埠及其設施、停車場、觀光遊憩重大設施、橋樑及隧道。

資源來源：顏愛靜撰，「開發許可制與區域發展」，誇世紀臺灣運輸與區域發展研討會論文集，新臺灣發展文教基金會出版，1994 年 12 月 24 日，暨內政部編「地政法規及關係法規」彙編，民國 89 年 1 月。

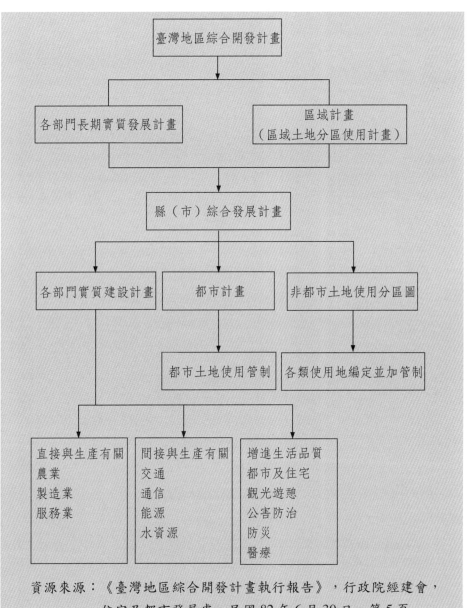

資源來源:《臺灣地區綜合開發計畫執行報告》,行政院經建會,
住宅及都市發展處,民國82年6月30日,第5頁。

圖 8-17　臺灣地區區域土地使用計畫管制體系表

本章註釋

註 1　互競業務（competitive enterprises）係指兩種業務相互競爭利用某一定量的資源。此乃指某一業務的產品數量增加時，另一業務的產量因而減少。換言之，若一產品的增加產量只有經由犧牲另一產品的生產為其手段時，此兩種產品或業務即稱為互競業務。若可利用資源數量固定不變時，增加某一業務的生產量，另一業務的生產量不但不因之而減少，卻反而因之增加，則稱此兩業務為互助業務（complementary enterprises）。所謂互補業務乃指資源數量不變時，如某一產品的產量增加，另一產品的產量並不減少也不增加，而維持原有產量不變。其關係如下圖：

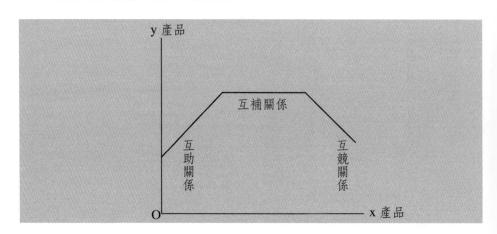

註 2　北美洲自由貿易協定於 1992 年 12 月 17 日簽訂，自 1994 年 1 月 1 日起生效。
註 3　參閱辛晚教著述，《都市及區域計畫》，中國地政研究所 40 周年紀念叢書，中國地政研究所印行，頁 43。
註 4　顏愛靜撰，《開發許可制與區域發展》，跨世紀臺灣運輸與區域發展研討會論文集，新臺灣發展文教基金會出版，1994 年 12 月 24 日，頁 180。
註 5　英國之土地開發稅已於 1985 年正式公布廢止，不再徵收此稅。
註 6　都市計畫法，第 5 條暨第 26 條。
註 7　同註 4，頁 178-196。

Chapter 9

土地稅

第一節　土地稅之意義及其特性

一、土地稅之意義

　　土地稅是一種古老的稅，古埃及於二千年前便有土地稅制的設置。我國之井田制度見於周朝，距今也已過二千年之久，只是當時的土地稅並非以金錢繳納，而規定以力役代稅，也是租稅合一的徵收制度。

　　孟子曰：「夏后氏五十而貢，殷人七十而助，周人百畝而徹，其實皆什一也。」意指民耕五十畝，貢上五畝；耕七十畝者，以七畝助公家；耕百畝者，徹取十畝以為賦，即值十稅一，什一稅也。註1 惟按面積繳稅並徵實物矣。所謂助者，藉也，即假民力以耕公田，同井田矣。

　　又孟子曰：「方里而井，井九百畝，其中為公田，八家皆私百畝，同養公田，公事畢，然後敢治私事。」註2，井田制頗為類同殷人之助法，但實際的執行情況，似未如孟子所說那麼地美好，也許含有後儒之臆說。但很顯然地，井田制度係人民以力役替代繳納土地稅的制度。蓋古代，貨幣制度尚未發達，租稅皆以實物繳納為主流。目前停徵的田賦，亦以徵收實物為原則，只在不生產水稻的旱田，方准予以實物折算代金繳納。

　　土地稅係以土地為課徵客體而徵收的賦稅。土地稅之徵收，通常以土地或其改良物之財產價值或收益價值，或對其增值額或生產價額為課稅客體而徵收之，故其範圍相當廣泛。

　　依我國土地法第 143 條規定，土地及其改良物，依本法之規定徵稅。則土地稅係以土地及其改良物（指建築改良物）為課稅客體。但我國土地稅法卻沒有規定土地稅之課徵客體，惟在其第一條規定：「土地

稅分為地價稅、田賦及土地增值稅。」換言之，土地稅法所規定之土地稅並沒有包括對土地改良物課徵的賦稅。故土地改良物稅似可視為廣義的土地稅。

通常廣義的土地稅係包括土地原價稅（original land value tax）、土地增值（價）稅（increment land value tax）、土地收益稅（land income tax）、地價稅（land value tax）、土地移轉稅（transfer land tax）、房屋稅（housing tax）等，而狹義的土地稅係僅指地價稅或土地收益稅及土地增值稅兩種為多。

二、土地稅之分類

土地稅之分類，因區分的標準不同，分類的情況也有差異。以下擬按土地保有、移轉、土地增值以及土地改良物等指標，區分土地稅的種類。但如與土地及其改良物以外的財產合併徵收的稅賦，將不包括於土地稅的範圍裡面。例如，土地房屋等之贈與或繼承，通常與其他財產合併課徵贈與稅或遺產稅等，故贈與稅及遺產稅的內容雖包括了土地房屋等不動產，但此處就不將贈與稅與遺產稅包括於土地稅的範圍裡面。

㈠對土地保有課稅

1. 地價稅

中華民國，針對申報地價課稅。申報地價係以公告地價為準，而公告地價的內涵，比較接近於收益地價的特性。

2. 田賦

中華民國，農地不課徵地價稅，而按其收益額徵收實物稅（田賦）。惟自一九八七年起已停徵多年。

3.財產稅

美國各州的 Property Tax，針對土地房屋之財產價值課稅。

4.不動產稅

德國，針對農林業財產所產生之收益課稅，為不動產稅A；及針對非農林業財產所產生之收益課稅，為不動產稅B。法國之不動產稅分為建築不動產稅及非建築不動產稅兩種。

5.固定資產稅

日本，針對土地，房屋及折舊性資本財貨之固定資產價值課稅。

6.差餉

英國之 Rates，於香港稱為差餉，係針對土地房屋之租賃價值課稅。惟個人所有之土地房屋課徵之 Rates，於一九九五年已停徵改課人頭稅 Poll Tax，現在僅對法人所有之土地房屋，仍課 Rates。

㈡對土地改良物課稅

土地改良物一般包括農作改良物及建築改良物等兩種。對農作改良物通常都不課稅，而建築改良物則經常包括於土地合併課稅。諸如，日本之固定資產稅、美國各州之財產稅或英國之 Rates 等是也。但亦有獨立課徵者，如下：

1.建築改良物稅

中華民國，只在土地法有此規定，但實際上並未徵收過建築改良物稅。

2.房屋稅

中華民國，按房屋稅條例第一條規定：「各直轄市各縣（市）（局）未依土地法徵收土地改良物稅之地區，均依本條例之規定徵收房屋稅。」

㈢對土地增值（價）額課稅

1.土地增值稅

中華民國，於土地所有權移轉時，對土地的自然增值額課徵土地增值稅。

2.讓渡所得稅

日本，於土地所有轉讓時，對其轉讓所得徵稅，其徵收方式分為兩種，一則合併於其他所得課徵所得稅；另一則獨立課徵讓渡所得稅。

3.土地轉讓所得稅

德國，土地所有權移轉時，如有投機性的資本利得，則合併於其他所得課徵所得稅。所謂投機性轉讓利得係指 2 年以內之土地因買進與賣出所產生之資本利得。

4.綜合式資本利得稅

美國稱為 Capital Gain Tax，合併於綜合所得課徵，惟計算資本利得時，可依法扣除資本損失，即 Capital Loss 矣。

5.獨立式資本利得稅

英國，土地所有權轉讓時所產生之增值課徵資本利得稅，其增值額之計算原則上以改良增值為準，如建築後產生之增值或幣值變動而產生之增值等為主，但自取消土地開發稅以後，另再包括用途變更之增值。

6. 土地開發（發展）稅

英國，稱為 Development Land Tax，原則上係針對土地用途變更等所產生之自然增值所課徵之賦稅，頗為類似我國漲價歸公之觀念。惟該土地發展（或開發）稅已於一九八五年廢止，目前已不再徵收此稅。

㈣**對不動產之移轉行為課稅**

1. 不動產取得稅

日本，土地及房屋等產權移轉時，無論有償或無償均須課徵不動產取得稅。德國亦課徵不動產取得稅。

2. 資產移轉稅

英國稱為 Capital Transfer Tax，其特性有如將遺產稅及贈與稅兩者合併起來的稅制。

3. 加值稅或登記稅

法國對建地及新建築物之轉讓課徵加值稅，其餘不動產之移轉則課徵登記稅。

4. 契稅

中華民國，對建物之轉讓，課徵契稅，並由買方負擔；土地所有權之移轉，則課徵土地增值稅。

三、土地稅之特性

土地稅所包括的範圍相當廣泛，其特性多端，不易顯示其特點。茲為確實掌握其特徵，此處所稱的土地稅僅指狹義之土地稅，則土地保有

稅及土地增值稅，以說明其特性。土地稅的特性，其主要者計有下列幾項：

㈠土地稅為對物稅

土地稅的課稅客體為土地或不動產（real estate），凡持有土地或不動產者必須納稅，故其徵稅，原則上並不考慮持有人的身分或職業，也不必考慮其繳稅能力，係一視同仁，故稱為對物稅（impersonal form tax）。

㈡稅源穩定

土地稅的課稅客體為土地，而土地為一種永不磨滅的物質，總量不會減少，且其價值不但不必折舊，卻有隨著經濟成長及社會進步，土地價值反有逐漸增大的趨勢，故其稅收亦必跟著增大，是一種稅源穩定的賦稅，也可以說是成長型賦稅的一種。

㈢土地稅不容易逃漏

土地或不動產的位置固定，通常不能將其移動或搬移，且其面積較大為有形的物體，故課稅客體一目瞭然，當然不能將其隱匿，所以只要測量或查定正確，殊不易匿報或短報，因此土地稅的逃漏非常困難。

㈣土地稅不容易轉嫁

關稅、貨物稅、營業稅等，經由進口商、製造商、營業人等繳納，但其稅負很可能 100%轉嫁（shifting）於最後的消費者負擔，是一種典型的間接稅（indirect tax）。土地稅通常被歸類為直接稅（direct tax），但並非完全不能轉嫁。惟即使可以轉嫁，也不是普遍的現象，且其轉嫁的過程大都為迂迴的。

㈤土地稅經常為主要的地方稅源

土地稅係針對土地價值或土地增值額課徵的賦稅，而此等價值通常

與地方建設的好壞，關係密切。即地方建設良好，土地價值升高，稅收增多；反之，稅收便減少。故土地稅的徵收具有取之於地方，用之於地方的特性，常成為地方主要稅收的一種。

例如，我國土地法第一百四十六條規定：土地稅為地方稅。又日本的固定資產稅及美國之財產稅亦都規定為地方稅；英國的差餉（Rates）亦為地方政府的主要稅收，可見土地稅在地方稅收裡面重要性的一斑。

㈥稅收目的與政策目的並重

稅收為政府歲入的主要來源，故徵收土地稅的主要目的亦在於充裕政府歲入，以符政府的經費支出。但土地稅則除了稅收目的以外，尚承擔很重要的政策目的，尤其在我國，對土地稅政策目的之要求，特別重要。如眾所周知，我國的土地政策係以實施平均地權為最高原則，而平均地權的四大綱領為：(1)規定地價；(2)照價徵稅；(3)照價收買；(4)漲價歸公；藉此以實現地盡其利，地利共享的目標。而該四大綱領的實施，多半都在仰賴地價稅及土地增值稅的徵收，以資達成。換言之，若沒有土地稅的徵稅手段，頗難推行平均地權的土地政策，亦無法達成地盡其利，地利共享的政策目標。

例如，我國的空地稅與荒地稅的徵收，都具有特定的時間性與空間性，目的在於藉徵稅手段以迫使廢耕農田及未建築使用的空地，儘速開始利用，而毫無稅收目的之意思。故只要廢耕農田及未建築使用的空地開始利用，便立即停徵荒地稅與空地稅。其徵收及停徵手續等都非常繁瑣，惟其徵稅目的在於促進土地利用而不在增加稅收，所以也不計較徵稅成本多寡。可見土地稅的政策目的非常重要，有時尚優越於原來的稅收目的。

第二節　土地稅之原則

一、亞當史密斯之賦稅原則

　　所謂賦稅原則係指徵稅時應行遵守之一般原則之意。也可以說，有關稅制之創設、徵收、廢除等所依據的法則之意。賦稅的課徵，假如所依據的法令規章不善，政府將有歲入減少影響庶政推行之虞，並有阻礙經濟發展，危害社會福利之弊，人民亦將遭遇橫徵暴斂之苦。故賦稅原則之確立，至為重要。例如，賦稅種類的選擇，稅率的決定，及稅制的變革等，均須以賦稅原則為準。

　　賦稅原則自尤斯提（Justi）以來，向為學者所重視，惟集其大成者，為亞當史密斯（Adam Smith）也。亞當史密斯的賦稅論重點係敘述於其著作《國富論》之第五編第二章第二節。則第五編第一章的內容係討論有關經費論的問題，而該章的結論係在分析前面四節的內容，即軍事費用、司法費用、公共業務費及公共設施費，以及為了保持主權尊嚴所需經費的種類及其特性，並明舉其可適用受益者付費原則的範圍。故第一章係敘述有關受益者付費理論以及配合特定支出的目的稅理論為主。

　　第五編的第二章第一節係在敘述屬於主權人或國家的基金及財源的運用；第二節係討論徵收國民個別收入中的一部分的問題，即討論賦稅的問題也。至於第三章係在討論公債的問題。

　　亞當史密斯對賦稅的看法，係只將其視為四種財政收入中的一種而已。但亞當史密斯否定了屬於主權人或國家的財產收入以及發行公債的收入，而對賦稅收入的看法，雖認為應依據受益者付費的方式為之，但由特定人民負擔確有所不足時，宜由全體人民負擔，所以賦稅收入勢必

成為財政收入的最主要者。

　　基於賦稅應向全體人民徵收的理念，亞當史密斯將稅源置於地租、利潤、工資以及此三種所得的合計，即其稅源計分為四種，並提出四種賦稅原則。此四種原則為公平、確實、便利、經濟（節約）也。所謂經濟原則係指節省徵稅成本的原則，所以亞當史密斯的賦稅原則不僅為徵稅者的原則，也可以說是納稅者的原則。

(一)公平原則（Principle of Equality）

　　每一國民應按其能力為比例繳納賦稅，以供政府之需要，即按照國民於國家保護下所得的收入多寡為比例，向國家納稅，始為公平。

　　亞當史密斯所謂的公平，係欲取消特殊階級的免稅特權，即全國國民宜人人納稅，方為公平。從公平的觀點言，只對某一種收入課稅，這種並不公平，且這不如對三種收入（即地租、利潤、工資）都課稅，誠難謂公平矣。惟這樣一來，稅源的選擇範圍，勢必受到相當的限制。

(二)確實原則（Principle of Certainty）

　　亞當史密斯曾謂：賦稅原則如有少許不確實，其嚴重性猶大於相當程度的不公平的稅負。例如，繳稅時間、繳稅地點、繳稅方法、繳稅金額等必須明確規定，且不得任意更改。確實原則的建立，不僅就納稅者言頗有其必要，就非納稅者看，亦有其必要，且為現代化市民社會所追求的指標之一種。

　　亞當史密斯認為，理想的賦稅必須具備如他所提，公平、確實、方便、經濟等四個原則，但就公平與確實兩個原則言，卻已產生矛盾。例如人頭稅（Poll Tax），則人頭稅的課徵標準究應如何決定？若依納稅人之財產或收入多寡為準，則因納稅人之財產與收入時常在變動，除非經常實施查報以外，很容易產生不確實的問題。如按納稅人的身分課稅，便會產生雖然身分相同，但其財產或有很大的差距，因而引發更大的不公平。

不管人頭稅的負擔輕重，納稅人最大的怨聲為不確實的問題。但稅負縱令存在著相當程度的不公平，只要稅的負擔輕微，一般而言，大多數的納稅人仍然可以忍受。

㈢方便原則（Principle of Convenience）

納稅的時間或方法等，宜對納稅人方便，而就現代的情況言，必須增加給納稅人選擇的機會。例如，就消費稅言，不是徵收一般消費稅而宜改徵個別消費稅，則是否購買有上稅的物品，宜任由購物者即納稅者自由選擇。對奢侈品課稅便具有對富者課稅的特性，同時亦符合賦稅的公平原則。

以往田賦的徵收，都規定在農作物收穫以後，誠然符合方便原則。但另外又規定田賦徵實，則田賦在原則上須以實物繳納，此對納稅人確實產生了不少的不方便。現行很多種稅捐，都規定可以用銀行支票繳納，並可向所有的金融機構繳納等，此對納稅人言，確已提供了很大的方便。

㈣經濟原則（Principle of Economy）

經濟原則係指盡量節省徵稅費用之意。此原則之提出似有警告徵稅者之用意。其實，這是基於納稅者的立場而提出的原則。但確實有妨礙經濟原則的實例存在的事實，此可由以下的例子了解其端倪。第一例為徵稅機關過度膨脹的問題。如果徵稅人員的人事費用大幅占用了賦稅收入，這樣與增加課稅的意義相同，且稅吏的薪資待遇偏高，故必須積極限制稅吏的人數。

第二例係一方面製造逃稅及走私的誘因，另一方面卻採取重罰制度，迫使當事人破產或令其無法繼續經營其事業的問題。如不分皂白對所有的物品一律課稅，勢必強烈地引發走私的行為，故必須實施有限度的課稅。

對課徵重稅的物品，其消費量反有減低的現象，有時尚會引發走私

的誘因，所以很容易導致其稅收，往往較之課徵適度稅率時減少。

第三例係繁複的檢查或令人厭煩的查稅問題。為之，納稅人常常組織各種團體或單位，藉此與稅務機關唱反調甚至表示抗爭，增加不少困擾。亞當史密斯呼籲，政府理當避免制定增加納稅人麻煩以及擾民的法令規章。

就上述四種原則而言，土地稅的徵收大致符合此等四原則的要求。所以可以說是一種優良的稅賦，因此方能成為歷史悠久的賦稅。

二、公平原則之分析

(一)水平之公平與垂直之公平

一般所說賦稅的公平原則係指水平的公平（horizontal equity），意謂於相等情況的個人，必須平等處之。例如，兩個人在稅前福利水準相同時，其稅後的福利水準也應該相同。此種想法，謂在法律之前，人人平等的民主觀念相類似。惟對於「同等的情況」或「類似的情況」，則很難提出非常明確的界線，所以也很難指出允許差別課稅的明確的界線。惟自水平的公平原則另再導出垂直的公平（vertical equity），即不平等的人們應可不平等處之也。則稅前福利水準不相同的人，稅後的福利水準也應該不相同。換言之，稅後並不影響稅前原先的個人之間的福利高低次序。由於垂直的公平原則之提出，大幅降低了實際應用公平原則時所遭遇的困難。

但於檢討稅負的分配時，都沒有顧及支出面的公平問題。就理論而言，稅負分配公平的原則，理當應用於稅收的支出，但支出的公平，以往都被忽略了。蓋以往對公共支出的傳統觀念，都假設公共經費的支出缺乏生產性，同時也認為，公共支出可能對每一個人將產生均等的方便或利益，是以無須檢討支出的公平原則矣。否則，便也應該考慮支出的公平原則。

如果公平原則被擴大應用於公共支出時，勢必產生抑制公共支出的效果，同時也可聯繫稅收與支出的相關關係，並可容忍差別支出允許差別課稅的邏輯。換言之，能夠產生均等利益的公共支出，方得公平分配賦稅的負擔。

(二)受益學說

探討賦稅負擔的分配之基本原則之一，係認為個人的稅負應該配合其從政府所獲取公共服務利益之大小比例負擔，亦即所謂受益原則矣。受益原則的最大優點係可將賦稅的徵收與公共支出的決定，實施一元化的掌握。換言之，可藉此彌補稅負與支出之間所產生之差距，對全盤的財政過程作綜合性考察，同時亦可比較稅收與歲出之間的問題。

但對受益原則的說法，實際上尚缺乏統一的見解。按古典學派的看法，則富有的人受到政府的保護與照顧較多，而貧窮者所受的保護與照顧較少，故富者應該繳納較多的賦稅，而貧者便可繳納較少的賦稅，方謂公平。這種觀念被林達爾（E. LiNDAHL）承接，並作更精密的分析，而提出所謂：自願交易研究法（voluntary-exchange approach）。茲擬說明如下：

為了分析方便起見，茲作下列幾點假設：

1. 假設只有一種公共財貨。

2. 該公共財的受益者只有 A、B 兩人。

3. 所得的分配情況已達公平的水準。

4. 公共財的生產係在成本不變的情況下實施。

上述情形擬用圖 9-1 加以說明。

圖 9-1 的縱軸分別表示 A 及 B 兩人對公共支出願意負擔的百分比，橫軸表示公共財的數量，aa 曲線表示 A 對公共財之需求函數，曲線 bb 表示 B 對公共財之需求函數。

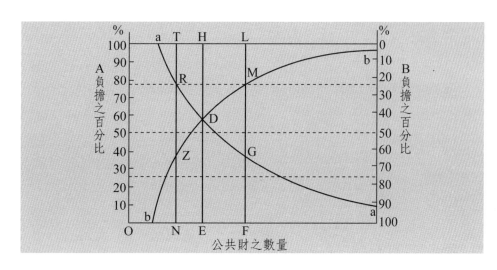

圖 9-1　受益者負擔之分析

　　設公共財的數量為 ON 時，A 願意負擔的費用百分比為 NR，而 B 願意負擔的費用百分比為 TZ，故其合計為 TZ＋NR，等於 TZ＋NZ＋RZ，等於 TN＋RZ，大於 100%的負擔率。此表示人民願意負擔的費用大於實際所提供之公共財的費用，故可以增加公共財的提供量，以滿足人民之需要，提高其福利水準。

　　假如公共財的供給量增加至 OE 時，此際 A 願意負擔的費用百分比為 DE，B 願意負擔的費用百分比為 DH，兩者合計後為 EH，剛好等於 100%，則人民願意負擔的費用比率等於政府所提供公共財的總費用，為公共財提供的均衡點，成為最適度的狀態。

　　如果公共財的供給量大於 OE 時，則假設為 OF 時，此際 A 願意負擔費用百分比為 FG，而 B 願意負擔的費用百分比為 LM，兩者合計後尚不及 100%，則不足 GM 的百分比，此部分等於沒有人願意負擔，所以公共財的供給不宜大於 OE，以免增加政府負擔，或對人民加徵額外的負擔，引發人民無謂的抗爭。

　　受益原則的確為了公平原則提出了一種有力的理論基礎，但該模式並未提出何種的分配方是最公平的分配，而只依據現行的所得分配情

況，尋求均衡的 OE 水準，作為其均衡解。換言之，該模式係隱含表示，現行的所得分配情況為一理想的分配型態。其實，這與事實未必一致。

又上述邊際受益的分析，在現行財政制度下，對賦稅分配的決定，幾乎無法發揮其功能。蓋政策擬訂者於決定費用支出或分配賦稅時，實在無法了解各個人對公共服務究作何種評價。縱令可按邊際受益原則徵收賦稅時，納稅人亦必常隱瞞其對公共服務的真正評價，而想成為搭便車的心態，極為強烈。

故可適用受益原則的範圍，往往侷限於某種公共服務中的特定受益者，課徵負擔時使用之。例如，將汽油稅或汽車牌照稅的收入，用於公路網的維護與修繕等，依受益原則言，頗為合理。

惟彌爾（J.S. Mill, 1806～1873）對受益原則的批評最為嚴厲。蓋受益原則並未考慮到納稅人的支付能力（ability to pay）問題。其實，富者與貧者，對賦稅之支付能力，確有天壤之別，故如採用受益原則，勢必導致富者愈富，貧者愈窮，徒然擴大貧富的差距。註3

㈢負擔能力學說

在現行財政制度下，於分配賦稅的負擔時，一般被採取的原則係按個人的支付能力課稅的辦法。但此原則於實際運用時，並不能明示賦稅的分配型態，而只能對財稅政策提供大方向的指針。故在支付能力原則裡面，尚可分為幾種賦稅的分配型態。

在現行財稅制度下，所謂支付能力，通常係以所得或資產為指標而測定其大小。各個納稅人的負擔能力，係隨著其所得或資產之增大而增大，兩者均朝向同方向變動。縱作上述定義，仍很難妥適決定配合所得之變動而劃分其納稅額。例如，課徵累進所得稅之理論基礎究應設定於何者，亦值得探討。此際有最小總犧牲（the least aggregate sacrifice）或均等邊際犧牲（equal marginal sacrifice）等原則的應用。此等分析係起於彌爾（J. S. Mill）的均等犧牲（equal sacrifice）的觀念，再將其發揚

擴大者。茲擬先探討均等犧牲的觀念。

　　其實，公平的觀念係起於絕對的公平原則（principle of absolute equity）。則每一個納稅的經濟主體，都應該負擔相等絕對量的賦稅。設政府一年的支出計需要 1,000 億元，而全國的經濟主體（即納稅人）計有 1 億單位，此際每一個經濟主體都應該支付 1,000 元，這樣方符合絕對的公平原則。所以最公平的賦稅應為定額稅（lump-sum tax）或是人頭稅（poll tax）矣。但這種原則係完全忽視了經濟主體（納稅人）的負擔能力及其受益情況的大小，誠然非為真正的公平。

　　J. S. MILL 的均等犧牲的觀念，其實尚可分為下列三種：

　　1. 均等絕對犧牲（equal absolute sacrifice）又稱均等總犧牲。

　　2. 均等比例犧牲（equal proportional sacrifice）。

　　3. 均等邊際犧牲（equal marginal sacrifice）。

　　F. Y. Edgeworth（1845～1926）將上述三種觀念令其更加明確，並將最小總犧牲的觀念導出累進稅的理論，後來再經 R. A. Musgrave（1910～）加以詳細檢討。茲擬依圖 9-2 作簡要的說明。

　　為了分析方便起見，茲作下列幾點假設：

　　1. 所得的邊際效用係隨著所得增大而遞減的。

　　2. 個人之間的邊際效用可以互相比較。

　　3. 各個人的嗜好相同。

　　4. 屬最低生活費的所得部分（圖上的 OZ）不明示其效用。

　　5. 政府必須徵收一定額的賦稅（圖上的 MG）。

　　設有 A 及 B 兩個人，A 的所得大於 B 的所得，AB 兩人的效用函數相同，故可以共用效用曲線。A 課稅前的所得為 OG，B 課稅前的所得為 OH，又依上述假設，超過最低生活費 OZ 的所得，其邊際效用曲線 CF 乃向右下方延伸，所以其總效用曲線 CE，係向右上方延伸的曲線。因此，A 課稅前的總效用為 EI，而 B 課稅前的總效用為 KJ。茲設，政府擬向 AB 兩人共徵收 MG 的稅額，以下擬按上述三種型態，分析其稅賦的分配情況。

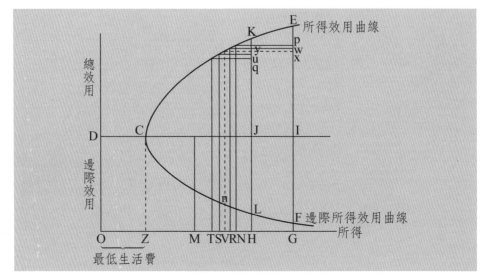

圖 9-2　均等犧牲之分析

1. 均等絕對犧牲（equal absolute sacrifice）

設 Y 表所得，T 表賦稅，U(Y)表所得之效用，則均等絕對犧牲係：

$$U(Y)-U(Y-T)為固定$$

如圖 9-2 所示，A 的總所得為 OG，總效用為 EI；B 的總所得為 OH，總效用為 KJ，政府擬課徵的稅收總額為 MG 並由 AB 兩人負擔，惟其犧牲的效用總額必須相等。如圖 9-2 所示，A 應犧牲的總效用為 EP，應繳納稅額為 NG；B 應犧牲的總效用為 Kq，而 EP＝Kq，其應繳納的稅額為 TH，而 NG＋TH＝MG。AB 兩人因繳稅所犧牲的總效用相等（EP＝Kq），故稱為均等絕對犧牲，又稱均等總犧牲。

2. 均等比例犧牲（equal proportional sacrifice）

如以方程式表示，均等比例犧牲的特性應為：

$$\frac{U(Y)-U(Y-T)}{U(Y)} \text{ 為固定不變}$$

則政府欲徵收的總稅額仍為 MG，並由 AB 兩人負擔，惟 AB 兩人應犧牲的總效用的比例必須相等。如圖 9-2 所示，A 應犧牲的效用為 EW/EI，應繳納的稅額為 RG；而 B 應犧牲的效用為 KU/KJ，且 EW/EI＝KU/KJ，應繳納的稅額為 SH，而 RG＋SH＝MG。此際，AB 兩人因繳稅所犧牲的效用比例相等，即 EW/EI＝KU/KJ，所以稱為均等比例犧牲。

3.均等邊際犧牲（equal marginal sacrifice）

如以方程式表示，均等邊際犧牲的特性應為：

$$\frac{dU(Y-T)}{d(Y-T)} \text{ 為固定不變}$$

則政府欲徵收的總稅額仍為 MG，並由 AB 兩人負擔，惟 AB 兩人繳稅後的所得邊際效用必須相等。如圖 9-2 所示，A 應犧牲的總效用為 EX，稅後的所得邊際效用為 Vn，應繳納的稅額為 VG，而 B 應犧牲的總效用為 Ky，稅後的所得邊際效用亦為 Vn，應繳納的稅額為 VH，而 VG＋VH＝MG。AB 兩人稅後的總效用相等，即 XI＝yJ，稅後剩下的所得亦相等，即 OV＝OV，稅後的所得邊際效用亦相等，均為 Vn，故稱為均等邊際犧牲。

其實，均等犧牲原則也有些問題。則假設個人之間的效用可以互相比較。但實際上，這是不可能的。又假設所得的邊際效用將隨著所得增加而遞減。其實，隨著所得增加，人們的嗜好亦將產生變化，很可能促使所得邊際效用函數向右上方移動也說不定矣。

第三節　土地稅之轉嫁與歸宿

一、轉嫁與歸宿之意義

　　探討賦稅的轉嫁與歸宿，其目的在於了解賦稅的輾轉推移過程，其重點係在探討所繳納的賦稅，究由何人負擔。蓋賦稅由誰負擔，實際上較之稅之由誰繳納，更為重要，亦更有意義。

　　納稅者將其所繳納的賦稅設法轉移，而由他人負擔，此種賦稅負擔轉移的過程（process）稱為賦稅的轉嫁（shifting of the tax）。而賦稅負擔的最終的納稅者，則稱為賦稅的歸縮（incidence of the tax）。故所謂賦稅的歸宿係指轉嫁的結果矣。例如，貨物稅由製造廠商於出廠時繳納後，必將此稅負加上於貨物的售價裡面，然後批售於代理商或承銷商，該貨物稅將隨著貨品轉售而轉移。貨物由代理商或承銷商轉移於零售商，再由零售商轉售於消費者，即賦稅將不再轉嫁，而終由消費者負擔，此即賦稅的歸宿矣。

　　賦稅的負擔，通常可分為四種，即：(1)直接負擔（direct burden）；(2)間接負擔（indirect burden）；(3)真實負擔（real burden）(4)貨幣負擔（money burden）。

　　直接負擔係納稅人直接向公庫繳納，而不能將其所繳納的稅額轉嫁於他人負擔，即納稅者與負擔賦稅者為同一人。薪資所得稅係屬於此類型矣。間接負擔係指應負擔賦稅者的稅額，先由他人代繳，爾後經轉嫁而由該負稅者負擔，即負擔稅賦者為一人，而納稅者又是另外一人也。例如，貨物稅或關稅等係屬於此類型。所謂真實負擔係指賦稅的負擔者本身犧牲其經濟的福利之意。假設富人與窮人負擔同金額的賦稅，但由

於窮人的所得微少，故其犧牲的經濟福利，勢必大於富人所犧牲的經濟福利。至於貨幣的負擔，係指納稅人繳納於國庫的貨幣數額而言，而不問其究竟為直接負擔或經轉嫁後改為他人負擔。

從探討直接負擔抑或間接負擔，可察知賦稅的實際負擔者究為何人。又由真實負擔，可以分析賦稅的負擔者所犧牲經濟福利的實際數量，據此研訂賦稅政策，建立賦稅制度，選擇稅種，研定稅率。所以賦稅的轉嫁與歸宿的研究，非常重要，也有助於貫徹量能課稅的原則。

二、轉嫁的方式

賦稅的轉嫁方式，通常可分為六種如次：(1)前轉；(2)後轉；(3)旁轉；(4)散轉；(5)轉化；(6)還原。茲擬依次說明如下：

㈠**前轉**（Forward Shifting）

例如，製造廠商於產品出廠時繳納貨物稅，再將其稅負加上產品的售價，轉嫁於承銷商再至於零售商，零售商再轉嫁於購物的消費者負擔，此稱為賦稅的前轉。前轉又稱順轉。又多次的前轉，亦稱為疊轉（Onward Shifting）。一般言之，課稅客體（產品）的供給彈性愈大，或需求彈性小者，賦稅的歸宿愈趨向於買方或消費者。

㈡**後轉**（Backward Shifting）

課稅的產品如跌價或銷路短缺，廠商無法將其貨物稅向前轉嫁於消費者負擔，是以將此項貨物稅的負擔轉嫁於生產要素的提供者負擔。諸如，降低工資率或增加工作時間，或壓低原料進貨價格，或壓低廠商應獲得的利潤等，此方式稱為賦稅的後轉，又稱逆轉。凡課稅客體的需求彈性愈大者，則賦稅的歸宿將愈趨向於賣方。

(三)旁轉（Deviation）

例如，貨物稅的負擔，既不向前轉嫁由買方負擔，也不向後轉嫁由賣方負擔，而轉由與課稅物品的生產有關的另一賣方，或另一買方負擔者，稱為旁轉。貨物稅由另一賣方負擔者，有如布商將賦稅的一部分或全部旁轉，由染料業者負擔，或汽車廠商將賦稅的一部分或全部旁轉，而要求零件業者減價代為負擔等。稅負由另一買方負擔者，例如，商店出售奢侈品與平價品，將稅負的一部分或全部旁轉，由奢侈品的購買者負擔。

(四)散轉（Diffused Shifting）

散轉亦稱複轉。即納稅者將應繳納的稅，分散轉嫁於前方的消費者和後方的生產要素提供者，甚至將其一部分採取旁轉之意。例如，廠商將應繳納的貨物稅，其中一部分轉嫁於消費者，一部分以降低原料進價或增加勞工工作時間等藉此承受一部分稅負，或壓低零件的進貨價格等，稱為散轉。如產品的供給彈性與需求彈性大致相同者，可藉散轉的方式，轉嫁其應繳的賦稅。

(五)消轉（Transformation）

消轉亦稱轉化或排轉。即納稅人無法將其應繳納的賦稅推給前方或後方負擔，也不能實施旁轉，而必須另謀其他途徑，以消化其所繳納的賦稅。最常用的方法係改進生產技術或管理技術以提高生產效率，降低生產成本，擴大利潤，藉此消化其所負擔的賦稅。採用此法時，因沒有人必須增加負擔，故可以說是一種良性的轉嫁方式。

(六)賦稅之還原（Capitalization of Tax）

賦稅之還原又稱償本，比較容易發生在財產稅方面。為了說明方便起見，茲擬使用下列幾種符號：

Y 表某種財產之每年預期淨所得。

r 表報酬率。

Y_b 表該財產之現值，$Y_b = \dfrac{Y}{r}$。

T 表每年徵收之財產所得稅。

t 表財產所得稅之稅率。

Y_a 表稅後之財產現值，$Y_a = \dfrac{Y-T}{r} = \dfrac{Y(1-t)}{r}$。

此際，$Y_b > Y_a$

$$Y_b - Y_a = \dfrac{T}{r} > T$$

該財產所有人一旦出賣其財產時，通常其售價 Y_c 將介乎在 Y_a 與 Y_b 之間，即 $Y_b > Y_c > Y_a$。

假設，$Y_c = Y_b$，表示所有的賦稅都歸由買方負擔，賦稅全部被轉嫁；假如，$Y_c = Y_a$，表示所有的賦稅歸由賣方負擔，賦稅全部未發生轉嫁；如果，Y_c 介乎在 Y_a 與 Y_b 之間，即 $Y_b > Y_c > Y_a$ 時，則買賣雙方各自負擔一部分賦稅，成為部分轉嫁的現象。

三、轉嫁之理論分析

有關賦稅轉嫁的理論錯綜複雜，學說上亦頗多爭議。茲擬僅就前轉部分，將作簡單的分析。在許多轉嫁學說中，哈柏教授（Professor B.P. Herber）提出影響轉嫁的六個主要因素，如下：(1)市場結構（market structure）；(2)價格彈性（price elasticity）；(3)產業的成本條件（cost condition of the industry）；(4)賦稅的型態（type of tax）；(5)政治上的管轄權（political juridiction imposing tax）；(6)未實現的利得（unrealized gains）。

根據以上六個決定因素，將其整理如表 9-1，以資說明轉嫁的可能性。

上述六種影響因素不但包括了經濟因素，同時也涉及了非經濟因

表 9-1　賦稅之轉嫁因素

轉嫁情況		全部轉嫁	部分轉嫁	無法轉嫁
百分比		100	99～1	0
個　案		1		2
轉嫁因素	1	長期的完全競爭市場		長期的完全壟斷市場
	2	短期的完全壟斷市場		短期的完全競爭市場
	3	產品的需求缺乏彈性		產品的需求完全彈性
	4	生產要素的供給缺乏彈性		生產要素的供給完全彈性
	5	成本遞增產業		成本遞減產業
	6	間接稅與廣闊稅基之稅收		直接稅與狹隘稅基之稅收
	7	廣闊的政治管轄權		狹小的政治管轄權
	8	未實現利得之存在		沒有未實現利得之存在

資料來源：林華德著，《財政理論與政策》，東華書局，民國 71 年 5 版，
　　　　　頁 132。

素。茲擬只從事經濟分析，且只討論完全競爭市場的供給與需求彈性，
與轉嫁之間的關係。

㈠短期之轉嫁與歸宿

　　在完全競爭市場的產業，其均衡狀態係由其產品的供求曲線決定。
如對此產品徵收從量稅，勢必將其供給曲線往上推高至稅額增加部分，
而稅負的轉嫁與歸宿的情況，便由供給與需求的彈性決定。

　　就短期的供給而言，可劃分為：(1)完全缺乏彈性；(2)比較缺乏彈
性；(3)比較富於彈性等三種。如就需求面言，亦可劃分為：(1)完全缺乏
彈性；(2)完全富於彈性；(3)比較缺乏彈性；(4)比較富於彈性等四種。茲
擬分別加以說明如下：

1. 供給完全缺乏彈性

所謂供給完全缺乏彈性係指供給彈性等於零，此際生產者無法將其生產要素移至不課稅的產業，故其供給曲線係如圖 9-3 所示，將形成與縱軸平行之垂直線。

圖 9-3 中的 SS 表課稅前之供給曲線，DD 表稅前之需求曲線。OP_0 與 OQ_0 各為課稅前之均衡價格與均衡產量。此際，縱令課徵從量稅，供給曲線也毫不變動，保持與稅前相同的狀態，課稅對價格與數量完全不發生影響。故不管需求彈性為何，課稅額（等於四邊形$P_0E_0E_1P_1$的面積）全部將歸由生產者負擔。

2. 需求完全缺乏彈性

需求完全缺乏彈性係指需求彈性等於零。此際，消費者無法購買課稅物品的替代品，故其需求曲線係如圖 9-4 所示，與縱軸平行的垂直線。

此際，如課徵從量稅，供給曲線將按其稅額向上移動成為 S'S'，而價格將自 OP_0 升至 OP_1，計上升了與稅額相等的部分，但交易量並不受

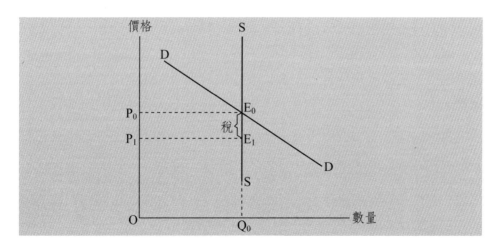

圖 9-3　全部不能轉嫁

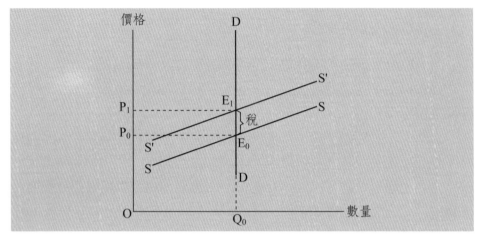

圖 9-4　全部轉嫁

影響而維持原來的水準，保持 OQ_0 的數量不變。所以不管供給彈性為何，稅額（等於四邊形 $P_1E_1E_0P_0$ 的面積）將全部歸由消費者負擔。

3.需求完全富於彈性

需求完全富於彈性係指需求彈性無限大，則消費者很容易買到課稅物品的替代品，故其需求曲線係如圖 9-5 所示，與橫軸成為平行線。此際，價格雖不受課稅的影響，但交易量將自 OQ_0 減至 OQ_1。該交易量的減少幅度，將隨著供給彈性的增大而擴大，故稅額的全部將歸由生產者負擔。

4.供給缺乏彈性，需求富於彈性

此際，生產者想將其生產要素移至不課稅的產業通常較為困難，但消費者卻比較容易買到不課稅物品的替代品，故課稅對價格的影響，將較之需求完全缺乏彈性時減低很多。（如圖 9-6 所示）

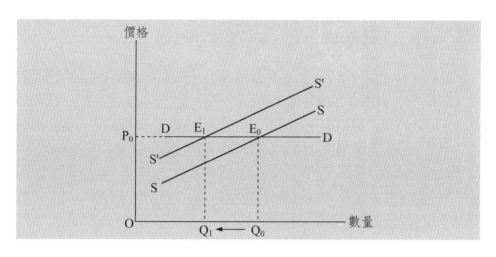

圖 9-5　全部不能轉嫁

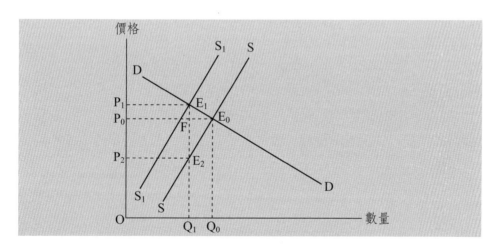

圖 9-6　生產者之負擔大於消費者之負擔

　　如對此物品課徵從量稅，含稅價格將自 OP_0 升至 OP_1，而扣稅後的價格將自 OP_0 降到 OP_2。交易量將自 OQ_0 減至 OQ_1。稅額可由四邊形 $P_1E_1E_2P_2$ 的面積表示之，其中四邊形 $P_1E_1FP_0$ 的部分將歸由消費者負擔，四邊形 $P_0FE_2P_2$ 的部分將歸由生產者負擔。四邊形 $P_0FE_2P_2$ 的面積大於四邊形 $P_1E_1FP_0$ 的面積，則消費者的稅負較輕。

5.供給與需求均缺乏彈性（供給彈性＝需求彈性）

此際，生產者欲將其生產要素轉移至不課稅的產業使用係較為困難，同樣地，消費者想購買課稅物品的替代品，則與生產者相同程度的困難。因課稅導致價格上升的幅度，將較之供給缺乏彈性而需求富於彈性時，稍為大一點。如圖 9-7 所示，課稅後的含稅價格將自 OP_0 升至 OP_1，扣稅價格卻自 OP_0 降至 OP_2。交易量由 OQ_0 減至 OQ_1。此際，四邊形 $P_1E_1FP_0$ 的面積與四邊形 $P_0FE_2P_2$ 的面積相同，故課稅的負擔便由生產者與消費者折半分擔。

6.供給富於彈性，需求缺乏彈性

如供給富於彈性，生產者比較容易將其生產要素移至沒有被課稅的產業，但消費者要購買被課稅物品的替代品卻比較困難。故因課稅導致價格上升的幅度將較之供給與需求的彈性相等且缺乏彈性者，稍為大一點。如圖 9-8 所示，課稅後的含稅價格將自 OP_0 升至 OP_1，扣稅價格卻自 OP_0 降至 OP_2，交易量亦自 OQ_0 減至 OQ_1。又四邊形 $P_1E_1FP_0$ 的面積係大於四邊形 $P_0FE_2P_2$ 的面積，故消費者的稅負勢必大於生產者的稅負。

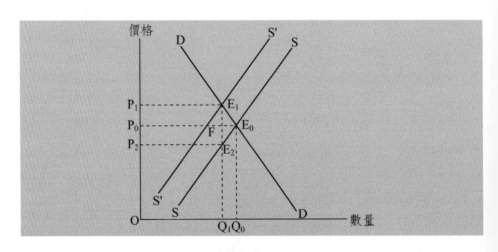

圖 9-7　生產者與消費者之稅負相等

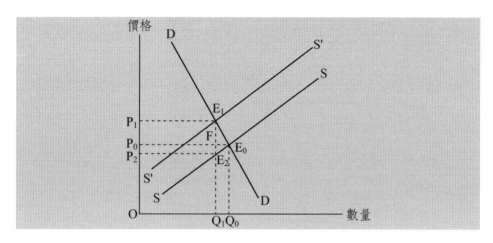

圖 9-8　消費者之稅負大於生產者之稅負

㈡長期之轉嫁與歸宿

長期之轉嫁與歸宿，將分為生產成本遞增、生產成本固定，以及生產成本遞減等三種情況，加以分析。

1. 生產成本遞增產業之轉嫁

圖 9-9 表示，生產成本將隨著產量增加而增大的一般情況。圖中 LRD 表長期需求曲線，LRS 表長期供給曲線。

此際如課徵從量稅（specific tax），長期供給曲線將向上移動而成為 LRS'，其上升幅度剛好等於稅額部分，結果將導致產品的含稅價格從 OP_0 升至 OP_1，而扣稅後價格卻自 OP_0 降至 OP_2，交易量亦自 OQ_0 減至 OQ_1。

與短期的情況相同，生產者與消費者之間的稅額的分攤情況，將決定於長期需求曲線與長期供給曲線的斜率。換言之，便決定於需求與供給的相對彈性。亦即，假如供給彈性大於需求彈性時，消費者要負擔的稅負占總稅負（四邊形 $P_1E_1E_2P_2$ 之面積）的比例，將大於供給者要負擔

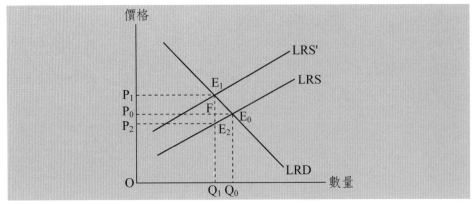

圖 9-9　成本遞增產業之轉嫁

的稅負比例。反之，如需求彈性大於供給彈性時，供給者勢必負擔總稅負中較大的比例。如果供給彈性與需求彈性相等時，稅負將由生產者與消費者折半負擔。

2.生產成本固定產業之轉嫁

如為生產成本固定產業，生產者將很容易將其生產要素移至不課稅的產業。故課稅時，價格將自 OP_0 升至 OP_1，其上升幅度剛好與課稅額相等，交易量卻自 OQ_0 減至 OQ_1。如圖 9-10 所示，不管需求彈性大小，其課稅額（四邊形 $P_1E_1FP_0$ 的面積）將全歸由消費者負擔。

3.生產成本遞減產業之轉嫁

生產成本隨著產量增加而遞減的產業，課稅時的轉嫁情況係如圖 9-11 所示。則如課徵從量稅時，價格將自 OP_0 升至 OP_1，其上升幅度則與稅額相等，而交易量卻自 OQ_0 減至 OQ_1。此際，隨著需求彈性增大，價格的上漲幅度及交易量的減少幅度均隨之增大。此際，因價格上漲所增加的稅負（如圖上四邊形 $P_1E_1FP_0$）中，新增稅額（即四邊形 $P_1E_1E_2P_2$ 之面積）部分，將轉由消費者負擔。

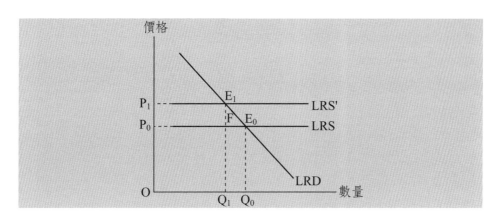

圖 9-10　成本固定產業之轉嫁

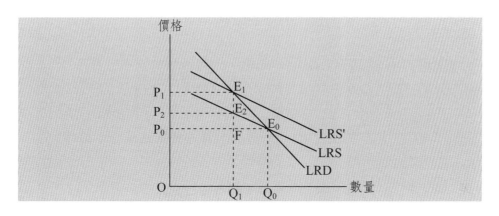

圖 9-11　成本遞減產業之轉嫁

四、從價稅之轉嫁

　　如將賦稅的徵收視為收益減少，導致需求減少，故賦稅的轉嫁亦可自從價稅（ad volorem）加以分析。圖 9-12 中的 AB 表原來的需求曲線，SS 表供給曲線，其均衡點 E，此際均衡價格為 OP_0，均衡交易量為 OQ_0。茲假設對此課徵 30%的從價稅，賣方的收入勢必減少，需要將減少為 BT 線，而 AB 線與 BT 線之間的垂直距離表示 30%的從價稅（AT/AO＝$\frac{3}{10}$）。

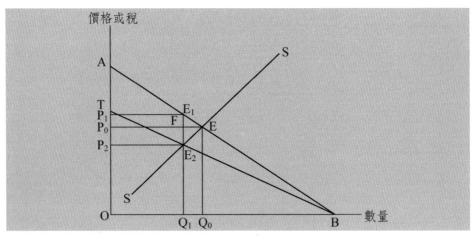

圖 9-12　從價稅之轉嫁

　　BT 與 SS 的交點 E_2 為新的均衡點，課稅後價格自 OP_0 升至 OP_1，交易量自 OQ_0 減至 OQ_1。即課稅後的含稅價格為 OP_1，扣稅後的價格為 OP_2，總稅額為四邊形 $P_1E_1E_2P_2$ 的面積。其中四邊形 $P_1E_1FP_0$ 的部分轉嫁於買方負擔，而四邊形 $P_1FE_2P_2$ 的部分卻歸由賣方負擔。至於稅負轉嫁的多寡，則視供給曲線及需求曲線的彈性大小而定。圖上 $\triangle E_1EE_2$ 為因課稅而產生的福利的無謂損失（dead-weight loss）。

　　假設供給富於彈性，需求缺乏彈性，則所謂賣方市場，對此課徵從價稅時，價格勢必上漲，交易量便減少，賦稅的大部分將轉嫁由買方負擔，而歸由賣方負擔部分較少，其轉嫁情況係如圖 9-13 所示。

　　反此，假設需求富於彈性，供給缺乏彈性，則形成所謂買方市場。如對此課徵從價稅，價格勢必上漲，交易量便減少，此際轉嫁於買方負擔的稅賦所占比例較小，而賦稅的大部分將歸由賣方負擔，其轉嫁情況係如圖 9-14 所示。

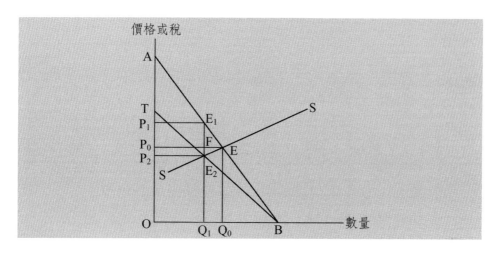

圖 9-13　供給彈性大，需求彈性小之轉嫁

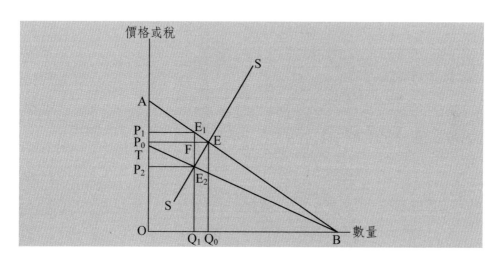

圖 9-14　供給彈性小，需求彈性大之轉嫁

第四節　我國之土地稅

　　我國現行土地稅之課徵，按土地稅法第一條規定，係分為地價稅、田賦及土地增值稅等三種。其中，田賦係針對農地逐年課徵的賦稅。惟為減輕農民負擔，乃自民國七十六年起已停止課徵多年，故現行實際徵收的土地稅係僅有地價稅與土地增值稅兩種。地價稅係按土地收益能力每年徵收的定期稅，而土地增值稅係於土地所有權移轉時（但繼承的移轉除外），按土地增值額徵收的機會稅。茲擬分述如下。

一、地價稅（Land Value Tax）

㈠現行地價稅制概況

　　按現行地價稅法第十四條規定，已規定地價之土地，除另依規定[註4]課徵田賦者外，應課徵地價稅。又地價稅係按每一土地所有權人於每一直轄市或縣（市）轄區內的土地價格總額計徵。惟課稅地價係以土地所有權人申報地價為準。依現行規定，已登記之土地應全面舉辦規定地價，規定地價後，原則上每三年重新規定地價一次。舉辦規定地價或重新規定地價時，土地所有權人申報之地價不得超過公告地價 120%；也不得低於公告地價之 80%；土地所有權人未於公告期間申報地價者，以公告地價之 80%為準。[註5]

　　據統計，土地所有權人於重新規定地價時，高達 99%的土地所有權人，都未於公告期間申報地價，故絕大多數的土地，都按其公告地價的80%作為地價稅的課稅地價。一般說來，每一塊土地的公告地價都略低於其公告土地現值，加上課稅地價大都以公告地價的八成為準，且至多

每三年方舉辦重新規定地價，故其課稅地價確低於土地市場的買賣地價，而比較接近於收益地價。

現行地價稅採超額累進稅制，其稅率結構如下註6：

1. 地價稅基本稅率為 10‰，土地所有權人之地價總額未超過土地所在地直轄市或縣（市）累進起點地價者，其地價稅按基本稅率徵收。

2. 超過累進起點地價者，按其超過倍數累進徵收：

(1)超過累進起點地價未達五倍者，就其超過部分課徵 15‰；

(2)超過累進起點地價五倍至十倍者，就其超過部分課徵 25‰；

(3)超過累進起點地價十倍至十五倍者，就其超過部分課徵 35‰；

(4)超過累進起點地價十五倍至二十倍者，就其超過部分課徵 45‰；

(5)超過累進起點地價二十倍以上者，就其超過部分課徵 55‰。

所謂累進起點地價係指各該直轄市或縣（市）土地七公畝之平均地價之意。但不包括工業用地、礦業用地、農業用地及免稅土地在內。其計算公式如下：

> 地價稅累進起點地價＝直轄市或縣（市）規定地價總額－（工業用地地價＋礦業用地地價＋農業用地地價＋免稅地地價）／直轄市或縣（市）規定地價總面積（公畝）－（工業用地面積＋礦業用地面積＋農業用地面積＋免稅地面積（公畝））×7

現行地價稅採優惠稅率者，有下列幾種：

1. 自用住宅用地之地價稅，於都市土地未超過 3 公畝部分，於非都市土地未超過 7 公畝部分，按 2‰計徵。

2. 供事業使用土地，如：(1)工業用地、礦業用地；(2)私立公園、動物園、體育場所用地；(3)寺廟、教堂用地、政府指定之名勝古蹟用地；(4)加油站及供公眾使用之停車場用地；(5)其他經行政院核定之土地；按 10‰計徵地價稅。

3. 都市計畫公共設施保留地，除供自用住宅使用按 2‰計徵外，統

按 6‰計徵；其未做任何使用者，免徵地價稅。

4.公有土地按基本稅率徵收地價稅，但公有土地供公共使用者，免徵地價稅。

惟另有懲罰規定。則凡經直轄市或縣（市）政府核定應徵空地稅之土地，按該宗土地應納地價稅基本稅率加徵二至五倍之空地稅。**註 7** 所謂空地係指已完成道路、排水及電力設施，於有自來水地區並已完成自來水系統，而仍未依法建築使用，或雖建築使用，而其建築改良物價值不及所占基地申報地價 10%，且經直轄市或縣（市）政府認定應予增建、改建或重建之私有及公有非公用建築用地。**註 8**

空地之定義雖涵蓋應建築使用而尚未建築之私有及公有非公用建築用地，但依法應課徵空地稅者，則只限定於私有空地，對公有空地卻沒有處罰的規定。

㈡地價稅制之政策效果

現行地價稅制具有一些特徵，諸如，稅率採取累進稅制，藉此抑制地權集中；為顯示地方稅之特徵，土地所有權人的地價總額採按縣（市）別歸戶以及各縣（市）不同的累進起點地價；又為促進土地利用，對限期建築使用之土地逾期仍不建築者，加徵空地稅等，附有推行土地政策的政策目的。惟於實際推行時，也引發了一些問題，尚待解決。其中主要者，計有下列幾項：

1. 累進稅之政策效果不顯著

我國土地政策係以實施平均地權為最高指導原則，而平均地權的四大綱領為(1)規定地價；(2)照價徵稅；(3)照價收買；(4)漲價歸公。可見徵收土地稅係為實施平均地權的主要辦法之一。照價徵稅為平均地權四大綱領之一，其方法係按土地的收益能力逐年課取地價稅，以供公用，並為防杜地權過度集中，乃採累進稅制，以防少數人操作壟斷，高抬地價，損害國民生活之基本需求。

現行地價稅的基本稅率為 10‰，較之法律修改前^{註9}之 15‰，已降低了 5‰，而累進稅之最高稅率亦自法律修改前之 70‰降低為 55‰，致稅負減輕，故其防杜地權集中的功能，勢必減弱不少。

現行地價稅係採用超額累進制，故大地主的地價稅縱令按最高稅率的 55‰課徵，但其平均稅率亦不過為 30‰左右，以此與地價每年平均上漲率比較，地價稅縱然採行累進稅制，亦殊難發揮防杜地權集中的功能。

又以民國八十二年為例，是年整個臺灣地區的課稅地價總額為 3,482,922,096 千元（包括一般用地、自用住宅用地及其他土地），而當該年地價稅收入總額為 35,208,277 千元，故實質稅率僅為 10.1‰。故地價稅的負擔並不算重，則累進稅的效果，非常有限。^{註10}

降低累進地價稅的政策效果的另一個原因為，土地所有權人的課稅地價總額係按直轄或縣（市）別，分別歸戶，而未將每一土地所有權人分散於全國各地持有的土地價格，作了總歸戶，故即使某人持有地價總額很大，但如將其分散各縣市持有，或許不必按累進稅率課徵地價稅，縱令按累進稅率課稅，也可以避免按最高累進稅率課徵，因而大幅降低了以累進稅制防杜地權集中的政策效果。

例如，臺灣現行之行政轄區有二個直轄市，二十一個縣市，計有二十三個地籍歸戶區。如某個土地所有權人分別在二十三個地籍歸戶區持有累進起點地價總額以下之土地，面積各為 7 公畝，合計為 161 公畝，因其分散各縣市，分別持有地價總額皆未超過各該縣市之累進起點地價，故可避免適用累進稅率，而均可按 10‰之基本稅率繳交地價稅。

又地價稅的累進起點地價係以各直轄市或縣（市）7 公畝的平均地價為準，其理論根據亦頗難令人了解。首先，其以 7 公畝的平均地價為準的 7 公畝的標準，似不具備令人信服的理由。蓋原先修正為平均地權條例以前的實施都市平均地權條例，其累進起點地價係以各縣（市）5 公畝的平均地價為準，而於民國六十六年修正為現行之平均地權條例時，方將原來 5 公畝的標準修改為 7 公畝，但兩者都缺乏完整的理論基

礎。又各縣市的累進起點地價參差不一，且差距甚大。註 11 故究竟應以面積作為計算基礎，或以統一後地價金額作為計算基礎，似尚有研討的餘地。

2.缺乏地方稅之特色

就地價稅的特性言，它應該屬於「取之於地方，用之於地方」的地方稅（local-tax）。我國土地法第一百四十六條也明定，土地稅為地方稅。便是基於這個道理。但現行地價稅制中除了稅收歸地方政府使用外，其稅率係由中央統一規定，免稅及減稅等優惠稅率的適用，亦統由中央統一規定，在運用上，地方政府都沒有任何彈性，殊難發揮「取之於地方，用之於地方」的特色。例如，自用住宅用地的優惠稅率的採用，一律規定在都市土地為 3 公畝，非都市土地為 7 公畝，而沒有考慮到各地方的實際情況，為其一例。又累進起點地價的計算，也統一採用各縣（市）7 公畝之平均地價，而毫無考慮各縣市的土地大小及人口密度等人地比例關係，大幅降低了地方稅的特色。如為真正的地方稅，似應給予地方政府較大的稅務行政裁量權，俾利有助於地方建設的發展。

3.空地稅之課徵不易，增進地用效果有限

現行地價稅制之另一特徵為，私有空地經指定限期建築使用而超過期限仍未建築者，得按該宗土地應納地價稅基本稅額加徵二至五倍之空地稅（或照價收買），藉以促進土地利用，增加建物供給量，解決國民居住問題。

惟按現行規定，私有空地之指定限期建築使用，須經直轄市與縣（市）議會之認可，方得實施。蓋空地經指定限期建築使用而超過期限未建築者，得課徵空地稅或照價收買，而採此等措施之有關預算，須經直轄市與縣（市）議會之同意，方可編列。換言之，倘直轄市與縣（市）議會並不同意編列有關預算，則直轄市與縣（市）政府即無法課徵空地稅或照價收買，致使空地限期建築使用之政策意旨落空。

　　就公經濟的立場言，空地限期建築使用乃增進土地利用之有效政策，極為必要。但如此一來，勢必影響土地所有權人之權益。進一步言，大多數議員或多或少都持有土地，故議員本身未必皆同意採此措施；同時，選民也不一定都樂於接受這種限制自己權益的措施，因而該項政策措施很難獲得議會之認同。雖然，空地限期建築使用政策之立意甚佳，但衡諸事實困難重重，故付諸實施的可行性很低。

　　如以臺灣地區為例，臺北市曾於民國五十七年至五十九年擇區辦理空地限期建築使用，為期二年，期滿未建築使用者，加徵二倍之空地稅，成效不彰。嗣於民國六十八年，臺北市與高雄市同時實施空地限期建築使用，限建期滿仍為空地者，臺北市實施照價收買，面積僅 1.9 公頃；高雄市就純粹空地實施照價收買，面積僅 0.1 公頃，就視為空地則於限建期滿仍未建築者，加徵二倍之空地稅；直到民國七十四年，因逢經濟不景氣，恐房地產市場供過於求，乃全面停徵空地稅迄今。註12

　　根據以往的經驗，即使直轄市或縣（市）議會最終同意實施空地限期建築使用，然卻往往因行政機關與議會之間的溝通費時，在此期間客觀環境業已改變，房地產市場景氣由過熱而轉趨衰退，地價也不再上漲反有回跌之勢，值此之際，空地限期建築使用措施雖終獲實施，然因時間遲滯，反給社會大眾有加劇房地產市場景氣低迷之印象；復因此項措施恐將導致新建房屋滯銷，影響建築或營建業的業績，從而招致業界之責難，大加躂伐此制意在打壓業者，嚴重失當。由此觀之，促進土地建築利用之空地稅政策誠難以發揮其功能。

二、土地增值稅（Land Value Increment Tax）

㈠現行土地增值稅概況

　　我國土地增值稅係依憲法明定徵收之賦稅。則土地價值非因施以勞力資力而增加者，應由國家徵收土地增值稅，歸人民共享之。註13 按現

行制度係於土地所有權移轉或設定典權時，按其土地漲價總數額課徵土地增價稅，故其性質屬於機會稅。惟因繼承而移轉者，及於各級政府出售或依法贈與之公有土地，及受贈之私有土地，免徵土地增值稅。註 14

　　土地漲價總數額之計算，應自核定之申報移轉現值，除扣除原規定地價或前次移轉現值外，另可減除土地所有權人為改良土地已支付之全部費用（包括工程受益費及土地重劃費）。前述之申報移轉現值不得低於當期公告土地現值，前次移轉現值或原地價，可以物價指數調整之。

　　現行土地增值稅制，係採超額倍數累進制，茲就其稅率結構，析述如次註 15：

　　1. 土地漲價總數額超過原規定地價或前次移轉時核計土地增值稅之現值數額未達 100% 者，就其漲價總數額徵收增值稅 40%。

　　2. 土地漲價總數額超過原規定地價或前次移轉時核計土地增值稅之現值數額在 100% 以上未達 200% 者，除按前款規定辦理外，其超過部分徵收增值稅 50%。

　　3. 土地漲價總數額超過原規定地價或前次移轉時核計土地增值稅之現值數額在 200% 以上者，除按前款規定分別辦理外，其超過部分徵收增值稅 60%。

　　其次，有關土地增值稅的減徵與免徵規定，說明如下註 16：

　　1. 土地所有權人出售其自用住宅用地者，都市土地面積未超過 3 公畝部分，或非都市土地面積未超過 7 公畝部分，其土地增值稅統按 10% 徵收之；但土地所有權人享受此等優惠措施，以一次為限。

　　2. 被徵收土地、區段徵收土地，無論以現金或抵價地補償其地價者，免徵其土地增值稅。

　　3. 經重劃之土地，於重劃後第一次移轉者，其土地增值稅減收 20%。

　　4. 農業用地在依法作農業使用時，移轉與自行耕作之農民繼續耕作者，免徵土地增值稅。

　　5. 土地所有權人出售其自用住宅用地、自營工廠用地或自耕之農業用地 2 年內，另行購買使用性質相同之土地者，得申請退還已繳納之土

地增值稅。上述規定，於土地所有權人先購買土地後 2 年內，出售同類土地者準用之。

㈡土地增值稅之政策功能

1.稅基與稅率結構

誠如前述，漲價歸公為平均地權四大綱領之一要項。據此知悉，土地之自然增值理當全額徵收，藉之還原於社會均等共享。惟欲核算土地自然增值分毫不差，在技術上的確有其困難；其次，自然增值與資本利得又不易劃分，改良費用、交易成本之扣除等實際稽徵之技術問題不易克服，故改採 40%、50%、60%的超額倍數累進稅率予以課徵土地增值稅。

從稅率結構觀察，現行土地增值稅之稅負似有偏高之現象，然若衡諸實際，其負擔情形並不如想像般地沈重。蓋土地移轉時，依規定應由賣方向稽徵機關申報之土地移轉現值，只要不低於當期公告土地現值便屬合法[註17]，而無須按實際售價申報，故其用為課稅基礎的增值額大致僅是實際增值額的半數或者為數更少。因此，土地增值稅的實徵稅率可能僅有 20%、25%、30%耳。再者，公告土地現值大低較市場價格偏低，前者至多也僅及後者的半數而已。然因土地移轉現值得按當期公告土地現值申報，因而減低了土地增值稅之實際負擔，從而減弱土地增值稅漲價歸公之政策功能。以民國八十三年為例，其土地漲價額為 428,059,079 千元，而實徵稅額為 171,106,790 千元，故其有效稅率僅 39.97%，如該增值額僅是實際增值額的半數，則有效實徵稅率不過是 20%。[註18]由此可知，地利共享之成效並不彰著。

2.抑制土地投機效果不彰

土地增值稅徵收的另一個政策目的，為抑制土地投機，防杜有心人士操縱市場，高抬地價。惟因用為核算土地漲價總數額基準之公告土地

現值僅是每年公告一次,其適用期間為每年七月一日起至次年六月三十日止[19],故於此段期間購入土地再行出售者,即使已有鉅額漲價利益產生,然因公告土地現值尚未調整,而得以合法免納土地增值稅。如此不僅使土地增值稅之漲價歸公功能完全落空,同時亦無法防制土地投機,甚至予人助長土地投機之不良印象,從而有藉「土地交易所得稅」,以彌補現行「土地增值稅制」不足之議。

土地增值稅係針對土地自然增值所課徵之賦稅,將其收取歸公,還原於社會共享,乃為憲法所明定者。惟財政單位認為,現行公告土地現值制度有失周延,導致鉅額土地增值歸私,不符社會正義原則,故對大額土地買賣,擬改按實際交易價格核計增值額,據此課徵土地交易所得稅,惟得扣除已繳納之土地增值稅,以提高漲價歸公效果。但假如已繳納之土地增值稅額超過應課徵的土地交易所得稅時,政府並不補償其差額。

土地交易所得稅制,雖不無彌補現行土地增值稅制缺失之優點,但亦有引發新困擾的顧慮,怨言不少。蓋對同一課稅客體(土地增值額)採用兩種稅制徵稅(即土地增值稅與土地交易所得稅),不但不符賦稅理論,也很容易引發重複課稅的責難。例如,財政單位剛提出課徵土地交易所得稅之構想,建築業界便立刻反應,此制一旦實施,等於一頭牛被剝了兩次皮,反對的聲浪,到處可以聽到,的確不宜貿然實施,以增民怨。

蓋現行土地增值稅制的最大缺點,在於每年公布的公告土地現值較之實際買賣地價偏低,且其適用期間長達一年,引發不少缺失,確有改進的必要。但並無須另創設土地交易所得稅制,以增困擾。其實,只要能將現行公告土地現值儘量接近於市價,或以實際交易地價予以替代,一切的問題都得以迎刃而解,故無須另建立土地交易所得稅制,致而引發人民之不滿。

為之,必須從速建立經過國家考試及格的土地估價師制度[20],並組織土地估價師協會,作為土地估價業務客觀的裁定者,藉此加強現行

土地增值稅制。則政府辦理的地價查估，得委託考試及格的不動產估價師代行，主管機關僅站在指導的立場，以維持公正。人民對政府查定的土地價格如有異議，得透過考試及格的不動產估價師提出異議，政府亦可委託合格的不動產估價師參加審議，如不能達成協議時，即可委託客觀的第三者，例如不動產估價師協會，組織合議庭審議，以求公正與確實。這樣一來不但可減少殊多爭議與困擾，並可導正現行土地增值稅制，誠可謂一舉兩得的辦法。

3. 土地增值稅有轉嫁之虞

按現行法律規定，土地增值稅應由賣方繳納。但實際的繳稅者未必皆是賣方，有時反由買方負擔稅捐的情況亦屢見不鮮。尤其在土地市場景氣暢旺地價上漲之時，土地投機者為搶購土地，往往能夠將應由賣方繳納之土地增值稅轉嫁給買方負擔，從而致使課取不勞利得之自然增值還諸於社會的政策功能喪失殆盡。因此，土地增值稅之漲價歸公效能，僅得於土地市場平穩時，方能發揮其效果。

就理論上言，土地增值稅如轉嫁於買方負擔，買方的負擔加重，交易量減少，需求量亦必減少。假設其他條件不變，需求量減少，價格亦必隨之下降。故土地增值稅即使轉嫁於買方，似很難全數轉嫁，而須看買賣雙方的彈性大小而定。蓋自日本泡沫經濟的瓦解可知，所謂地價必定繼續上漲的「土地神話」已不再存在。假如買方不再一窩蜂地集中投資於土地，換言之，如需求具有相當的彈性時，賣方縱擬將其應納的土地增值稅全部轉嫁於買方負擔的企圖，亦非很容易能夠達成。

三、土地稅之問題

㈠累進稅與比例稅

公平（equity）的真正解釋非常困難。惟在實際稅務行政上，通常

都以課徵累進稅（progressive tax）當作達成公平的最佳方案。這種說法，事實上亦可視為負擔能力學說的一種應用。

首先，似有必要了解稅基（tax base）、稅率（tax rate）及稅收（tax yield）等三種名詞的定義。所謂稅基係指課稅客體，例如，地價稅的課徵，以課稅土地的總價額課予一定的稅率，此際課稅土地的總價額稱為稅基。而稅率是指每單位稅基所應負擔的稅額。如把稅基乘上稅率，便可得到政府的稅收，而政府的總稅收將等於所有納稅者的賦稅負擔（tax burden）的總計。

當稅率隨著稅基的擴大而增加者，稱為累進稅，如稅基的變動不影響稅率的變動者，稱為比例稅（proportional tax），如稅率是隨著稅基的擴大而降低者，稱為累退稅（regressive tax）。

累進稅的定義具有兩種層面，一是技術意義（technical sense）的定義，另一是公平意義（equity sense）的定義。前者指稅率隨稅基擴大而增加者；後者乃以所得替代稅基，即稅率隨著所得擴大而增加者，其情形如圖 9-15 所示。

我國地價稅係針對土地收益課稅。土地收益等於土地所有權人的所得，故採取累進稅制，不僅合乎公平原則，亦有防杜地權集中功能。比例稅可謂此為平頭的平等，則無論窮人或富人，均按一固定比率繳稅，

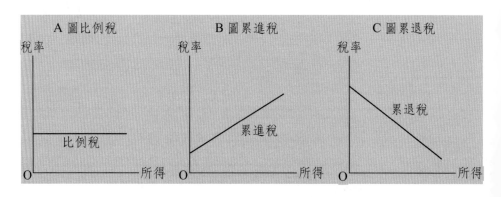

圖 9-15　比例稅、累進稅及累退稅

富人看起來繳稅額多一點，但自稅負而言，富人的負擔輕鬆，窮人對繳稅勢必顯得格外辛苦。茲假設稅率為 10%，此際月收入 10 萬元者繳稅後尚餘 9 萬元；但月收只有 1 萬元者，繳稅後只剩下 9 千元，其對稅負的感覺，勢必較為沈重。

但累進稅將對富人課徵較重的稅，而窮人的稅負較為輕微，甚至可以免稅，即予加重富人的負擔以增進窮人的福利。就圖 9-16 而言，IE 表全國戶數的所得線，設對此課徵 20% 的比例稅，此際總稅收為△IEF。設基本生活費需要 OL 的所得，則 KE 的家庭勢必因課稅而無法維持其基本生活費。若改課累進稅，但所得的基本生活費以下者不課稅，並維持與課徵比例稅時同額的總稅收，則圖上 ABP 為累進稅線，總稅收為△IPA，而△IPA＝△IEF。此際屬於高所得階級的 OH 的家庭，其稅負加重，但屬於低所得階級的 HE 的家庭，其稅負減輕，但所得水準為 GH 者，無論課徵比例稅或累進稅，其稅負相等，沒有差別。

如前述，民國八十二年臺灣地區地價稅總稅收為 35,208,277 千元，此乃包括一般用地（採累進稅）、自用住宅用地（稅率 2‰）及其他土地（採優惠稅率）的地價稅總額，平均稅率等於 10.1‰。若取消累進稅

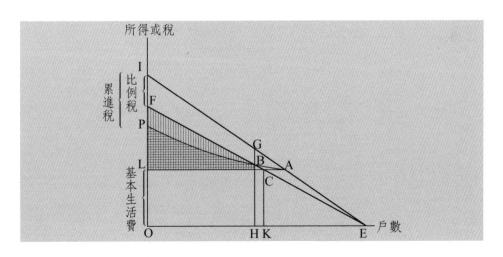

圖 9-16　比例稅與累進稅之關係

而改採比例稅，設現行優惠措施照舊，惟欲維持同量的總稅收時，勢必提高現行基本稅率。則其比例稅率必定高於現行 10‰ 的基本稅率，否則將無法維持 35,208,277 千元的稅收總額。這樣一來，受惠者為擁有廣大面積土地的大地主，而持有零碎面積土地的小地主，則其負擔加重，顯然不符合公平原則。

㈡漲價全部歸公與部分歸公

漲價歸公為平均地權四大綱領之一，也是我國土地政策基本目標之一項，實無庸置疑。惟此處所稱漲價歸公係指自然增值，而非人為之投資改良漲價，意義甚明。但土地增值額的核計，依現制係就土地售價減去原價，再減去以往所繳納的土地重劃費、工程受益費以及土地改良費等的合計，惟只准扣除原來繳納金額和原投資金額。如此所核計的土地漲價總額顯非全為土地自然增值，而尚包括已繳費用的利息及投資改良利潤等在裡面。何況，於買賣土地時通常尚需支付介紹費、佣金、廣告費、交通費、登記費等支出，這些都未自漲價總數額扣除。故土地增值稅的稅率如採取 100%時，勢必侵占到土地所有權人的權益，必須審慎考慮。

土地漲價是一種經濟現象，惟該漲價裡面，通常尚包含土地自然增值及投資改良增值，則兩種增值混合成為一體，殊難將該兩種增值劃分清楚，無法計算純自然增值者多寡，又屬投資改良增值者為多寡。故如貿然將其全部徵收歸公，勢必侵害及土地所有權人應得的權益，因而引發不滿與埋怨，故必須審慎處理。

茲再退一步考慮，則假設真正實施漲價全額歸公，此際土地所有權人對其所擁有土地的處理方式，將有下列情況：一則出售其土地，但無須尋找出價最高的購地人；一則出租；另一則留給自行使用。如此，對土地利用很可能產生下列不良影響：

第一，售地者無須尋找出價最高的購地者。蓋無論將其土地賣得多高價格，所有的增值都必須由政府徵收歸公並還原於社會共享，是以售

地者當無須想辦法賣高一點。因為不管賣得多高，漲價歸公後能保留在售地者手裡的價款都是一樣的。又就完全競爭市場言，出價最高的購地者，其經營能力勢必最高，即其土地的利用效率也最高。但由於漲價全部歸公，使得出售的土地無法售給該土地利用效率最高的購地者，以致土地無法充分利用，所以有礙資源的有效利用。

其次，不將土地出售而繼續保留給自行使用者，亦未必能充分利用其土地。蓋土地所有人未必為經營能力最高的土地利用者，這與有錢的資本家未必為企業能力最佳的經營者，是一樣的道理。事實上，地主不一定是最有能力的土地利用者，所以有些地主常將其土地出租於他人經營利用。

設有一塊地，有人擬出價 100 萬元購買並擬予經營利用，預計每年可以產生 5 萬元之淨收益，此剛好與 100 萬元的一年定存利息相同。惟該土地的原價設為 50 萬元，故即使以 100 萬元出售，該售地人也只能獲取 50 萬元，而另 50 萬元將因漲價歸公而被政府全部徵收。該地主如將其售地所得 50 萬元價款存入銀行孳息，一年後只能取得 2.5 萬元的利息（年利率 5%），但若將此土地不出售而保留給自己繼續使用，設一年可以產生 3.5 萬元的淨收益。因該淨收益大於存款利息的收入，所以該地主將不出售土地，而保留給自己繼續使用。這樣一來，該土地就沒有機會賣給出價 100 萬元的購地者，同時也失去了每年可以產生 5 萬元淨收益的利用機會。換言之，漲價 100%歸公時，勢必導致土地利用度降低，稅收也將因而減少，誠然得不償失矣。

地主可以不出售其土地，也可以不自行利用，而可將其出租或設定地上權於他人供建築使用。此際，願付租金最高者，便可取得該土地的使用機會，是以可以達到土地有效利用的目的。所以採用出租時，對土地利用的負面影響較小，但並非全無影響。蓋本來有意承購者未必都會參加土地租賃市場，而有意承購者不乏土地利用能力或土地經營能力頗高的企業家，但這些人未必全參與土地租賃市場。所以只有土地租賃市場時雖可以採用競租方式，以提高土地利用效率。但由於購地者被排除

在外,故對於土地利用,仍有或多或少的負面影響。

惟土地出租時,並不課徵土地增值稅,是以不能達成漲價歸公的目的。就實際情況言,有些地主為了避免繳納高額的土地增值稅,故意不出售土地而改以設定地上權的方式,將其土地提供地上權人建築使用。這樣一來,土地使用人雖可達到建築使用的目的,土地所有人也可以取得鉅額的租金,但卻無須繳納分文的土地增值稅,藉此達到皆大觀喜的境界。但政府卻平白失去了鉅額的土地增值稅的可能收入,亦未能達成漲價歸公的目標。

如上述,果真實施漲價全部歸公,對土地的有效利用,勢必產生負面影響。同時,過高的稅率也容易引發逃稅行為,稅收未必增加而反有減少的可能。這點,實在不能不加以注意。

美國加州大學拉法教授(Professor Arthur Laffer)於一九七四年曾繪出所謂拉法曲線(Laffer Curve)以表示稅率與稅收之間的關係。拉法教授認為,一九七〇年代的美國所得稅的稅率,其稅率彈性大於 1,所以強調如欲促進經濟復甦,必須降低稅率,增加納稅人之可處分所得,擴大消費者之需求。

圖 9-17 的曲線 Odef 稱為拉法曲線,而稅率 OE 為最適稅率(optimum tax rate)表此際的稅率彈性等於 1,而稅收達到最大。稅率如大於最適稅率,則稅率彈性大於 1,表示稅率愈提高稅收不但不增,反而減少。換言之,稅率不可大於最適稅率,否則,將有礙工作意願,減少工作時間,逼使所得減少,勢必引發稅收減少的負面效益。

所謂稅率彈性(elasticity of tax rate)係指稅率變動 1%時,所引起的所得變動的百分比,稱為所得的稅率彈性,簡稱稅率彈性。稅率彈性大於 1,表示稅率變動的幅度小於所得變動的幅度。則稅率提高,固然會降低所得水準,惟所得減少的幅度大於稅率提高的幅度導致稅收隨之減少。反之,稅率彈性小於 1 表示稅率變動的幅度大於所得變動的幅度。則稅率提高,固然會降底所得水準,惟所得減少的幅度小於稅率提高的幅度,所以稅收將隨之增大。

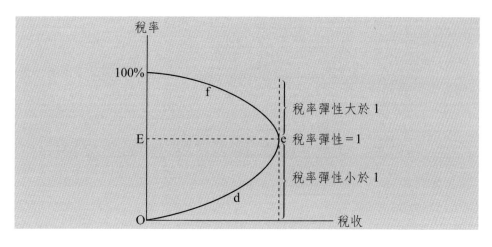

圖 9-17　拉法曲線

三、倍數累進與金額累進

　　我國土地增值稅係採取按漲價倍數累進課徵。惟對此種稅制，部分學者指出具有下列缺點：

　　1.漲價倍數大者，漲價金額未必巨大，而漲價倍數小者，漲價金額未必微少。即在原地價較低的地區，縱令漲價倍數大，但漲價金額未必巨大，惟必須負擔較重的稅負；反之，在原地價較高的地區，縱令漲價金額巨大，但漲價倍數卻不大，所以只須負擔較輕的稅負，顯有失公平。

　　2.土地投機者多於短期間內從事土地買賣移轉，以減輕土地持有成本，獲取土地買賣價格的差額利益。而短期內的地價上漲幅度大都在一倍以內，故可按最低稅率繳納土地增值稅，稅負輕而獲利大。但長期持有土地者，出售土地的動機雖非為投機炒作，卻因其漲價倍數大，故必須適用最高稅率被課徵鉅額的土地增值稅，有違公平正義的原則。

　　3.少數土地投機者為了避免適用高稅率被課徵土地增值稅，可在至親好友之間，實施虛偽買賣輾轉移轉土地所有權，達成規避重稅的目的。如此，其增值稅的課徵將永遠適用最低稅率，導致土地增值稅的有

效稅率普遍偏低，使得漲價大部分歸私，嚴重違背漲價歸公的理想。

按漲價倍數累進課徵的增值稅制確有上述各種問題，但如改採按漲價金額累進課徵，是否即能補救此等缺失，實在尚有待斟酌。蓋改按漲價金額累進課徵，也可能產生下列問題：

1. 大都市郊區及新發展地區的土地，因原地價較低，所以漲價金額縱令不大，但漲價倍數卻較大，對土地投機者比較有利。土地增值稅如改按漲價金額累進課徵，無異助長此等地區的土地投機，後果堪慮。

2. 土地所有權人可藉「分年分批出售，化整為零」的方法，使得每年交易的土地漲價總數額不超過所規定的金額，藉以適用最低級稅率，減輕增值稅的負擔。惟這樣一來，將距離漲價歸公的理想更遠了。

3. 因為土地所有權人採取分年分批出售土地，勢必造成土地細碎分割，如此不但防礙土地的合理利用，同時亦必增加土地分割及測量工作等，加重地政機關的工作負荷及地籍管理上的困難。

4. 改按漲價金額累進課徵，土地所有權人仍可採取虛偽買賣輾轉移轉所有權的方式，逃避適用較高稅率。如此仍然無法改進現制按漲價倍數累進課徵的缺點。

如上述，不管按漲價倍數累進或按漲價金融累進徵收土地增值稅，均有缺點，難臻漲價歸公的目標。為了補救此等缺失，似可改採漲價倍數累進和漲價金額累進並用辦法。則當土地所有權移轉而應徵收土地增值稅時，即分按兩種標準核計應納土地增值稅額，然後視何者稅負較重，便按稅負較重的標準徵收增值稅，俾利更進一步接近於漲價歸公的目標。

利用賦稅手段推行土地政策，乃賦稅功能的高度運用，亦為一舉兩得的辦法。為之，可對某種課稅對象設定兩種計徵標準，如係懲罰性或抑制性者，即採取稅額較大的標準，從重課稅，以為抑制。如係獎勵性或輔導性者，即採取稅額較小的標準，從輕課稅，以示優惠。土地增值稅的課徵目的係為抑制土地投機，徵收不勞而獲的自然增值，顯然具有抑制意義，理當採取從重課稅，俾能達成漲價歸公的理想。

四、土地自然增值與資本利得

有人認為土地增值為資本利得（capital gain）的一種，而主張將土地增值稅併入所得稅一起徵收，俾確立所得稅制之完整性。如眾所周知，土地增值稅的課徵對象為不勞而獲的自然增值，顯與一般所謂的資本利得不同，兩者性質有別，故不宜合併徵收，以符漲價歸公的基本原則。其主要理由計有下列幾項：

1.所得稅的課徵對象主要為勞心勞力的辛勞所得，故得以先扣除免稅額、寬減額、標準扣除額、基本扣除額等後，再對所得淨額課稅，以保障國民必須的基本生活。但土地增值稅的課徵對象為不勞而獲的土地自然增值，故無須考慮上述各種扣除額。又其起徵稅率（現行40%）與最高稅率（現行60%）均應高於所得稅稅率（6%～40%），以符漲價歸公的目標。

2.土地增值稅係於土地所有權移轉時徵收。如納稅義務人尚未繳納，就不能辦理土地所有權之移轉登記，在法律上得不到產權的保障。土地承受人為了保障自己的權益，都願意繳納這種稅賦，所以沒有逃漏不繳的現象。假如將土地增值稅併入所得稅徵收，由於所得稅係規定於產生所得的次年二月一日至三月三十一日之間自行申報繳納[註21]，故很可能產生下列情況。即土地所有權人於出售土地後尚未報繳所得稅之前如移居國外，其應繳的土地增值稅將悉數漏繳，造成財政上的巨大損失。縱令採取預繳制度，亦因預繳的稅率大都採用最低稅率，仍無法完全防範此種逃漏現象。

3.土地增值稅的徵收採發生主義，則隨著土地所有權移轉的行為發生而徵收，所以稅收的周轉相當靈活。倘若合併於所得稅一起徵收，因其繳稅期間固定於每年的四、五月間，稅收周轉的靈活性大失，在歲入的運用上也有所不便。

4.如將土地增值稅併入所得稅一起徵收，土地所有權人於出售土地

時，勢必考慮土地增值以外的所得多寡的問題。假如其他所得多，即使本來有意出售土地，卻為了避免適用較高的所得稅率，以致故意延後出售，產生閉鎖效果（lock-in effect），造成土地的經濟供給量減少，減低了土地的流動性，助長地價上漲，妨礙土地的有效利用。

5.土地增值稅屬於地方稅，理當取之於地方，用之於地方，協助地方建設，俾利建立良好的生活環境。如將其併入所得稅徵收，則屬於國稅而繳進國庫，然後再由中央政府統籌分配於各地方政府運用。但其分配殊難達到公平合理的境界，是以很容易引發稅收分配的爭議，產生諸多困擾，也不符地方自治的精神。

基於上述各種理由，土地增值稅宜繼續採取獨立課徵制度，當然不可併入所得稅徵收，俾利發揮土地增值稅之政策功能。

五、土地增值稅減半徵收效果不彰

自民國八十九年起，臺灣的房地產市場開始明顯地萎縮，交易量劇減，新建房屋滯銷情況十分嚴重，以致營建廠商的經營日益艱難，廠商倒閉者屢有所聞。及至翌九十年，大規模營建公司的倒閉關廠也不再成為新聞，倒風吹遍了整個房地產市場，情況十分嚴重。

造成上述房地產市場不景氣的原因很多，且錯綜複雜，其中，主要者約有下列幾點：

1.自民國八十年代中期起，臺灣的資本及產業逐漸西移，同時也引發人力的外移，助長臺灣產業的空洞化，導致房地產的需求大減。

2.由於資本的西移，證券市場亦掀起一片不景氣之風，不僅房地產的需求銳減，由於股市蕭條，造成購屋貸款戶中，付不起分期付款者不在少數。此種情形可從法拍屋市場的繁榮，知悉一斑，也助長了房地產市場供過於求的壓力。

3.自民國七十年代起經濟展望看好，房地產的開發厚利可期，使得房地產的投資開發十分熱絡，其開發型態也漸趨大型化，新屋庫存大

增。惟自八十年代後半起，由於產業大量西移，房屋的需求減低，直至民國八十九年及九十年間，房屋的滯銷情況，十分嚴重。

4.失業率節節升高。據報導，民國八十九年的失業率為 2.8%，以後逐年遞升，及至目前（民國 92 年 6 月），失業率已升至 5.4%，幾乎增加一倍，勢必嚴重影響購屋需求，促成房地產市場滯銷。註22

民國九十年間，政府鑑於房地產市場蕭條情況嚴重，不僅營建廠商齊聲請求政府紓困，尚有房地產代銷業、仲介業等業務亦十分冷清。此外，建材業、裝潢業、家俱業者的經營，亦受到嚴重的影響，對整個社會經濟的影響至深。尤其營建廠商倒閉之情形已達不能袖手旁觀的程度，於是緊急經立法院審議通過，自民國九十一年二月起，土地增值稅減半徵收 2 年的法案，擬藉此促進房地產的交易能趨於活絡，幫助營建業者手中的房屋存貨得以儘速銷售完畢。

從理論上言，設有限期的降低土地增值稅稅負將有助於激勵售地效果（lock-out effect），間接可以活絡房地產市場，藉此紓解營建商的困境。此可從土地增值稅的稅收情況得悉其概況。

表 9-2　最近 10 年土地增值稅稅收統計

年度（民國）	金額（億元）	年度（民國）	金額（億元）
82	1,868	87	1,285
83	1,711	88	1,015
84	1,554	*　89	1,235
85	1,158	90	423
86	1,324	91	479

*表示民國 88 年以前為會計年度，起自每年 7 月 1 日至次年 6 月 30 日止。
　自 89 年起採曆年制，而 89 年度乃包括 88 年 7 月 1 日起至 89 年年底止。
資料來源：財政部。

從表 9-2 得知，民國九十年度土地增值稅總收入為 423 億元，而實施增值稅減半徵收為九十一年度（自是年 2 月份至 12 月份共 11 個月，惟 1 月份尚沒有實施減半徵收）增值稅總收入為 479 億元，較之九十年度增加了 56 億元（13%），增幅不大。但如就交易件數言，其件數可能增加一倍以上。蓋因稅收減半，以致總稅收只增加 13%左右，稅收效果不大。

上述交易案件中，可能包括一些原來並沒有意願出售房地產者，而由於政府採取增值稅減半徵收，因可減輕增值稅的負擔，趁此提早出售房地產。故增值稅減半政策如依預定於民國九十三年一月結束辦理，爾後的售地稅負將恢復原來水準，屆時房地產的交易將大幅萎縮，增值稅的收入亦將大量減少，使得稅制將更趨不健全。**註23**

蓋此次房地產市場的不景氣，主要由於有效需求不足，而非因供給不足所引起。土地增值稅減半徵收措施，雖有助於增加房地產市場的土地供給量，但對促進土地需要，似可以說鮮無幫助。此種情況，擬以圖 9-18 加以說明，如次：

圖 9-18 上的 SS 表土地供給曲線，AB 表土地需求曲線，兩曲線相交於 E 點，為均衡點。此際，土地交易量為 OQ，均衡地價為 OP（或 EQ）。設原地價為 HQ，恰好等於交易地價 EQ 的一半，增值部分 EH，為原地價 HQ 的一倍，對此應課徵 40% 的土地增值稅，於是售地人的收入勢必減少。設收益減少為 DB 線，而 AB 線與 DB 線之間的垂直距離（ET）為課徵 40% 的稅額（ET/EH＝0.4）。

DB 線與 SS 線的交點 E_1 為新的均衡點，稅後的地價自 OP 升至 OP'$_1$，交易量自 OQ 減至 OQ$_1$。OP'$_1$ 為含稅地價，售地人的實收地價為 OP$_1$，其收益減少，而 P$_1$P'$_1$ 為其應繳納的土地增值稅。

如實施土地增值稅減半徵收，售地人的稅負將減輕一半，因售地收入增加，當然樂於出售土地。減半徵稅後的需求曲線為 GB 線，與 SS 線的交點 E_2 為新的均衡點，地價自減半徵稅前的 OP'$_1$ 降至 OP'$_2$，交易量自 OQ$_1$ 增至 OQ$_2$，售地人的售地收入亦自 OP$_1$ 增至 OP$_2$，但稅收卻自

原來的 $P_1P'_1$ 減至 $P_2P'_2$。

　　土地增值稅實施減半徵收，對促進房地產市場的景氣，雖略有貢獻，但效果並不太大，尤其在供過於求的市場情況下，減半徵收土地增值稅的功能更加有限。此際，真正應該努力的方向，理當努力設法增加需求，幫助購屋者購買房地產，方是正辦。

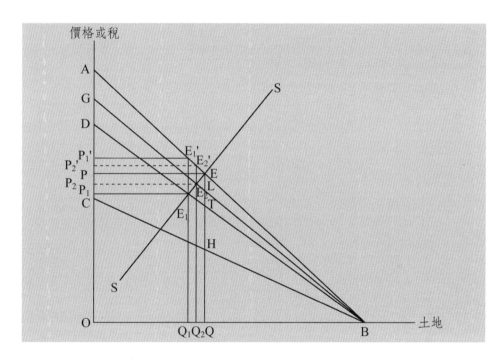

圖 9-18　土地增值稅減半徵收

本章註釋

註 1　《孟子滕文公篇》，按趙歧註曰。

註 2　《孟子勝文公篇》。

註 3　J.S.Mill, Principles of Political Economy，1848，日譯，《經濟學原理》，末永茂喜譯，岩波書店，第 5 篇，第 2 章，第 5 分冊，頁 28～41。

註 4　平均地權條例第 22 條規定：非都市土地依法編定之農業用地或未規定地價者，徵收田賦。但都市土地合於左列規定者，亦同(1)依都市計畫編為農業區及保護區，限作農業用地使用者；(2)公共設施尚未完竣前，仍作農業用地使用者；(3)依法限制建築，仍作農業用地使用者；(4)依法不能建築，仍作農業用地使用者；(5)依都市計畫編為公共設施保留地，仍作農業用地使用者。前項第 2 款及第 3 款，以自耕農地及依耕地 375 減租條例出租之耕地為限。

註 5　依平均地權條例第 16 條之規定。

註 6　依平均地權條例第 19 條暨土地稅法第 16 條之規定。

註 7　依平均地權條例第 26 條暨土地稅法第 21 條之規定。

註 8　依平均地權條例第 3 條第 7 款之規定。

註 9　依平均地權條例曾於民國 75 年 6 月 29 日修正，修正前地價稅之基本稅率為 15‰，累進稅率之上限為 70‰。

註 10　顏愛靜撰，《土地稅之政策功能及其限制》，邁向 21 世紀市地利用研討會報告書，1995 年 2 月 20 日，頁 39。

註 11　民國 89 年起，各縣市累進起點地價如下：

縣市別	累進起點地價（元）	縣市別	累進起點地價（元）
臺北市	25,366,000	高雄縣	1,391,000
高雄市	5,980,000	屏東縣	943,000
臺北縣	3,658,000	臺東縣	472,000
宜蘭縣	1,006,000	花蓮縣	752,000
桃園縣	1,919,000	澎湖縣	377,000
新竹縣	1,100,000	基隆市	2,127,000

苗栗縣	764,000	新竹市	4,339,000
臺中縣	1,331,000	臺中市	2,860,000
彰化縣	1,118,000	嘉義市	4,107,000
南投縣	883,000	臺南市	3,744,000
雲林縣	1,200,000	金門縣	102,000
嘉義縣	621,000	連江縣	480,000
臺南縣	876,000		

註 12 《全國土地問題會議實錄》，內政部印行，民國 79 年 12 月，513～515 頁。

註 13 憲法第 143 條之規定。

註 14 平均地權條例第 35 條之規定。

註 15 平均地權條例第 40 條暨土地稅法第 33 條之規定。

註 16 依平均地權條例第 41、42、42 條之 1、44、45、條之規定。

註 17 平均地權條例第 38 條暨土地稅法第 31 條之規定。

註 18 《83 年度中華民國賦稅年報》，財政部賦稅署編印，民國 84 年 1 月。

註 19 為配合曆年制，自民國 91 年起，公告土地現值的公布改於每年 1 月 1 日公告，並適用至是年 12 月 31 日止。

註 20 不動產估價師法已於民國 89 年 10 月 4 日經總統公布。截至民國 92 年 6 月底止，已舉辦兩次不動產估價師高考，壹次不動產估價特考，三次考試共錄取 161 人不動產估價師。

註 21 現已改為產生所得當年的翌年 5 月底以前申報繳納。

註 22 參閱 92 年 6 月 29 日，自由時報，21 頁，財經新聞。

註 23 民國 93 年元月 6 日經立法院審議通過，土地增值稅減半徵收措施繼續延長一年，及至民國 94 年元月底止。

Chapter 10

土地金融與不動產證券化

第一節　土地金融之意義與功用

一、信用與金融

　　在交換經濟十分發展的現代社會，交換為滿足個人欲望的重要手段，同時也是連結消費與生產的重要橋樑。惟人們的欲望愈趨多樣化，交換的範圍也愈趨廣泛。但交換通常都以貨幣作為媒介，沒有貨幣，交換便難以進行。惟任何交換主體，都難免有缺乏貨幣的時候。此際，交換的主體如能提出「支付的承諾」（promise to pay），而向持有貨幣者取得貨幣，則其欲從事的交換仍得以順利進行。如此，由一方提供的「支付的承諾」為對方所信任，於一定期間內取得對方之貨幣，這便是經濟學上所謂的信用（credit）。**註 1** 從經濟學的觀點而言，信用是一種購買力，可用於交換所有的財貨與勞務。在現代交換經濟社會中，已成為重要交換媒介的一種，補助貨幣的應用。

　　金融（finance）是透過信用方式而形成的貨幣的流通、貨幣的有無相通、或現在的貨幣與未來的貨幣的交換等，在經濟學上叫作金融。換言之，先由貨幣的供給者，以信任對方提供的「支付的承諾」，移交貨幣與其需要者，經過一特定時間，再由該需要者以履行「支付承諾」的方式，移還原來的貨幣供給者。亦即，貨幣由供給者移轉於需要者，再由需要者移還於供給者的往復流通，稱為貨幣的信用流通（credit circulation of money）。所以，金融是透過信用方式而形成的貨幣流通。

　　信用是一種購買力，可用於購買財貨與勞務，為現代社會交換媒介的一種，補充貨幣的使用。金融乃包括信用與現金的流通，範圍較廣。信用是人與人之間一種靜態的關係，而金融則為一種動態的現象。

　　如上述，信用與金融二語，各有一定的涵義。但兩者又往往混合使用，或替代使用。此由於英文的 Credit 或德文的 Kredit，源出於拉丁文的 Credere，意為信任、信賴或信心。貨幣供給者對貨幣需要者所提供的「支付承諾」，必須賦予信任，寄以信賴，懷有信心，然後其交易方能成立。換言之，信任是信用交易的基本要素，而信用正是金融活動的本體。故通常在金融之外，亦用信用一語，以資替代。兩者混合使用，常不加區別。

　　其次，信用交易是將現在的貨幣與未來的貨幣互相交換，故除了信任的要素以外，尚有時間的要素。亦即，信用交易的給付與相對給付，並非同時進行，而是其間保留著一定的時間距離。因此，信用交易在法律上，又形成消費信貸的關係。此際，貨幣的供給者稱為貸主、貸方或債權人（creditor），貨幣的需要者稱為借主、借方或債務人（debtor）。

　　金融既是貨幣的信用流通，則隨著信用方式的不同，而形成許多類型。例如，政府信用，便是中央或地方政府，為了取得現款而提供將來的「支付承諾」，其一般形式為公債與庫券，從而形成政府金融，便是通常所稱財政（public finance）的一部分。其次，如主要由個人信用而形成的消費金融（consumers finance）；由一般銀行信用而形成的流通金融（circulation finance）；依各種企業業別及其信用形式而分別形成商業金融、工業金融與農業金融等。

二、土地金融的意義

　　所謂土地金融的意義，簡單講是利用土地為信用的保證，因而獲得資金的融通。任何個人或事業經營組織，如欲獲得信用而向貸方取得資金的融通，必須有受人信用的基礎。而信用的基礎不外下列三種：(1)受信人的道德人格；(2)受信人的能力；(3)受信人所有的財產。凡可以獲得信用的個人或組織，必須具備這三種信用基礎的任何一種或一種以上，甚至三種俱全。以受信人的道德人格或經營能力為信用的基礎，通常只

能適用於短期信用（short-term credit）的保證。至於長期信用（long-term credit），如貸款自數年至數十年方能償還，則非個人的能力與道德所能擔保。因個人的壽命修短無定，吉凶禍福亦可能突然發生，倘若一旦災禍忽起，或疾病死亡暴作，道德能力完全失效。故長期信用勢必要用財產作保證。

惟財產的種類很多，如一般商品或傢俱器物等則歷久容易損壞，其價值亦隨時間的經過而遞減，亦不適合為長期信用的擔保品。惟有土地方具備長期不變壞的特性，其價值不僅可以永久維持不減，且能因經濟成長與產業發達而具不斷上升的傾向。故土地是長期信用最理想的抵押品，亦是唯一合格的長期信用擔保物。於是所謂土地金融，通常乃以土地為擔保品，而作長期性金融流通的措施，通稱為土地抵押信用（land mortgage credit）。

三、土地信用的種類與特性

土地信用如依抵押品來分，有農地信用、市地信用、礦地信用等；如依借款目的來分，有購地信用、土地改良信用、採礦信用等。當購地資金不足時，便將其所購土地為抵押，融通資金，使得購地得以順利進行。與此類似者，有購屋貸款、購廠貸款等。如為興辦灌溉、排水等水利設施而辦理農地抵押貸款者，為農地改良信用；如為興建房屋或廠房而辦理建地抵押貸款者，為基地改良信用。礦主為了經營採礦，興建必要之採擴設備或機器而辦理礦場抵押貸款者，為採礦信用。

土地信用的主要特性如下：

1. 土地信用在借貸契約到期之前，債權人不得任意要求債務人償還債務。亦即，所謂不通知信用（credit not at call）。但因債務人違反契約，或因其他可歸咎於債務人的事由時，自當別論。惟債務人卻有保留於契約到期前，得隨時償還之權利。則債務人如有能力，便可於期限前償還，藉以減輕負擔。

2.借款額度不得超過土地所能獲得的純收益的資本化價格。所謂土地純收益係指從土地所產生的收益，扣除必要的經費以後的餘額。至於借款期限可儘量延長，俾利減輕借款人的負擔。則每年償還的額度，當以不超過每年所生的純收益為原則。

3.借款利率務必低廉而固定，在借款期間以不變動為宜。則每期攤還的本息，係依據借款金額、償還期限、及放款利率等計算而定的。倘若利率過高，所負債務過重，借款人無法償付，導致被迫拋棄辛苦購得的土地或房地產，不僅令人遺憾，不利於經濟發展，亦非土地金融事業營運的本意。故土地信用的利率，務必低廉，俾利土地金融的正常發展。

4.土地金融業務須由正式的金融機關辦理，而不可由非銀行（non bank）的金融業者承辦，以保障借款人的權益。蓋土地金融以長期低利為原則，其經營規模務必巨大俾利增進社會信譽方有利於永續經營，並符合長期信用的需求。非銀行的金融組織規模較小，其經營難與大規模銀行競爭，故常以貸款手續簡便，貸款額度較大，對吸引客戶有利。惟利率稍微偏高，容易造成攤還債務過重，如遇到不景氣或意外災害時，導致借款人無法償還而拋棄其購得的土地，實在有失土地信用原來的目的。

四、土地金融的功能

原來，土地金融乃由農地信用開始，後來由於都市逐漸發展，都市建設隨此興起，高樓大廈林立，住宅建設也跟著蓬勃發展，土地金融市場大幅成長，市地信用的重要性亦已凌駕農地信用。為了說明方便起見，茲擬先探討農地金融的功能。

任何一塊能夠產生收益的土地，都能作為信用的基礎，為借款作抵押而獲得資金的融通。就農業而言，土地金融制度是利用農地押款，以協助農民購買農地成為自耕農，並在農場上作較永久的建設。例如，建造農舍或牧舍、並興建灌溉排水等水利設施，都需要鉅額的資金。通

常，農民的資力比較薄弱，購地成為自耕農又需鉅額資金，非一般農民縮衣節食勤儉儲蓄便能達成。故必須仰賴農地抵押方式以獲得長期信用，取得購地資金以支付地價，從事農場經營。農民用所購之農地為抵押，在借款契約期間內分年償還借款本息，至債務全部償清為止。此為各國推行扶植自耕農及發展農業經營通用的辦法。

臺灣土地銀行為目前在臺灣辦理土地金融歷史最久，規模相當大的銀行。其前身為日本勸業銀行的臺灣支店（分行），光復後，於 1946 年改為現名。日本勸業銀行原有臺北、新竹、臺中、臺南、高雄等五支店，經政府接收後，將臺北支店改為臺灣土地銀行總行。該行現在已擴充至在國內擁有 130 處分行、另有國外分行 3 處，規模巨大。註2 光復前，該行的土地金融業務重點放在農地信用，主要顧客為農村裡的地主們，大多以土地作抵押貸款，以所貸得的資金購置農地，逐漸擴大其土地面積。一般採用的模式如下：

設地主張三擁有 3 甲（1 甲＝0.97 公頃）10 等則水田，每甲平均地價 3,000 圓（民國 20 年代），3 甲共值 9,000 圓。張三以此提向銀行申請抵押貸款。依當時一般情況言，最高可貸地價的 7 成，共可貸 6,300 圓，惟張三只貸了 6,000 圓，用此購買 10 等則水田 2 甲，將此分租與李四與王五各 1 甲，租金採五五分益制，每年繳納兩次，張三以此收入償還銀行。貸款期間 10 年，利率 6%，本息分 10 年 20 次平均攤還。按此計算，張三每年應攤還的本息 390 圓，每次應繳納其二分之一為 195 圓，負擔不輕。註3

至於張三出租 10 等則水田 2 甲，每 1 甲一年的收入大致如下：

依一般情況而言，水田大都種植三次，則第一期水稻、第二期水稻及冬季裡作。就當時而言，10 等則水田第一期水稻每 1 甲平均產量約為 4,500 台斤（1 台斤＝0.6 公斤）稻穀、第二期約為 3,500 台斤稻穀，一年合計約 8,000 台斤。由於租率為五五分益制，故張三一年可分得 4,000 台斤稻穀。依當時稻穀的一般市價每 100 台斤

9 圓計算，4,000 台斤稻穀共值 360 圓。此外，冬季裡作的作物種類多，但以蘿蔔、豌豆、油菜、蔬菜等短期作物為主，每1甲收入約在 100 圓左右，故張三可分得 50 圓。按此計算，張三出租水田 1 甲時，每一年的租金收入共 410 圓（360＋50＝410 圓）。

如上述，就每1甲水田的收支情況而言，張三的租金收入一年 410 圓，繳納借款本息每年償還額 390 圓後，尚餘 20 圓。用此 20 圓繳付土地稅及水利費等，勉強可以應付。但遇到農產欠收的年份，便產生入不敷出，或許需要借新債，方能夠應付。好在張三本來就擁有 3 甲水田，只要節儉一點，當不致於產生無法償還債務的情事。但相當辛苦的情況，是可以想像的。臺灣農村以往的小地主，大都採取上述模式，在勤儉辛苦中，逐漸擴大其農場規模。這也可以說是土地金融的功能之一。其實，地主尚須與佃農共同負擔肥料、種子等費用，故僅以租金收入，實在尚不夠負擔貸款的本利償還部分。

至於市地的土地信用，自現代都市快速發達，人口逐漸集中，都市建設日新月異，地價不斷地上升，土地金融的需求愈來愈大，業務種類也愈來愈多。其中，最常見者莫過於購屋貸款。蓋除了購買民間企業興建的房屋可以辦理購屋貸款以外，購買政府機關興建的國民住宅、公教住宅、眷村住宅等時，亦可辦理購屋貸款，使得小康市民亦有機會購屋置產，擁有自己居住的房屋。故臺灣的自用住宅持有率方有機會提高到 85%，這的確是一件非常難得的成就，而其大部分功勞應歸功於土地金融制度的健全與普及。

購屋貸款的借款人為購屋者亦為消費者，而對興建房屋的營建商，而因其購地及營建所需資金非常龐大，只仰賴自有資金，常有難為因應的情況。故為了籌措不足的資金，使得營建業務得以順利進行，乃用其建地提向銀行辦理土地抵押放款藉此融通資金，使得臺灣的營建業得以蓬勃發展，也帶動了都市的繁榮及社會的進步。

土地金融不僅對都市建設貢獻良多，同時，由政府辦理的市地重劃

或工業區開發等，亦常藉助土地金融的提供而取得開發資金，順利推行此等工作。等市地重劃完成後，出售工程費抵費地價還貸款，或待工業區開發完成後，出售建廠用地以資償還借款，藉此促進都市建設或發展工業，對整個國民經濟的發展，貢獻頗大。就此而言，土地金融的功能，實在不小。

第二節　土地金融資金之來源

一、土地金融資金之籌措

土地金融的一般特性為長期、低利，且每案貸款金額都非常鉅額（如：購地貸款）。為使能為借款人不斷地提供所需信用，土地金融機關不能不設法對外吸收資金，以資供應。蓋任何金融機構，其自有資金，諸如股本及公積金等，事實上為一種保證性質的資金，而非賴以供作貸款的資金來源，土地金融機構，尤其如此。

如上述，土地抵押貸款在性質上須為長期、低利與分期攤還，故普通銀行所吸收的活期或定期存款，均難以適用。此乃由於活期存戶皆有隨時提款的可能，是以不能適用；至於定期存款，期限大都為一至二年尚不夠長，亦不適用於土地信用資金，故設法向外借款，籌措資金。借款的方法可分為兩種，其一為借入公共資金，其二為發行債券。

公共資金的來源，不外由政府指撥專款或發行公債，以及國營事業所積儲的資金。國家的存續持久長遠，信用鞏固，募集低利公債，比較容易。國營事業，如郵政儲金及簡易人壽保險所累積的資金，短期間因沒有償付的必要，故將此充作土地抵押貸款資金，殊屬適當。至於自政府的預算項下指撥專款，舉辦特種貸款，藉以推行創設自耕農或推行住

者有其屋政策,自不失為一種有效的手段。但此三項資金,數額均有限制,殊難足夠於供應土地抵押貸款巨大的資金需要。

發行債券,也是向外借款途徑的一種。惟可使借貸關係,轉變為一種有價證券的型態,得以在金融市場自由轉移流通。持券人如在償還期限前需要兌現,可隨時將此持向證券市場拋售或向金融機關抵押融通資金,極為便利。換言之,購買債券雖屬一種長期投資,但因其隨時可以兌現,則兼有短期儲蓄之利,社會大眾不致因其期長而裹足不前。故發行債券,逐漸成為土地金融機關籌集貸款資金,最常用與最可靠的方法。

例如,美國自一九八○年代起便開始盛行消費信用債權、租賃債權、企業賒帳債權等之流動化與證券化(securitization)。促進債權證券化的原動力為抵押擔保證券(mortgage-backed security)的發行。此項抵押擔保證券在所有資產擔保證券中所占的比例最大,其發行的結構與方法也已成為其他資產擔保證券化的範例。由於抵押擔保證券的上場,使得美國的抵押信用市場大幅擴大。目前,抵押擔保證券業已建立其「投資對象」的重要地位。

根據美國債券協會的統計,房地產抵押債(即抵押擔保證券,mortgage backed security,簡稱MBS)在美國的流通規模高達 4.7 兆美元,高於國庫券的 3.2 兆美元,平均日成交量更高達 11,545 億美元,是國庫券日成交量的 3 倍,已成為投資人重要的投資工具。註4

二、土地信用與抵押權

土地信用的要件為長期、低利與攤還,不過此乃從債務人方面著想的。惟債權人為保障其權益,對債務人要求提供對物擔保,亦屬理之當然。此種對物擔保,係以特定物件作為履行債務的擔保。不問債務人是否負有其他債務,亦不問其是否已將擔保物讓與他人,債權人對該擔保物得直接行使權利,供作清償債務之用。法律對此因擔保債權所取得的物權,稱為擔保物權,即抵押權、質權及留置權。質權之類別有三,即

不動產質權、動產質權與權利質權。我國向來沒有不動產質權的習慣，故法律上沒有此規定。動產質權的標的物為動產；權利質權的標的物為有體物以外的權利。至於留置權，係債權人留置債務人的動產而發生。故就土地信用而言，以抵押權最為重要。此種抵押權，係為保障債權的安全而設，故亦有保全抵押之稱。

㈠抵押權之性質

依照我國民法第八百六十條規定：「稱抵押權者，謂對於債務人或第三人不移轉占有而供擔保之不動產，得就其賣得價金受清償之權。」此就該條文略作說明如下：

1.抵押權係以確保債權的清償為目的，乃從屬於債權的物權。換言之，債權為主，抵押權為從，抵押權常依附於債權，不能獨立存在。

2.抵押權為不可分的物權，故抵押權人在未受債權全部清償之前，對於抵押物全部，得行使權利。因此，抵押物如一部分滅失，仍以其殘存部分，為全部債權之擔保。債權雖因分期償還或一部分償還而次遞減，但其未還原本，仍可對抵押物全部，行使權利。

3.設定抵押權的土地或不動產，不一定為債務人所有，其他第三人所有土地，亦得提供為債權擔保。土地的提供人，須與抵押人（即債務人）負同樣責任。

4.抵押權之取得、設定、喪失及變更，非經登記，不生效力。所謂登記，即將土地及其定著物之所有權及他項權利，按照一定程序，詳載於地政機關的登記簿上，以明其歸屬。

5.抵押權的消滅，其原因有下列 6 項：(1)主債權的消滅。抵押權乃從屬於債權，如債權消滅，抵押權也隨之消滅；(2)抵押物滅失，抵押權也隨之消滅。不過如因滅失，而受有賠償者，債權人得就賠償金取償；**註5** (3)依土地法被徵收的土地，抵押權即消滅；但給有補償金者，抵押權人仍得就補償金行使權利；(4)供抵押的不動產所有權、地上權、永佃權或典權、與抵押權同歸一人時，抵押權因混同而消滅。但其存續，於所有

人或第三人有法律上利益者，自當別論；註6 (5)抵押權為財產權，自得由抵押權人拋棄。抵押權因拋棄而消滅。惟若以抵押權連同債權供他債權之擔保以設定權利質者，為維護有擔保權的第三人權利，不許其任意拋棄；(6)抵押權為物權，我國民法並不承認物權有消滅時效。註7

㈡抵押權之標的物

我國民法規定，抵押權之標的物，原則上以不動產為限。註8 又按各國法律規定，土地與建築物各自為獨立的不動產，均得為抵押權的標的物。惟附著於土地的出產物（如：樹木、花草之類），係為保存房屋而附置之物，則法律上視為不動產的構成部分而不得與土地及建築物分離，供作擔保。

抵押權的標的物，原則上固以不動產為限，但亦有例外。如地上權、永佃權及典權，則不動產所有權以外的權利，亦得為抵押權的標的物。惟永佃權及典權作為抵押權標的物的情況非常鮮少，僅地上權為財產權的一種，可供作債權的擔保。依我國民法第八百七十六條第一項規定：「土地及其土地上之建築物，同屬於一人所有，而僅以土地或僅以建築物為抵押者，於抵押物拍賣時，視為已有地上權之設定。」。此則乃認定建築物與地上權為一體，以便利建築物所有權的移轉。

㈢抵押權標的物之範圍

1. 從物與從權利

抵押權的效力，及於抵押物的從物與從權利。所謂從物者，不是主物的成分，常助於主物之效用，而同屬於一人者。如房屋為主物，房屋四周有圍牆，屋內有裝修，圍牆與室內裝修都不是房屋，但為房屋的從物。所謂從權利者，從屬於主權利，不能單獨存在的權利之意。如地役權不能與需役地分離而讓與，需役地如設置抵押權，其效力也及於在他人土地上所設置的地役權。

2.天然孳息與法定孳息

抵押物之孳息，於抵押物被扣押後，亦為抵押權的效力所及。孳息分為天然與法定兩種。前者如農產品，係依物之使用所收穫的產品；而後者如租金，是依法律關係所得的收益。

3.代表物

抵押權人除因標的物出賣所得價金以清償債權外，其他因土地徵收，土地重劃所發生的補償金或價金，視為土地的代表物，也得由抵押權人的請求，直接領收，充作償債之用。又建築物曾經保險者，依據權利質之規定，以債權證書之保險單，為設定質權之標的，如建築物蒙受災害，其應得的保證金，也是一種代表物，由權利質權人——即原債權人受領之。

三、土地債券的種類

土地債券為土地信用機構所發行有息證券的一種，其性質與銀行所開發的本票（promisory note）相同。惟在時間上，本票通常在一年以內償付，而債券的償還時間，通常在五年以上。故就一般情況而言，前者是短期信用工具，而後者是長期信用工具。

土地債券的種類，有各種區分的標準。茲將其重要者，列舉如下：

㈠以擔保方法為標準

1.公共債券

係由公共團體保證的債券的簡稱。土地債券通常均有抵押貸款為依據，而公共債券所依據者，乃為一種無抵押貸款，而由公共團體（主要為地方自治團體）為之保證而已。歐洲國家如德、法、奧等之土地信用

機構，常有公共債券（即自治團體債券）的發行，其他國家卻很少採此種辦法者。臺灣為實施耕者有其田而發行的實物土地債券，既未以貸款為保證，亦未在法律上取得土地抵押權，而係由政府依法委託臺灣土地銀行發行者，與此種債券頗為類似。

2. 普通債券

此係以土地或不動產抵押權為擔保的債券。又因個別擔保與綜合擔保之不同，分為抵押證券與抵押債券兩種，如下：

⑴抵押證券（mortgage certificate）

此係各個債券各有其個別的土地或不動產抵押權為擔保，正如每一債券為每一宗土地抵押權的表現。德國之不動產抵押銀行、美國之抵押公司、信託公司等利用之。

⑵抵押債券（mortgage bond）

此係土地信用機構以其全部資產，及貸款時取得的土地或不動產抵押權，對於全體債券為綜合概括的擔保。現在一般土地信用機構所發行的土地債券，多屬此類。

㈡以債券形式為標準

1. 記名債券（registered bond）

債券上載明持券人姓名，非經背書，不得轉讓。美國聯邦土地銀行債券，大部分為記名債券，此因期限較長之故。

2. 無記名債券（bearer bond）

債券上不載明持券人姓名，隨時可以買賣移轉。無記名式便於流通，記名式則在遺失時較有保障。依民法第七百二十五條規定，無記名證券遺失、被盜或滅失者，亦得依法請求補發。可見無記名債券的遺失，亦並非毫無法律保障的。又無記名債券亦得依應募人的申請，改為

記名式。反之，亦然矣。

㈢以券面價額為標準

1. 貨幣債券與實物債券

券面價額，通常以法定貨幣為計算單位。但亦有以實物為計算單位者，如臺灣實施耕者有其田時所發行之實物土地債券，即以稻穀及甘藷為計值單位。

2. 大額債券與小額債券

大額債券係面額較大，適合投資之用，是主要以事業團體，如公司、銀行等為募集對象。小額債券係以社會大眾之以儲蓄為目的者，作為募集的對象。

㈣以附加獎金為標準

1. 無獎債券

按規定的利率與期限，付息還本，不附任何獎金。

2. 有獎債券

付息外，並於還本時附給獎金。土地債券，通常以無獎者居多。但如附加獎金，亦與一般獎券有所不同。一般獎券的中獎者，固可獲得鉅金，但不中獎者，則本息俱失。至於附加獎金的土地債券，則係按期抽籤，中籤又中獎者，於取得本息之外，尚可得獎金；中籤而未中獎者，可以取得利息及券面本金；至於未中籤者，亦可領取利息。有獎債券創始於法國，西班牙抵押銀行及戰前之日本勸業銀行仿行之。為鼓勵一般國民競購小券計，頗見功效。註9

 第三節　不動產證券化之意義與概況

一、不動產證券化之意義與目的

㈠不動產證券化之意義

不動產證券化係指，從不動產或從不動產貸款等所能獲取的利益作為擔保，據此發行證券並予公開銷售之意。

另按先前經立法院三讀通過的「不動產證券化條例」 註10 所訂證券化的定義如下：「指受託機構依本條例之規定成立不動產投資信託或不動產資產信託，向不特定人募集發行或向特定人私募交付受益證券，以獲取資金之行為。」該條例又規定，不動產投資信託指：「依本條例之規定，向不特定人募集發行或向特定人私募交付不動產投資信託受益證券，以投資不動產、不動產相關權利、不動產相關有價證券及其他經主管機關核准投資標的而成立之信託。」另有不動產資產信託依該條例規定：「依本條例之規定，委託人移轉其不動產或不動產相關權利予受託機構，並由受託機構向不特定人募集發行或向特定人私募交付不動產資產信託受益證券，以表彰受益人對該信託之不動產、不動產相關權利或其所生利益、孳息及其他收益之權利而成立之信託。」

至於受益證券分為兩種，則有不動產投資信託受益證券暨不動產資產信託受益證券。

㈡不動產證券化之目的

不動產證券化的功能，可從兩方面加以觀察。一則將其視為籌措資

金手段之一，尤其土地所有人及土地開發業者等，特別重視這種方法。無論在臺灣、美國或日本，土地開發所需要的資金向來大多仰賴銀行或保險公司予以融通。但如能實施不動產證券化，便等於另外開闢了一個新的資金籌措管道。果真如此，將可以籌措比銀行的融通更為大量的資金，也可以配合開發計畫的收益狀況，彈性訂定籌措資金的有利條件，同時也可能籌措到比較長期的開發資金等。這樣便可以為了資金需要者，帶來較多的方便與利益。

不動產證券化的另一功能係將其當作運用資產的手段之一。從投資者的立場而言，不動產的保有，在收益方面的確具有優越的特點。但由於不動產的個別特性較大，故殊難實施客觀的評價、交易的附帶成本較高、且尚有流動性（mobility, liquidity）偏低等缺點。再者，每一件不動產的交易金額較大，通常小額投資者都很難參與買賣。至於金融資產雖具有流動性較大的優點，惟其收益性卻未必令人滿意。而不動產證券化不但可以彌補兩者的缺點，同時也可以，為投資者開闢一條新的投資管道，藉此繁榮房地產市場。

換言之，不動產證券化係將一個或數個龐大卻缺乏流動性的不動產，透過細分為較小單位，並發行有價證券予投資人的方式，達到促進不動產市場與資本市場互相發展的目標。不動產證券化對投資人的好處，主要為可以透過不動產證券化的辦法，以小額資金參與以往無力參加的大面積與金額龐大的不動產投資。並由擁有變現性與流動性，且由受託機構運用專業能力，為投資人選擇適當的不動產標的，加以管理、運用或處分，以增加收益。其對不動產所有者的益處，在於透過募集社會大眾資金的方式，以解決不動產開發所需龐大的資金問題，或藉以先行回收資金，將資金實施更有效率的運用。

二、美國不動產證券化之概況

㈠住宅抵押權之證券化

住宅抵押權的證券化並非不動產本身的證券化，乃指對不動產（指個人住宅）貸款的證券化。

以往的住宅抵押貸款市場，對融資機關的「儲蓄與貸款合作社」（Savings and Loans: S & L）的資金供應，係多仰賴於地方居民的存款人以及人壽保險公司的融資為主。所以，個人不僅為借款人，同時亦為最終階段的貸款人，故在地區內裡面便可以完成資金之周轉循環。至於，地區與地區之間的資金供需的調撥，係由抵押金融專業機構的所謂「抵押銀行」（Mortgage Banker）擔任此項調撥工作。

自一九六〇年代的後半葉開始，由於 GNMA（Government National Mortgage Association）、FHLMC（Federal Home Loan Mortgage Corporation）、FNMA（Federal National Mortgage Association）等聯邦抵押金融機關，推行的保證計畫以及整體的保證制度等，已大幅提高其信用額度以及行政處理工作的統一性，因而促進了住宅抵押信用市場的快速發展。

美國的利率自一九七〇年代後半葉起，開始上揚。此際，儲蓄金融機關由於 Regulation Q 的規定，存款利率受到限制，導致資金嚴重地外流至其他市場。因此，確實有必要自其他資金市場調回頭寸。此際，採用的方法便是發行住宅抵押證券，亦即所謂 RMBS（Residential Mortgage Backed Securities）。此乃使用集體的抵押權保障的不動產證券。其具體的實例有 FNMA 及 GNMA 等政府有關抵押金融機關發行的債券。但在一九七六年以前，並沒有大量發行。及至一九七七年，證券公司鼎力參與 Pass-Through 證券之銷售以後，其發行量方大幅增加。據悉，最近的個人住宅抵押總額已達到 18,000 億美元，其中證券化部分高達 5,400 億美元。註 11

土地金融與不動產證券化

不動產證券的種類有 Pass-Through 與 Pay-Through 兩種。為了了解此等證券的內容，似有必要了解美國的不動產金融機構的概況。

美國的聯邦不動產金融機關計有聯邦抵押金庫（Federal National Mortgage Association, FNMA）、政府抵押金庫（Government National Mortgage Association, GNMA）、聯邦住宅抵押貸款金庫（Federal Home Loan Mortgage Corporation, FHLMC）等，稱為聯邦抵押金融機關（Federal Agency），各自在不動產抵押金融市場，各自承擔不同的任務。

其中，聯邦抵押金庫（FNMA）於一九六八年，自聯邦機關轉移為民營機關。政府抵押金庫（GNMA）於一九六八年改置於住宅與都市發展部（Secretary of Housing and Urban Development）底下的聯邦機構，並在擔任保障聯邦住宅局・退伍官兵局（Federal Housing Administration・Veterans' Administration, FHA・VA）抵押擔保證券的信用。至於聯邦住宅抵押貸款金庫（FHLMC）係為了建立不具官方信用保證的一般抵押權（conventional mortgage）的第二類市場，而於一九七〇年設立的聯邦機構。

至於抵押權擔保證券可分為 Pass-Through 證券、Pay-Through 證券以及抵押權擔保債券（Mortgage-Backed Bonds）等三大類。

Pass-Through 證券的基本特徵，其典型乃顯現於 GNMAs。能夠編入於形成 GNMAs 依據的抵押權存檔（Mortgage Pool）者，係僅限定於 FHA・VA 的抵押權。GNMA 係在保障 GNMAs 能夠按期償還其本金與利息。對 Pass-Through 證券的投資係等於擁有抵押貸款，而對 Pass-Through 證券投資的收益與風險，乃與上述抵押權存檔所作抵押貸款連結在一起。

Pass-Through 證券係由上述聯邦機關的信用保證而成立，而民間的 Pass-Through 證券係幾乎沒有在發行。Pass-Through 證券中，發行額的比例占最大者為 GNMAs，但其比例卻在逐漸減低。於一九八二年，GNMAs Pass-Through 證券的比例占 66%，及至一九八七年，當該三所聯邦機關都在發行 Pass-Through 證券時，其市場占有率便降至 48%。

第二種型態的抵押擔保證券為抵押擔保債券。這是以抵押權和Pass-Through 證券為擔保的債券，而與 Pass-Through 不同，因抵押擔保債券將成為發行者的負債。所以供作擔保的抵押權目錄將當作發行者的資產而登列於資產負債表，抵押擔保債券便登列於負債欄。最早的抵押擔保債券係於一九七五年，由儲蓄金融機關的 California Federal S & L Association 發行。

惟抵押擔保債券缺乏官方的信用保證。雖然抵押權具有官方的信用保證，但擔任擔保的現金周流卻與抵押擔保債券的現金周流沒有互相連結。所以抵押擔保債券將需要替代官方信用保證的補救辦法，因而設定了所謂超額擔保（over collateralized）。因此，以抵押擔保債券用於籌措資金時，其成本勢必升高，故其總發行額並不大。

第三種型態係以 Pay-Through 證券的架構為基礎而創造出來的抵押擔保債務證書（Collateralized Mortgage Obligation, CMO）。聯邦住宅抵押貸款金庫（FHLMC）於一九八三年六月，首次發行抵押貸款債務證書（CMO）。此乃具有Pass-Through證券與抵押擔保債券兩者特徵的證券。債券乃以資產庫存為擔保，並列載於發行者資產負債表的負債欄。

總之，Pass-Through 證券為資金籌措者，將其抵押資產轉讓與受託銀行（Trustee），而將換得來的證券出售與投資者。持有 Pass-Through 證券的投資者，對信託的抵押資產將持有某一定比例的所有權。故無論就資金籌措者或受託銀行言，Pass-Through 證券並不成為負債。

Pass-Through 證券中，最重要者為 GNMAs（政府抵押金庫 Government National Mortgage Association 發行之 Pass-Through 證券）。其抵押權設定人（mortgage originator）將期限、利率等相同的抵押權聚集存庫提交信託，據此而發行的證券。Pass-Through 證券一經發行，抵押權存檔的所有權便自證券發行者轉移至證券所有人。GNMAs 發行後，抵押權設定人將繼續從事本利金的收取及記帳工作。而借款人卻不管其抵押資產是否已辦理證券化，都應配合抵押權設定人的本利金收取工作。抵押借款人每個月所支付的本利金，經扣除服務手續費等後，其餘金額送

交證券持有人收取。則其本利金係透過起初的抵押權設定人,而直接支付與投資人(證券購買人)。因此,將其稱為Pass-Through證券(pass-through security)。

就法律上言,Pass-Through證券係附有擔保的證券。故證券的所有人,對其供作擔保的資產並不具有直接的權利。惟與一般具有擔保的證券仍稍有不同。則供作擔保的抵押權的資金流向與該證券的本金利息的支付,乃具有密切的關聯。所以,大多皆由具有特別目的的公司法人或信託公司發行之。此等公司,除了抵押資產以外並不擁有太多的資產。所以,從此等資產創造出來的資金,幾乎成為支付此等證券唯一的資金來源。

(二)商業不動產證券化之1:MLP

不動產的證券化,亦已應用於商業用的不動產。商業用不動產的證券化,可大別為物件型(equity)與債券型等兩種。前者乃將不動產的所有權予以證券化。屬此類者,有MLP(Master Limited Partnership)和REIT(Real Estate Investment Trusts)兩種。

就 MLT 言,美國商業用不動產的所有,向來均採用合夥方式者為多。則由複數的個人或法人共同持有辦公大樓等不動產,並按出資比例分配收益與紅利的制度。就聯邦稅法言,合夥乃被視為Pass-Through Entity,所以不成為直接的課稅對象。換言之,合夥事業的收入或損失,係分攤於每一位合夥人,然後再由政府對此課稅。因此,將不發生類似於公司法人所見的重複課稅問題。

合夥人分為無限責人合夥人(general partner)與有限責任合夥人(limited partner)。前者可經營管理與控制事業,並負有無限責任。後者係無權參與經營管理,而只負責其出資額部分,則僅負責有限的責任。有限責任合夥人的成員,通常為個人投資者、機關投資者、基金會及企業等。以可轉讓的證券型態發行的 limited partnership 的持分權利者,便是 MLP 矣。MLP 的主要投資人為個人的投資者,而此項證券亦

被認為風險較低的金融商品。

MLP 與稅制具有密切的關係。如果為合夥,其事業損失將可分攤至各投資人的身上,而投資者將可以此抵銷他們的其他所得。這便是合夥的省稅(tax avoidance)功能。如以此,與避免重複課稅的效益相比較,則該省稅功能的效益較大。但及至一九八六年的稅制改革,合夥損失已經改為只能與其他合夥事業產生的利益互相抵銷,而不能與薪資等一般所得以及證券所得等互相抵銷。因此,合夥事業在稅制方面的好處,已大幅減退。

(三)商業用不動產證券化之 2:REIT

此法係從多數的投資人募集資金,透過專家的投資指導,將其資金投資於不動產的型態。此法實施很早,並經一九六○年的稅制改革,只要符合免稅條件,便可享受免徵聯邦法人稅的優惠。所謂免稅條件,係指將應課稅的淨利益中的95%以上分紅與各股東;且其75%以上的資產應為不動產;又股東人數必須在 100 人以上。這些條件已成為目前 REIT 的基本原則。

自一九六五年以後,由於不動產市場的景氣逐漸熱絡,REIT 也漸呈現盛況。但自一九七三年至一九八三年期間,由於為數不少的 REIT 發生破產,導致 REIT 逐漸萎縮。只要房地產市場交易活絡,由於 MLP 在稅制上的優越情勢已大不如前,故 REIT 的發展空間仍然可以期待。再者,REIT 本身在營運方面作了下列的改進:則透過股票的發行以籌措資金而可大幅度提高自有資金的比率;同時,也改變以往仰賴不動產貸款利息收入的方式,則改採提高不動產租金收入所占的比率。

截至一九八七年年底,REIT 的資產總額為 341 億美元、負債總額為 227 億美元、抵押資產為 114 億美元。全美國計有 160 所的 REIT,其中,上市於紐約市場及 American 市場者,各為 30 所,上市一般市場者共為 100 所。由於 REIT 屬於長期投資類型,故其交易額並不大。比較受大家熟悉者,有洛克菲勒財團(Rockeffeller Foundation)所設立的

REIT，其總額計 13 億美元，係透過發行一般股票及公司債等的形式予以籌措的。就 REIT 的特徵言，計有下列 3 項：(1)使零星的個人投資者亦有機會參與大型的投資案件；(2)流動性比較大；(3)手續費比較低，則 REIT 的手續費為 8%，而 MLP 的手續費為 17～18%。註 12

㈣**商業用不動產證券化之 3：債券**

MLP 和 REIT 等抵押財產型的證券，係屬於原有的證券化型態。而最近另在試辦，將類似抵押權證券化的方法應用於商業用不動產的抵押貸款；抑或以一般不動產為基礎而發行債券。以往，對商業用不動產的資金融通，如係建築貸款者，多向銀行申請融資；長期資金的貸款者，便向保險公司融通為主。故與一般的資金市場，似已劃下了一條界線。但經過不動產證券化的運用，兩者似已有逐漸混合為一體的趨勢。

依發行標的之不動產數量為標準，乃可分為單一不動產與多數不動產等兩種。債券的種類，通常有 Coupon、國內債券、歐洲市場資金債券與個別募資債券等。每一次的發行額，通常在 1 千萬美元至 10 億美元之間，其中，以 5 千萬美元左右者為最多。蓋發行額在 5 千萬美元以上，證券化的資金籌措成本方能趨於低廉化。利率通常與財政部發行的證券的利率相類似，大致在 3 至 4%之間。

美國信用市場總規模 91,000 億美元中，抵押信用占 27,000 億美元。其中，商業用不動產的抵押信用約占 10,000 億美元。如將此與公司債總額 8,000 億美元和股票市價總額 30,000 億美元比較時，其規模尚不會太小。只是其中已證券化者僅為 360 億美元而已。如前述，個人住宅信用金額高達 18,000 億美元，其中已證券化者計有 5,400 億美元。可見，商業用不動產證券化的步驟，還是有些緩慢。註 13

造成上述情形的原因約有下列幾項。則住宅不動產的抵押情況比較容易標準化。亦即，住宅資產本身以及貸款契約的內容等，都比較容易實施標準化。反之，商業用不動產的種類通常都是多種多樣，契約的內容也比較複雜，形式繁多，故其證券化比較困難。再者，有關住宅抵押

放款的提前償還資料亦已相當齊全，而商業不動產的抵押放款，卻尚缺乏有關提前償還的資料。

三、日本不動產證券化之概況

㈠不動產證券化之緣起

日本的不動產證券化，通常都是將辦公大樓、公寓、飯店等不動產的共有持分權分售與各個投資者，因此，採用小額不動產投資者為多。由於混合使用，分售不動產持分所有權和不動產信託等兩種方式，並將所有權與使用權予以分開，藉此掌握不動產在稅賦方面的優惠利益（如實施損益的抵銷以節省所得稅的負擔、或享受折舊方面的優惠措施以及節省遺產稅稅負等），但須犧牲一部分的流動性為其特點。故就嚴謹的涵義言，似尚未達成真正的不動產證券化的目的。

日本都市土地問題的產生，其基本原因之一，係土地的絕對量不足。同時，也未曾充分並有效地利用此等稀少的都市土地資源。就土地所有權人言，他們在資金方面的籌措能力、土地開發的知識與技術、以及開發後的經營管理能力等，亦未必都具備著高度的處理能力。縱令如此，只要地主願意出售土地，仍然可以期待實現土地的有效利用。但因土地尚具有置產保值的優越特性，故大多數地主仍然未必都願意出售土地。因為此等原因，導致日本的都市土地，大多無法達到有效利用的境界。

此際，讓土地所有權人得以擁有土地所有權的願望，並設計能使土地實現高度利用的方法，實在頗為必要。亦即，必須採取土地所有權及其使用權予以分開的方法。兩者分開的原始辦法便是採取土地的租賃制度。惟由於，以往對土地租賃權採取過度保護，使得只要將土地出租，便等於喪失了一大半以上的所有權利益。故土地租賃制度對土地所有權人言，幾乎全失去其誘因。為了補救此種缺陷，方引發了引進土地證券

化的構想。

　　日本自西元一九九五年起，開始熱烈討論不動產證券化問題。不動產證券化的背景，約可舉出下列 5 項：

　　　1. 處理不良債權之需要。註 14

　　　2. 企業調度資金之新手段。

　　　3. 期求改善企業之財務體質。

　　　4. 增加新的投資產品、擴大投資機會。

　　　5. 對不動產（房地產）業界言，不動產證券化將使過去傳統的不動產事業成為一項轉捩點，創立新的企業機會。

　　上述 1 至 3 項為利用不動產證券化業者的背景，而 4 與 5 兩項乃屬於買方或投資者方面的背景。茲擬先說明「地價指數化債券」的一般構想之內容。

㈡創設與土地具有同等價值之金融資產

　　地價指數化債券的大意係將日後的償還金額，務必相等於發行金額乘以借款期間的地價上漲率的積數。亦即，將票面金額與地價變動率連動上升的債券。

　　假設地價的上漲率為整體一致性的，此際，置產保值型的土地所有（不利用土地而只期盼獲取地價的上漲利益）與購買地價指數化債券，將可取得相同金額的資本利得。果真如此，便可創造與土地具有相等價值的另一種金融資產。又持有地價指數化債券時，由於無須繳納土地保有稅（地價稅）且其流動性偏高，所以較之持有土地者有利，理當將產生出售土地改購債券現象。但實際上，土地價格的上漲率並非各地一律相同，卻具有地區間的差異。關於這點，當須繼續研究俾利解決此問題。

㈢發行方法之 1：原國有鐵路用地之證券化

　　日本政府籌設的「國鐵清算事業團」，從原來的國有鐵路承接過來的負債總額計達 255,000 億日圓，其中之 77,000 億日圓，擬依處分土地

資產充作償還。為此，最簡單的方法係將此等土地資產直接予以標售。惟果如這樣處理，很可能帶動地價上漲，故必須採取不刺激地價上漲的處分方法。但縱令不刺激地價上漲，欲於短時間內處分如此鉅額的土地資產，實際上確有困難。於是，方有考慮能否引進不動產證券化的方法，以處理其鉅額的土地資產。

其具體的策略係繼續持有土地，惟必須加以開發利用。諸如，興建辦公大樓，並將其出租，以此等租金收入作為擔保而發行債券，藉此籌措還債資金。換言之，係將辦公大樓的租金收入，充作債券利息的支付來源。債券的還本期間擬訂定為 20 至 30 年左右。期滿時再出售土地，以其售地收入供作償還本金。

此種債券，對投資者究能否產生誘因，端賴債券發行價格的高低。比方說，持有市價 1 億日圓的土地，據此發行債券時，若不考慮土地的漲價利益，其利率很可能相當偏低。蓋當時的土地時價（1980 年代），較之收益地價已高出很多之故矣。又時價 1 億日圓的土地，其收益地價也許只有 4,000 萬日圓，為此，債券的發行總額似亦可改為 4,000 萬日圓。此際，即使不考慮土地漲價利益，其利率亦可略予提高。如此一來，債券發行機構能夠獲取的資金總額，勢必因此而減少很多。惟日後，如將土地按市價出售時，或可獲取鉅額的剩餘款。換言之，此乃將土地的漲價利益，留待日後收取的方法。所謂不刺激地價上漲的處理方法，似係指後者的方法吧！實際上，亦可採取兩種地價（市價與收益價）的中間值，予以發行債券。但比較確實又安全的方法，還是採取依收益地價發行的方法。

上述方法的應用，並不限定於原國有鐵路用地的證券化，而其他不動產的證券化亦可採用此法。例如，工廠遷廠後，原有廠地亦可採取該法實施證券化，並以出售債券的收入，充作遷廠費用的需要。

㈣發行方法之 2：公共建設用地之取得

地價指數化債券，亦可應用於公共建設用地的取得。此際，債券發

行單位為中央政府或各地方政府，故宜另設立特別會計，俾利與一般會計劃分，以便處理債券的償還。

至於資金的周流，將形成下列情況：則興辦事業機關，諸如「住宅建設公團」或「都市整備公團」等，於取得興辦事業所需要的土地時，根據地價指數化特別會計，承受地價指數化債券，將此交付與地主而取得公共建設用地。則興辦事業機關所籌措的購地資金並不交付各個土地所有權人，而將其撥入地價指數化特別會計。惟地價指數化債券的持有人（即地主）乃可向地價指數化特別會計，隨時請求償還此等債券。

採取此法時，償還財源之中，屬於購地時的地價代金，將自興辦事業機關撥入地價指數化債券特別會計，因而獲得保障。此等資金將轉入資金運用單位，由此可以確保某一定限度的利潤率。這種收益亦可供作償債財源的一部分。雖然如此，對地價上漲部分的償還，依然未能得到100 分之 100 的保障。其差額，將由一般財源提撥。這樣，表面上看起來，似尚留存著一些問題，其實，並不盡然。

蓋此項差額，並不形成額外的財政負擔。假設沒有地價指數化債券制度時，地主將繼續保有其土地，直至該地主欲出售土地時，也正等於設有地價指數化債券制度時，該地主請求償還債券的時候。所以，地主想獲取的收入，兩者應該相等，其財政負擔亦必定相同。是故，地價指數化債券只是提早了土地的購置時間，以及提前實現土地的有效利用，而絲毫不增加財政方面的額外負擔。故擬以一般財政彌補上述差額，以致有人批評「以一般財政保障地主的利益」之類的責難。其實，由於地價指數化債券的發行，使得土地得以提早開發利用，對於增進社會整體的福利，也有莫大的貢獻。

㈤地價指數化債券的功能

果真發行地價指數化債券，其第一種功能，係能使目前以置產保值為目的之土地所有權人，放棄其土地所有權而轉投資於地價指數化債券。因而可促進土地所有權與土地利用權的分離，並增進土地的有效利

用。如此一來，也等於增加了土地的經濟供給量。

土地經濟供給量的增大，將有助於抑制地價的繼續上漲。所以，地價指數化債券的發行，雖未必符合地主的利益，但對沒有土地者還是有利的。就總體經濟及長期效果言，地價指數化債券的發行，勢必有礙地主對土地漲價的期待利益的取得。只是此種妨礙，如從外形看卻不十分明顯。故可模糊，運用政策阻礙地主享受既得權利的有關措施。

第二種功能係可為小額投資者，維持其預定於將來購買之不動產的同等資產購買力，以減輕日後之購地負擔。為之，債券的票面額不宜過大，同時，亦須健全證券市場俾利債券的流通。如此一來，投資者將無須急於購置房地產，故亦可減低房地產的需求壓力。蓋房地產的需求內容裡面，其中一部分係屬於保值目的之需求，而非為使用目的之需求。假如，地價指數化債券可以替代房地產的保值需求，便可大幅降低原來凍結於房地產的資金，因而有助於資金的有效運用。

㈥地價指數化債券與土地信託

所謂土地信託，係指因土地所有權人的土地利用能力偏低，而將土地所有權與土地利用權予以分開，藉此期待增進土地利用效率。然而，採用土地信託時，亦未必能夠保障所有的土地都得以達成土地的高度利用。一般說來，土地信託尚有下列幾種限制：

*1.*土地信託的開發利用，通常係限定於開發以後可獲取租金收入的方式。換言之，開發方式只限定於開發後有收益的事業，故不能應用於公園或道路等公共設施用地的取得。

*2.*土地信託的實施，其基本原則係土地所有權人本身雖具有開發意願，惟不具備開發能力者居多。

然而實際上，有些地主亦未必希望開發其所有的土地。蓋土地的財產價值，有時，於其繼續保持為空地狀態或供作農地、停車場等低密度使用時，反而較高。蓋一旦實施開發利用，日後欲改變土地用途或出售變現時可能產生某些困難，時而反會降低其財產價值。所以，如以轉售

獲利為目的之土地持有者，有時寧可犧牲其租金收入而繼續維持原來的低密度利用狀態，這樣對地主個人言，也許比較有利。我們偶而會看到，在火車站附近的黃金地段卻尚有閒置不用的建地，或在市街鬧區裡，亦尚有未建築利用的空地等情況。惟這些並不一定表示其土地所有權人都不具備土地利用能力。土地信託因常將土地限定於某種特定用途，故似不適用於上述情況的土地。換言之，土地信託只能用於土地所有權人希望獲取租金收入的場合。假如，地主的土地持有目的係為了獲取漲價利益者，採用土地信託的方法卻不一定有效。

3.如採用土地信託，於決定開發後的土地利用方式時，必須事先徵求土地所有權人的意見。換言之，開發利用方式將受到某些特定的限制。故土地所有權與土地使用權，實際上，尚未達到完全分離的境界。此也可以說，未必能完全實現土地的最適利用。

4.收益權的流動性仍然不夠。假如，欲將土地換成現金時（出售），尚有一些不便之處。但地價指數化債券，將可補救上述土地信託的一部分缺點。則地價指數化債券可用於公共建設用地的取得，亦可達成土地的最適利用，同時，其流動性也比較高。此外，亦可將債券的票面額與地價的變動保持連動，藉此維持與持有土地所有權相等的資產價值，以資配合待價而沽的土地所有人的土地需求。

經一段努力以後，日本於西元一九九八年制定SPC法（Law of Special Purpose Company，特定目的公司之特定資產流動化法），及至西元二〇〇〇年改正為「資產流動化法」。惟於改正前之一九九九年五月便已出現第一號商品，其概況如下：

有「東京建物股份有限公司」以實施證券化為目的，取得了「高輪公寓」，成為該資產之所有者。然後，將該「高輪公寓」轉讓給東京建物公司所屬之 SPC。惟該 SPC 與東京建物公司為完全分離的組織，為完全以運用資產為目的之公司。尤對破產隔離（Bankruptcy Remoteness）作了明確的規定，則東京建物公司縱令破產，該SPC也不會受到影響。

該SPC經發行所謂A號、B號、C號等利率不相同之公司債與優先

出資證券（股份方式），用於募集投資，並將吸收的資金供作轉讓之代金支付給東京建物公司。對投資者則以該棟公寓的租金等收益，以支付其報酬。換言之，SPC乃以發行此種具優先劣後結構之特定公司債與優先出資證券等，以吸收資金。其情形，如表 10-1 所示。

特定公司債及優先出資證券，經賦予優先順位以補充利息支付及本金償還的信用，故具有優先劣後結構。例如，A號公司債的利率最低，只有 1.75%，但經約定最優先支付利息及償還本金，故其級別為 A。惟實際上係由政府系統的金融機關投資。其次，B、C 號公司債為賦予次優先權的公司債，其優先次序不同，利率亦有差異。至於優先出資證券 1 號，是 A、B、C 號公司債之利息支付以後，再以其餘額予以支付的證券。惟 1 號的利率最高限度為 5.5%。2 號為承受以上全部支付後的殘餘的證券。如沒有殘餘則為零，便得不到償還。如果 SPC 能妥為運用此不動產，則當初的計畫利益愈多，分配額也愈大。該優先出資證券 2號，係由原建物所有人東京建物公司所持有。

其次，擬說明資產運用型代表之一的 J-REIT（Japan-Real Estate Investment Trust）。REIT 係由多數不特定投資者所蒐集的資金，分散投

表 10-1　高輪公寓特定目的公司之特定公司債及優先出資證券

項目 公司 債・證券	級別	發行額 （日圓）	利率（%）	投資者
A 號公司債	A	500,000,000	1.75	金融機關
B 號公司債	A	2,000,000,000	2.74	機關投資者
C 號公司債	BBB	500,000,000	3.69	機關投資者
優先出資	－	1,300,000,000	5.50	機關投資者
優先出資	－	2,230,000,000	－	東京建物公司

資料來源：岩永俊作撰，〈日本不動產證券化之現況與課題〉，西元 2002
　　　　　年 3 月 9 日於臺北召開之土地問題及都市發展趨勢系列研討會，
　　　　　所提論文，國家政策研究基金會主辦。

資在多數不動產上面，由此獲得的運用利益，再依各個投資者之持分實
施分配。

　　REIT可大分為二種類型，一為公司型，另一為信託型。公司型REIT
的結構與股份公司相同，惟其業務係僅限於不動產投資，利益之90%以
上須予分配，因可上市，故比較容易換成現金。REIT 的一般結構如圖
10-1 所示。

　　首先設立具備符合一定基準的投資公司（REIT），並在證券交易所
上市，出售 REIT 股票，募集投資人之資金。將募集之資金以購買不動
產加以運用。惟資產之運用與管理等應委託投資信託業者辦理。蓋依日
本的法律規定，上述資金不得依據投資法人（REIT）本身內部的決策
判斷加以運用，而必須全部委託外部執行。運用的成績如何，全賴接受
委託的外部投資信託之受託業者（fund manager）的能力與手腕而定。

　　至於運用所獲取的利益，乃按投資人的投資額實施分配。而投資人
的投資額（REIT 股票），乃可透過上市市場實施買賣。投資法人本身
是一種紙型公司（paper company），是將不動產投資人與不動產串聯在
一起的管導體。惟在日本，並沒有以素地開發為投資對象之 REIT。因
該項開發業務的不確定因素較多，風險亦較高的緣故。

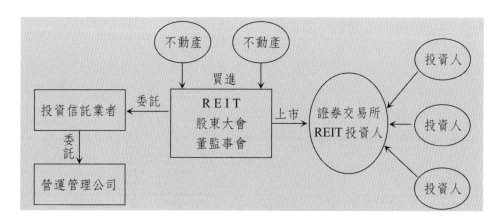

圖 10-1　REIT 之結構概要圖

日本的 REIT 具有下列三項特點：

1. 為 closed-end-funds。所謂 closed-end-funds 是中途不能解約的。如果中途可以解約者，則稱為 open-end-funds。

2. REIT 本身應將資產的運用、投資、管理等全部委託外部。美國的 REIT 於一九八六年修正法律以後，已改為可以內部運用。

3. 沒有 UPREIT 的制度（Umbrella Partnership REIT）。通常，REIT 取得投資不動產時，轉讓不動產的原所有人，於轉讓當時必須繳納不動產讓渡稅。該 UPREIT 的結構是不動產所有人將不動產讓與 REIT，也被視為共同所有人，故在讓與當時不扣除讓渡稅。利用此項優惠措施，使得許多不動產所有人樂意對 REIT 投資，市場規模也得以擴大。

REIT 的最大魅力為比較小口（一口 20 萬至 50 萬日圓不等），所以一般個人也能輕易參與投資。又 REIT 股票可以上市，並可依市場價格換成現金，所以流動性也較高。

四、臺灣之土地證券化

㈠勸業銀行之土地債券

臺灣於光復以前，計有 5 家原日本勸業銀行之分行。該 5 家分行經我政府接收以後，另組織臺灣土地銀行並設總行於臺北外，尚有新竹、臺中、臺南、高雄等 4 家分行。現在其分支機構已遍布臺灣全地區，並已發展至共有 130 家分支機構、另有 3 家國外分行，規模不小。

原來的勸業銀行係屬於長期信用銀行，其主要業務之一，係以土地為抵押而對土地所有權人辦理長期融資。當時（光復前），臺灣的工商業尚未十分發達，所以借款人大多為農地地主，藉此籌措農地開發、土地改良、或購地等所需資金。勸業銀行乃以所收取的土地抵押權作為擔保，發行土地債券，藉此籌措長期放款資金，以避免銀行資金長期被凍結於不動產放款業務。此法可以說是土地證券化原始型態的一種。此種

土地債券，大約具有下列特點：

　　1. 以土地抵押權為擔保，證券的債信高。

　　2. 分為多種票面額，便利小額投資者購買。

　　3. 債券利息略高於存款利息，對投資者比較有利。

　　4. 債券可以自由轉讓、流動性高。

　　5. 對借款人（地主）、授信人（銀行）、投資人（債券購買人）等都有利。

　　勸業銀行的長期抵押貸款，對當時的地主提供了購地資金的便利，而有助於地主階層的形成。但為數眾多的佃農們卻沒有得到好處，而只能為地主們默默地效勞。由於他們終歲辛勞地難得溫飽，但地主們卻以佃農所繳納的佃租，而償還其購地貸款的本金與利息，藉此逐漸擴大農地面積，穩固地主的地位。

(二)實物土地債券之發行

　　民國四十二年，臺灣省實施耕者有其田。徵收耕地地價的補償，以7成實物土地債券並搭發3成公營事業股票支付。附帶徵收價額，全部以實物土地債券補償。實物土地債券分稻穀債券與甘薯債券二種：稻穀債券係用於給付水田地價，甘薯債券則用於給付旱田（畑）地價及附帶徵收價額。

　　實物土地債券的發行與兌付情況如下：

　　1. 實物土地價券係由中央政府授權臺灣省政府，依法發行。其發行及還本付息事務，則由該省政府委託臺灣土地銀行辦理；以每一縣市為一發行區域，於券面加蓋縣、市名戳。債券分稻穀與甘薯兩種，用於分別補償水田、旱田地價以及附帶徵收價額。債券利率為年息 4%，本息合計均等償付。各債券原定發行總額為稻穀 126 萬公噸，甘薯 44 萬公噸，而實際發行總額，據臺灣土地銀行統計，稻穀債券本息合計 1,066,170 公噸（其中本金 889,123 公噸）；甘薯債券本息合計 376,225 公噸（其中本金 361,176 公噸）。

2.稻穀債券之本息，以稻穀償付，甘薯債券則按當地甘薯時價折付現金。惟稻穀債券中，為配合農民分期繳納承領地價當時所付者為稻穀或現金，特為例外規定，凡補償單季田看天田地價之稻穀債券，應半數償付稻穀，半數按當地稻穀時價折付現金。補償輪作田、特殊田地價之稻穀債券，則全數折付現金。

3.債券到期的本息，須憑券在三年內領取，逾期作廢。凡持有稻穀折付現金債券或甘薯債券者，應向各該發行區域當地之臺灣土地銀行兌取現金。持有稻穀償付實物債券者，應向當地之糧食機關洽兌稻穀。臺灣全省除澎湖縣每年兌付一次外，其餘縣市每年均分上下兩期各兌付一次。

如上述，實物土地債券與一般的土地債券，其性質與內容大不相同，而是一種購地代金支付憑證。蓋農地承領農戶應支付的地價，係分10年計20次平均攤還。是以經由政府徵收放領的土地補償金，無法一次付清，而分為10年20期本息平均攤還。政府乃以承領農戶應繳納的地價（稻穀或甘薯）作為信用的基礎，據此發行實物土地債券，用以支付償還被徵收土地的地價。故與為了籌措資金而發行的土地債券，確有相當大的差異。

㈢平均地權土地債券之發行

中央政府為在臺灣地區實施平均地權，授權該區省（市），政府依法註15發行平均地權土地債券。註16該項債券專作實施照價收買、區段徵收時，補償土地價款之用。又該土地債券的發行及還本付息事務，由發行之省（市）政府分別委託臺灣土地銀行或直轄市市銀行辦理。該土地債券由省（市）庫保證，並以省（市）平均地權基金為還本付息的財源。故其債信非常穩固，安全性沒有問題。

該土地債券採無記名式，憑券兌付，其遺失、被盜或滅失者，不得掛失止付。至於債券的償還，則依本息合計均等攤還法，自發行之日起，每屆滿一年，攤還本息一次，分5年償清。又該土地債券得轉讓、買賣、及充司法上，稅務上與其他公務上之保證，用途相當廣泛。至於

該債券當年本息券持有人，得十足用以承購當年政府出售之照價收買、區段徵收之土地，亦得抵繳承租上列土地當年之租金。此外，該債券免徵印花稅及所得稅，對持券人相當優惠。

按臺北市政府於民國五十八年委託臺灣土地銀行發行之實施都市平均地權土地債券，面額分為新台幣 5 萬元、1 萬元、5 千元、1 千元等四種，年利率 4%，本息合計按年平均攤還，分 5 年償清。其本息合計平均攤還情況，如表 10-2 所示。

㈣建設公司之房地產證券

臺灣的民間建設公司，亦曾自行發行過類似土地債券的房地產憑證，以此交付房地產的投資者，據此按期向該發行公司，亦即向建設公司領取投資紅利。例如，臺北華美建設公司曾於民國六十年間將其興建的華美大廈分售予投資者，而於交屋時，再由該公司轉向投資人承租他們所購得的房屋，並保證按期支付約定的租金或投資利潤。由於投資利潤高於一般銀行的定存利息，故持有資金而拙於投資運用經營者，多樂於購買此類房地產證券。

就華美建設公司言，由於採取預售房屋制度，所以等於利用投資人的資金興建房屋，再於交屋時同時辦理房屋承租手續，交付房地產憑

表 10-2　新台幣五千元券本息攤還表

單位：元

次數	未還本金	償還本金	償付利息	償付本息合計
1	5,000.00	923.00	200.00	1,123.00
2	4077.00	959.92	163.08	1,123.00
3	3,117.08	998.32	124.68	1,123.00
4	2,118.76	1,038.25	84.75	1,123.00
5	1,080.51	1,080.51	43.22	1,123.73
合　　計		5,000.00	615.73	5,615.73

證，而由華美建設公司全權負責此等房屋的經營管理，按期支付租金予投資者。華美建設公司交付給投資者的憑證為房地產租賃契約與按期領取投資利潤的憑證等，而非為房地產的所有權狀。故兩造在法律上只為租賃關係與債權債務關係，而沒有物權關係。故對投資人言，權益的保障比較脆弱。惟由於公司早期所付利潤非常優厚，大多數投資人又不諳法律上的權利義務關係，而多樂於投資，交易情況十分熱絡。

　　上述房地產證券發行初期，由於正值房地產市場景氣看好時期，交易情況相當活絡，加上預約利潤優厚而誘人，逐漸成為一種熱門的金融商品。惟經過沒多久，房地產市場景氣漸見衰退，加上華美建設公司本身的營運管理出了問題，分配紅利成支付租金的財源籌措亦有困難，公司的財務負擔沈重，最後，華美建設公司不得不宣告破產。據悉，大多數投資人最後只能取回原投資額的兩、三成左右，當時曾造成一個相當嚴重的社會問題。

　　造成上述房地產證券交易制度失敗的原因，固然很多，其中最主要者莫過於此項交易制度缺乏相關法律的規範。則業者發行房地產證券係在毫無法令規章管制下進行，故建設公司可以大放其心地去推展房地產證券化業務，對業者言，確有無上的方便。當房地產市場景氣看好時，房地產憑證或房地產證券發行公司（如：華美建設公司）尚可按期支付租金或紅利等，並可帶動房地產證券市場的繁榮。但一旦市場景氣衰退，支付租金或紅利的財務負擔漸趨沈重，及至財務情況吃緊，負擔不堪負荷甚至破產時，投資者的權益卻毫無保障導致血本無歸，只好自認倒霉，因而引發了不少社會問題，且不勝遺憾。

　　另外一個重要的原因，係上述房地產證券都由建設公司自行發行的問題。因此等房地產證券均未透過從事信用授受業務的銀行保證發行，故不僅缺乏投資者權益的保障，同時也很容易被建設公司惡用與操縱，不但不符土地證券的正常發行程序，也頗難保障投資大眾的權益。換言之，以往臺北市華美建設公司發行的房地產投資憑證，自開始便已註定了必定失敗的命運。

本章註釋

註 1 A. Rudolph Ettesvold 於其所撰 *Farm Credit Mannual*, Farm Credit Adminis-
tration, Washington, D. C., May 1956，為信用下一定義："Credit is the ability
to obtain the use of another person's property in exchange for a promise to
return it and pay for its use at the end of an agreed upon period of time. The
word Credit implies trust."

註 2 截至西元 2000 年底止，臺灣土地銀行共設有 130 處分行，其中包括國際金
融業分行及大安簡易型分行；國外三處分行為洛杉磯分行、新加坡分行及香
港辦事處。

註 3 圓為日據時期的貨幣單位。按本金 3,000 圓、利率 6%，每年應繳利息為 180
圓，貸款期間 10 年，故應付利息共 1,800 圓。惟本金亦每年攤還十分之一，
10 年應繳利息為 900 圓，每年應攤還利息 90 圓。據此計算，每年應攤還本
息為 390 圓。

註 4 刊載於民國 92 年 3 月 13 日，自由時報第 19 頁，美房地產抵押債成交量高。

註 5 依民法第 881 條之規定。

註 6 參閱民法第 762 暨第 763 條之規定。

註 7 參閱民法第 145 條之規定。

註 8 參閱民法第 860 條之規定。

註 9 本節內容多處參閱黃通編著，《農業金融論》（增訂版），民國 58 年 10 月，
增訂初版。臺灣中華書局經銷。

註 10 該條例於民國 92 年 7 月 9 日，經立法院三讀通過。

註 11 參閱野口悠紀雄著，《土地の經濟學》，日本經濟新聞社發行，1989 年 9 月
13 日第 5 刷，頁 199。

註 12 參閱野口悠紀雄著，《土地の經濟學》，日本經濟新聞社發行，1989 年 9 月
13 日第 5 刷，頁 202。

註 13 同註 11，《土地の經濟學》，頁 204。

註 14 於 1993 年日本全國的不良債權約為 16 兆日圓（1,333 億美元），及至 2001
年 9 月，其總額增至 36 兆日圓（3,000 億美元）。見於民國 91 年 3 月 9 日，
土地問題及都市發展趨勢系列研討會之一，主題三，日本不動產證券化的現
狀與課題，岩永俊作之報告。

註 15 平均地權條例第 5 條之規定。

註 16 臺灣地區平均地權土地債券發行條例第 1 條之規定。

中、英、日

參考書目

一、中文部分

王士麟著，《土地稅論》，稅制叢書，滄海出版社出版，民國 70 年增訂再版。

王友釗編著，《農業生產經濟學》，部定大學用書，國立編譯館出版，正中書局印行，民國 71 年台 85 版。

伊黎著，李樹青譯，《土地經濟學》，大學叢書，臺灣商務印書館發行，民國 57 年台 1 版。

辛晚教著述，《都市及區域計畫》，中國地政研究所 40 周年紀念叢書，中國地政研究所印行，民國 71 年。

林英彥編著，《不動產估價與理論》，文笙書店經銷，民國 67 年 5 月。

林英彥編著，《土地經濟論》，一文出版社發行，文昇書店經銷，民國 60 年 5 月出版。

林華德著，《財政理論與政策》，東華書局印行，民國 71 年第 5 版。

查公誠編著，《土地稅法規精義及實務》，大海文化事業股份有限公司發行，民國 81 年初版。

殷章甫著，《經濟發展與土地利用》，一文出版社發行，文笙書局經銷，民國 64 年出版。

張丕介著，《土地經濟學導論》，中山文化教育館社會科學叢書，中華書局印行，民國 36 年 1 月再版。

張德粹編著，《土地經濟學》，部定大學用書，國立編譯館出版，正中書局印行，民國 73 年第 2 版。

張德粹編著，《農業經濟學》（增訂本），部定大學用書，正中書局印行，民國 55 年 7 月再版。

黃通著，《農業金融論》，臺灣中華書局經銷，民國 58 年 10 月增訂初版。

新臺灣發展文教基金會，《跨世紀臺灣運輸與區域發展研討會論文集》，新臺灣發展文教基金會出版，1994 年 12 月 14 日。

雷納著，洪瑞堅譯，《土地經濟學》，中國地政研究所、臺灣土地銀行研究處印行，民國 50 年初版。

趙清源編著，《農場管理學》，國立編譯館出版，民國 57 年。

劉錚錚著，《都市經濟學選論》，大學用書，著者自行出版，民國 63 年初版。

劉實英著，《土地稅理論與制度》，大學用書，漢苑出版社出版，民國 70 年。

歐陽勛著，《經濟學原理》，大專用書，三民書局印行，民國 74 年改訂再版。

鮑德澂著，《土地法規概論》，三民書局經銷，民國 73 年增修三版。

蕭錚著，《平均地權之理論體系》，中國地政研究所印行，民國 55 年。

蕭錚主編，《地政大辭典》，中國地政研究所，民國 74 年 5 月出版。

二、英文部分

A.B. Lewis, An Economic Study of Land Utilizatoin in Tompkins County, New York, Bulletin 500, April 1934.

Adam Smith, An Inquiry into the Nature and Causes of the Wealth of Nations, 1776.

Alfred Marshall, *Principles of Economics*, 8th edition, Macmillan Co., London, 1938.

A.W. Peterson, An Economic Study of Land Use in Taichung Hsien and City, 1960, Research Institute of Agricultural Economics, National Chung Hsing University.

August Lösch, *The Economics of Location*, translated from the 2nd. revised edition, by W-H-Woglom, Yale University Press, 1954.

David Ricardo, *Principles of Political Economy and Taxation*, J. Murray, London, 1817.

E.O. Heady, *Economics of Agricultural Production and Resources Use*. Prentice-Hall, 1961.

E.S. Dunn, Jr., *The Location of Agricultural Production*, University of Florida Press, Gainesvilla 2nd. edition, 1967.

F.J. Fabozzi (ed.), The Handbook of Mortgage-Backed securities, *Probus Publishing*, Chicago, Illinois, 1985.

J.D. Black and others, *Farm Management*, Macmillan Co. New York, 1947.

J.D. Black, *Introductoin to Economies for Agriculture*, Macmiillon Co. New York, 1953.

J.S. Mill, Principles of Political Economy with Some of Their Application to Social Philosophy, 1848.

R. Barlowe, *Land Resource Economics*, Prentice-Hall Inc, 1961.

R.R. Renne, *Land Economics*, revised edition, 1958, Harper and Brothers, New York.

R.T. Ely and G.S. Wehrwein, *Land Economics*, 1940.

T.R. Malthus, *An Essay on the Principle of Population*, 6th edition, 1826, John Murray, London.

William Alonso, *Location and Land Use*, Harvard University Press, Cambridge, Massachusetts, 1964.

三、日文部分

山之內光躬、日向寺純雄共著，《現代財政の基礎理論》，稅務經理協會發行，東京，1988 年。

今西芳治等共著，《現代財政理論》，世界書院發行，東京，1987 年。

目良浩一等共著，《土地稅制の研究》，日本住宅總合センター發行，1992 年。

片桐謙著，《アメカのモーゲージ金融》，日本經濟評論社，1995 年 4 月。

安達新十郎著，《地代論史の研究》，多賀出版發行，東京，1978 年。

近藤康男譯，屠能著，《孤立國》，日本評論新社，1946 年。

阿部泰隆著，《國土開發と環境保全》，日本評論社發行，1989 年。

河田嗣郎著，《土地經濟論》，博文館發行，東京，1912 年。

金澤夏樹著，《農業經營學講義》，養賢堂發行，東京，1982 年。

和田照男編著，《現代の農業經營と地域農業》，養賢堂發行，東京，1993 年。

武田公夫著，《不動產評價の知識》，日本經濟新聞社，1970 年 2 月，第 1 版。

宮本憲一、植田和弘共編，《東アヅアの土地問題と土地稅制》，勁草書房發行，東京，1990 年。

高畠素之著，《地代思想史》，日本評論社出版，東京，1928 年。

野口悠紀雄著，《土地の經濟學》，日本經濟新聞社，1989 年 2 月，1 版。

國家圖書館出版品預行編目資料

土地經濟學／殷章甫著. --二版. --臺北市：五
南圖書出版股份有限公司, 2004.05
　面；　公分.
參考書目：面
ISBN 978-957-11-3587-8（平裝）

1.土地經濟學

554.8　　　　　　　　　　93005069

1M43

土地經濟學

作　　　者 ─ 殷章甫

發 行 人 ─ 楊榮川

總 經 理 ─ 楊士清

總 編 輯 ─ 楊秀麗

主　　　編 ─ 侯家嵐

責任編輯 ─ 張玉蓉、吳靜芳

出 版 者 ─ 五南圖書出版股份有限公司

地　　　址：106台北市大安區和平東路二段339號4樓

電　　　話：(02)2705-5066　　傳　真：(02)2706-6100

網　　　址：https://www.wunan.com.tw

電子郵件：wunan@wunan.com.tw

劃撥帳號：01068953

戶　　　名：五南圖書出版股份有限公司

法律顧問　林勝安律師

出版日期　1995年 9 月初版 一 刷
　　　　　2002年10月初版 六 刷
　　　　　2004年 5 月二版 一 刷
　　　　　2023年 3 月二版十四刷

定　　　價　新臺幣520元

經典永恆·名著常在

五十週年的獻禮——經典名著文庫

五南，五十年了，半個世紀，人生旅程的一大半，走過來了。

思索著，邁向百年的未來歷程，能為知識界、文化學術界作些什麼？

在速食文化的生態下，有什麼值得讓人雋永品味的？

歷代經典·當今名著，經過時間的洗禮，千錘百鍊，流傳至今，光芒耀人；

不僅使我們能領悟前人的智慧，同時也增深加廣我們思考的深度與視野。

我們決心投入巨資，有計畫的系統梳選，成立「經典名著文庫」，

希望收入古今中外思想性的、充滿睿智與獨見的經典、名著。

這是一項理想性的、永續性的巨大出版工程。

不在意讀者的眾寡，只考慮它的學術價值，力求完整展現先哲思想的軌跡；

為知識界開啟一片智慧之窗，營造一座百花綻放的世界文明公園，

任君遨遊、取菁吸蜜、嘉惠學子！